Vente du 30 Mai au 5 Juin 1901

(HOTEL DROUOT)

CATALOGUE

DE LA

BIBLIOTHÈQUE

DE

FEU M. CHARLES LORMIER

DE ROUEN

PREMIÈRE PARTIE

THÉOLOGIE — SCIENCES ET ARTS — BELLES-LETTRES

Manuscrits avec miniatures (*Livres d'Heures, Grand Coutumier de Normandie; etc.*) — Impressions gothiques normandes et autres. — Livres de provenances célèbres. — Liturgies des églises latines, normandes, etc. — Ouvrages ornés de figures sur bois, sur cuivre, etc. — Auteurs normands. — Éditions originales des grands écrivains français. — Facéties. — Romantiques. — Livres illustrés de la période romantique. — Nombreuses reliures anciennes, la plupart armoriées. — Belles reliures modernes, etc., etc.

PARIS

ÉM. PAUL ET FILS ET GUILLEMIN

LIBRAIRES DE LA BIBLIOTHÈQUE NATIONALE

28, RUE DES BONS-ENFANTS, 28

1901

CATALOGUE

DE LA

BIBLIOTHÈQUE

DE

FEU M. CHARLES LORMIER

DE ROUEN

LA VENTE AURA LIEU

Du Jeudi 30 Mai au Jeudi 5 Juin 1901

A DEUX HEURES PRÉCISES DU SOIR

A L'HOTEL DES COMMISSAIRES-PRISEURS, RUE DROUOT, 9

SALLE N° 7

Par le Ministère de **Me MAURICE DELESTRE,** Commissaire-Priseur

5, RUE SAINT-GEORGES

Assisté de **MM. ÉM. PAUL et FILS et GUILLEMIN**

LIBRAIRES-EXPERTS

28, RUE DES BONS-ENFANTS

EXPOSITION PARTICULIÈRE

Du Jeudi 23 au Samedi 25 Mai 1901

A LA LIBRAIRIE ÉM. PAUL ET FILS ET GUILLEMIN

28, RUE DES BONS-ENFANTS

De 2 heures à 5 heures

CONDITIONS DE LA VENTE

La vente se fait expressément au comptant.

Les acquéreurs payeront 10 pour 100 en sus des enchères.

Les livres devront être collationnés dans les vingt-quatre heures de l'adjudication. Passé ce délai, ils ne seront repris pour aucune cause.

Les Libraires chargés de la vente rempliront les commissions des personnes qui ne pourraient y assister.

CATALOGUE

DE LA

BIBLIOTHÈQUE

DE

FEU M. CHARLES LORMIER

DE ROUEN

PREMIÈRE PARTIE

THÉOLOGIE — SCIENCES ET ARTS — BELLES-LETTRES

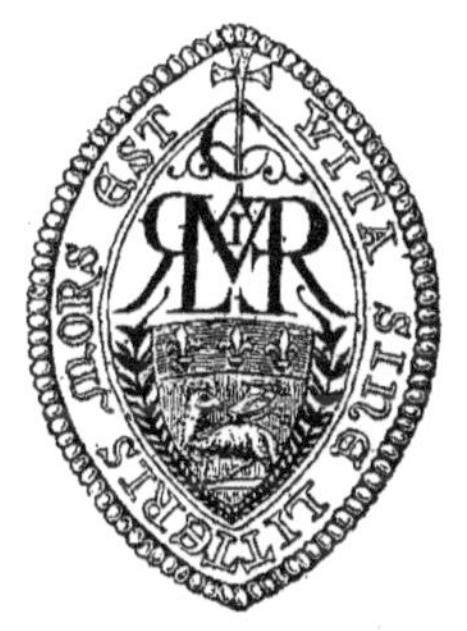

PARIS

ÉM. PAUL ET FILS ET GUILLEMIN

LIBRAIRES DE LA BIBLIOTHÈQUE NATIONALE

28, RUE DES BONS-ENFANTS, 28

1901

ORDRE DES VACATIONS

PREMIÈRE VACATION. — *Jeudi 30 mai 1901.*

	Numéros.
PHILOSOPHIE OCCULTE, ALCHIMIE, ASTROLOGIE.	221 à 229
ARTS DIVERS	230 à 235
SCIENCES DIVERSES.	142
— *Philosophicorum Ciceronis tomus II.* — Riche reliure du XVIe siècle avec compartiments en mosaïque et armoiries . . .	143
—	144 à 158
— *Le Doctrinal de Sapience.* — Imprimé à Rouen par G. Gaullemier, s. d.	159
—	160 à 184
— *Cotte. Leçons d'histoire naturelle.* — Exemplaire aux armes de LOUIS XVII, fils de Louis XVI, DUC DE NORMANDIE	185
—	186 à 201
— *A. de Villeneuve. Le Trésor des pauvres.* — Imprimé à Rouen par Estienne Dasne, en 1529.	202
—	203 à 216
— *P. Gracie. Le grand Routier et Pilotage.* — Rarissime édition imprimée à Rouen par Jean Burges en 1525.	217
—	218 à 220
THÉOLOGIE MYSTIQUE.	138 à 140
THÉOLOGIE MYSTIQUE.	118 à 120
— *Les Sentiments du bienheureux François de Sales*, 1647. — Riche reliure de Le Gascon au chiffre de la reine ANNE D'AUTRICHE.	121

Numéros.

THÉOLOGIE MYSTIQUE . . . . 122 à 136

— *P. Moreau. Les Saintes prières de l'âme chrétienne*, 1649. — Riche reliure de Le Gascon en mar. doublé 137

DEUXIÈME VACATION. *Vendredi 31 mai 1901.*

ROMANTIQUES, *la plupart, brochés, avec couvertures.* . 636 à 663

LIVRES ILLUSTRÉS DE LA PÉRIODE ROMANTIQUE, *la plupart brochés, avec couvertures* (la Peau de chagrin, 1838; The Humourist, par Cruikshank, 1819-22; le Diable à Paris, 1845; Scènes de la vie privée des animaux, 1842; Molière, 1835; Journal de l'Expédition des Portes de fer; la Pléiade, 1842; Töpffer : Nouvelles genevoises, Voyages et Nouveaux voyages en zigzag; Voyages pittoresques dans l'ancienne France : *Ancienne Normandie*, 1820-1878, 3 vol.; etc., etc.). . . . . 664 à 711

POLYGRAPHES . . . . 633 à 635

DISSERTATIONS SINGULIÈRES, OUVRAGES SUR L'AMOUR, ETC. 586 à 604

PHILOLOGIE. — EMBLÈMES . . . . 605 à 620

DIALOGUES. — ÉPISTOLAIRES . . . . 621 à 626

POLYGRAPHES. 627 à 631

— *Œuvres complètes de Chateaubriand*, 1826-1828, 26 vol. — EXEMPLAIRE UNIQUE SUR PEAU DE VÉLIN, couvert d'une magnifique reliure de Simier 632

TROISIÈME VACATION. — *Samedi 1er juin 1901.*

LINGUISTIQUE. — RHÉTORIQUE. . . . . 236 à 245

POÈTES GRECS ET LATINS . . . . 246 à 274

— *De Contemptu mundi.* — Deux éditions s. d. imprimées à Rouen, par Jacques Le Forestier et Laurent Hostingue. . . . . 275 à 276

— . . . . 277 à 295

THÉATRE ÉTRANGER 499

— *Speroni. Canace, tragedia.* Ravissante reliure du XVIe siècle qui passe pour avoir été exécutée pour MARGUERITE DE VALOIS. 500

QUATRIÈME VACATION. — *Lundi 3 juin 1901.*

CINQUIÈME VACATION. — *Mardi 4 juin 1901.*

Numéros.

Poètes français. — *Les Exercices de Jean Ive.* — MANUSCRIT AUTOGRAPHE et INÉDIT d'un poète dieppois resté ignoré jusqu'ici. . . 332
— . . . . 333 à 338
— *Les Œuvres de Philippe Desportes*, 1600. — Exemplaire relié par Padeloup et couvert d'annotations manuscrites de la main de Saint-Marc copiées sur un exemplaire annoté par Malherbe. 339
— . . . . 340 à 348

Écriture Sainte . . . . 1 à 14
— *S. Thomas d'Aquin. Commentaria in Lucam et Johannem.* — Manuscrits du xve siècle sur vélin avec initiales peintes, exécutés par W. Crispus et J. de Guerne pour Ferdinand I, roi de Naples et le cardinal Jean d'Aragon, son fils . . . . 15 à 16
— . . . . 17 à 18

Liturgie. — *Livres d'Heures.* — Manuscrits des xve et xvie siècles, avec miniatures. . . . . 29 à 35
— *Heures imprimées par Kerver, Jean Barbiér, Vostre* et *Hardouin*. . . . . 36 à 42
— *Officium beatæ Mariæ Virginis*, 1586. — Exemplaire aux chiffres de CHRISTINE DE DANEMARK, duchesse de Lorraine; riche reliure exécutée par un des Eve. . 43
— *Livre d'Heures.* — Admirable manuscrit sur vélin, du xve siècle, orné de miniatures de premier ordre et de splendides bordures. 28

SIXIÈME VACATION. — *Mercredi 5 juin 1901.*

Théologie mystique. — *Textes de l'Imitation de Jésus-Christ et* Premières éditions *de la traduction de* P. Corneille. — *Les Contemplations du simple dévot.* Rouen, Bouvet, 1532. . 107 à 117

Théatre Français. . . . . 423 à 433
— Premières éditions *des Œuvres de Pierre et de Thomas Corneille.* — Éditions origi-

TABLE

DES LIVRES AVEC ARMOIRIES

OU PROVENANT DE

BIBLIOTHÈQUES CÉLÈBRES

---

a. Rois et Princes français.

b. Reines et Princesses françaises.

c. Maisons souveraines étrangères.

d. Personnages et Amateurs célèbres.

TABLE

DES

AUTEURS ET ARTISTES NORMANDS

Le placement des fac-similés de titres nous a forcé d'intervertir parfois l'ordre méthodique et chronologique que nous avons suivi dans le classement du catalogue.

CATALOGUE

DE LA

BIBLIOTHÈQUE

DE

FEU M. CHARLES LORMIER

DE ROUEN

THÉOLOGIE

I. — ÉCRITURE SAINTE

1. Biblia latina (En tête du 1er f.). Incipit epl'a sancti Hieronymi ad Paulinū‖p̄sbyteꝫ. ꝺ oīb⁹ dīne historie libr. Capl'm. I. ‖ (A la fin :) *Explicit biblia īpressa Venetijs p̄ Frāciscū ‖ de Hailbrun ꝛ Nicolaū d'Frankfordia socios.‖ M. CCCC. LXXVI.* ‖ (1476), in-fol. goth. à 2 col. mar. r. dos orné, fil. dent. int. tr. dor. (*Rel. anc.*)

   Édition très rare, imparfaitement décrite par Hain, au nº 3063 de son *Repertorium*. Elle se compose de 454 ff. non ch. à 2 col. de 51 lignes, y compris les 33 ff. contenant les *Interpretationes hebraicorum nominum*.

   Bel exemplaire du duc de La Vallière avec les initiales laissées en blanc peintes en rouge, bleu et violet. — Très légères piqûres de vers aux premiers et aux derniers ff.

2. Biblia sacrosancta veteris, et novi testamenti, juxta vulgatam editionem. *Lugduni, apud Antonium Vincentium*, 1555 (A la fin :) *Lugduni ex officina typographica Michaëlis Sylvii*, 1555, fort vol. in-8, réglé, mar. r. dos orné, fil. dent. int. tr. dor. (*Rel. anc.*)

   Jolie édition imprimée à 2 colonnes en caractères microscopiques. — Marque d'Ant. Vincent sur le titre, et marque de l'imprimeur à la fin.

3. La Sainte Bible, traduite sur les textes originaux, avec les différences de la Vulgate, (par Nic. Le Gros). *A Cologne, aux dépens de la Compagnie*, 1739, in-12 à 2 col. titre-front. par B. Picart, gr. par Yver, carte gr. et pliée, mar. vert, dos orné, fil. tr. dor. *(Rel. anc.)*

Édition recherchée, imprimée en très petits caractères.

4. LES ‖ PSEAUMES ‖ MIS EN RIME FRANÇOISE, ‖ par ‖ Cl. Marot, et Théodore de Bèze. ‖ *A Lyon* ‖ *par Jan de Tournes* ‖ *pour Antoine Vincent* ‖ *M. D. LXIII.* ‖ *Avec Privilège du Roy* ‖ (1563), in-8, titre et texte encadrés, musique imprimée, v. f. ant. fil. à fr. encadrem. doré avec fleurs de lis aux angles, grand milieu doré.

Livre curieux et précieux dont on ne connaît qu'un très petit nombre d'exemplaires. Toutes les pages sont encadrées des jolies bordures gravées sur bois par le Petit Bernard pour la *Métamorphose figurée*, bordures qui, comme on le sait, contiennent des sujets grotesques, parfois même un peu obscènes. — 432 ff. non ch. sign. A-Z, A a-Pp, a-q par 8 ff. dont deux, les fol. Pp 8 et q 8 (dernier) ne contiennent que la marque de Jean de Tournes (Silvestre, nº 191).

On trouve à la suite des Pseaumes : *La Forme des prieres ecclesiastiques; la Forme d'administrer le Baptesme; la Maniere de celebrer la Cene; la Maniere de celebrer le Mariage; de la Visitation des malades; le Catechisme; Confession de foy, faicte d'un commun accord par les Églises, qui sont dispersees en Frãce, et s'abstiennēt des idolatries Papales;* etc. Tout cela constitue la liturgie complète des églises réformées de France au xvie siècle, et, particularité remarquable, le volume contient en tête un privilège du roi Charles IX, daté de Saint-Germain-en-Laye, le 19 octobre 1561 (fol. A 2); il n'est fait mention dans ce Privilège que des *Pseaumes du prophète David, traduicts selon la verité hebraïque, et mys en ryme françoise et bonne musique.* Comme on le voit, le nom des traducteurs et la Liturgie sont passés sous silence, et il pourrait bien se faire que la partie liturgique, qui n'est d'ailleurs pas annoncée sur le titre, ait été ajoutée clandestinement à l'ouvrage.

Dans son catalogue raisonné, nº 531, M. Didot dit :

« C'est la dernière publication de Jean (Ier) de Tournes, et l'une des plus belles. Elle est peut-être le plus rare des ouvrages sortis des presses des de Tournes... Tout porte à croire que l'édition aura été détruite avec soin dans les persécutions de 1567, et la destruction qui eut lieu alors des livres de fonds des de Tournes... »

Exemplaire bien complet, très grand de marges, beau d'épreuves et dans sa reliure originale du xvie siècle, un peu restaurée. — Légères mouillures dans les marges; une signature sur le titre.

Hauteur : 172 mill.

5. Pseaumes de David, traduction nouvelle selon l'hébreu. Nouvelle édition, reveuë et augmentée d'une table des Pseaumes que l'on dit pendant tous les dimanches, les festes et autres jours de l'année, selon le Bréviaire romain. *A Paris, chez Hélie Josset,* 1688, in-12 réglé, front. gr. mar. r. dos orné, fil. doublé de mar. r. dent. tr. dor. (*Rel. anc.*)

6. Paraphase sur divers pseaumes fort mystérieux, où l'on verra que le sens spirituel est le vrai sens du Roy Prophète, par Monsieur l'abbé De Brion. *Paris,* 1722, 4 vol. in-12, mar. r. dos orné, fil. angles dor. tr. dor. (*Rel. anc.*)

Piqûres de vers à la reliure du tome I.

7. Novum Jesu Christi D. N. Testamentum (graece), ex bibliotheca regia. *Lutetiae, ex officina Roberti Stephani typographi Regii, Regiis typis,* 1550, 2 parties en 1 vol. in-fol. réglé, mar. r. dos orné, fil. et comp. à la Du Seuil, dent. int. tr. dor. (*Rel. anc.*)

Édition imprimée avec les beaux caractères de Garamond, dont les poinçons se conservent encore à l'Imprimerie Nationale.

Déchirure à la marge inférieure du titre qui est doublé. — Reliure tachée.

8. Historie des Ouden en Nieuwen Testaments (par David Martin), verrykt met meer dan vierhonderd printverbeeldingen in koper gesneeden. *T'Amsterdam, by Pieter Mortier,* 1700, 2 vol. in-fol. 2 front. fleuron sur chaque titre, 2 vign. 2 lettres ornées, 214 pl. ayant 2 fig. chaque, 29 culs-de-lampe et 5 cartes, vélin estampé à froid.

Cet ouvrage, connu sous le nom de *Bible de Mortier*, est recherché à cause des gravures dont il est orné.

Exemplaire AVANT LES CLOUS.

9. Morale de la Bible, par J. B. C. Chaud. *Versailles, Lebel,* 1817, 2 vol. gr. in-8, front. gr. mar. vert à long grain, dos orné, dent. sur les plats, doublé et gardes de moire rose, dent. tr. dor.

Bel exemplaire sur PAPIER VÉLIN, aux armes de Marie-Thérèse-Charlotte de Bourbon, DUCHESSE D'ANGOULÊME, fille de Louis XVI.

Reliure très fraîche.

10. Abrégé de l'Histoire et de la Morale de l'Ancien Testament, où l'on a conservé, autant qu'il a été possible, les

propres paroles de l'Écriture Sainte (par l'abbé François-Phil. Mesenguy). Quatrième édition. *A Paris, chez Jean Desaint*, 1732, in-12, mar. r. dos orné à petits fers, fil. à fr. tr. dor. (*Padeloup.*)

11. Les Paroles de Nostre Seigneur Jésus-Christ, tirées du Nouveau Testament. De la traduction du R. P. Amelote, prestre de l'Oratoire, et docteur en théologie. *A Paris, chez François Muguet*, 1669, in-12 réglé, mar. r. dos et angles des plats fleurdelisés, fil. tr. dor. (*Rel. anc.*)

12. Histoire de la vie de Jésus-Christ; par le P. de Ligny, de la Compagnie de Jésus. Édition ornée de gravures, d'après les tableaux des plus grands maîtres, sous la direction de L. Petit. *A Paris, de l'Imprimerie de Crapelet*, 1804, 2 vol. in-4, pap. vélin, 75 pl. gr. mar. r. à long grain, dos orné, fil. et large dent. doublé et gardes de moire bleue, dent. tr. dor. (*Bradel.*)

13. Dell'Eccellenze di S. Pietro, Principe degli Apostoli, Vicario Universale di Gesú Cristo. Opera del Ven... Giovanni di Palafox e Mendoza... dedicata alla Santitá di Nostro signore Pio PP. VI... *Roma*, 1788, 3 vol. in-4, titre-front. gr. à chaque vol. portr. et vign. gr. mar. r. dos orné, large dent. tr. dor. (*Rel. anc.*)

Reliure étrangère du XVIIIe siècle, avec de curieuses armoiries en couleur peintes au centre des plats.

---

14. Jobus brevi commentario et metaphrasi poetica illustratus. Scripsit Franciscus Vavassor, societ. Jesu. *Parisiis, Gabrielum Martinum*, 1679, pet. in-4, vélin, dent. semis de fleurs de lis sur le dos et les plats.

Jolie reliure souple du XVIIe siècle.

15. Sanctus Thomas de Aquino. Commentaria in evangelium sancti Lucæ. — In-fol. ais de bois.

Manuscrit sur vélin, de la fin du XVe siècle exécuté dans le royaume de Naples, par Wenceslas Crispus, copiste venu de Bohême et qui travailla de 1480 à 1493 pour Ferdinand Ier, l'un des rois Aragonais de Naples.

Il se compose de 283 ff., fort bien écrits en grandes et moyennes lettres gothiques, sur deux colonnes, et est décoré de QUATRE CENT QUATRE-VINGT-HUIT INITIALES PEINTES EN OR ET EN COULEUR, dont VINGT-QUATRE GRANDES avec fort beaux ornements d'arabesques et de fleurs s'étendant dans les marges et formant bordures.

Le premier f. qui devait contenir une préface, manque. Le second, par lequel débute notre volume, renferme les dernières lignes de cette préface et le commencement du premier chapitre de Saint-Luc avec la glose de Saint-Thomas. Au verso du dernier f. se trouve la souscription suivante, écrite en lettres d'or : *Beati Thome de Aquino in evāgelium Luce Glosa : finit.* Et un peu plus bas : *Venceslaus Crispus Bohemus exscripsit.*

Ce beau manuscrit a certainement dû être exécuté pour le roi Ferdinand Ier. Nous donnons plus loin (n°s 16 et 84) la description de deux autres manuscrits écrits par le même Wenceslas Crispus et par Jean de Guerne, autre copiste établi à la cour du roi de Naples.

Petites piqûres de vers aux vingt premiers et aux vingt derniers ff.

16. SANCTUS THOMAS DE AQUINO. Commentaria in evangelium sancti Johannis. — In-fol. ais de bois recouverts de mar. r. riches comp. d'entrelacs dorés sur les plats et fleurettes frappées en noir, tr. dor. (*Rel. anc.*)

MANUSCRIT SUR VÉLIN, de la fin du XVe siècle, exécuté dans le royaume de Naples, pour le cardinal JEAN D'ARAGON, fils du Roi Ferdinand Ier, et enrichi de 38 jolies initiales, PEINTES EN OR ET EN COULEUR, avec ornements s'étendant dans les marges.

Il se compose de 281 ff. à 2 col. fort bien écrits en grandes et moyennes lettres gothiques et débute ainsi : *Divi Thomæ Aquinatis in catenam Explanationū super Joan. Evang. contextā.* Il se termine au verso du dernier f. par la souscription suivante : *Beati Thome Aquinatis continuum in duos evangelistas per me Joannem de Guerne, flamingum, exscriptum finitumq; Neapoli : regnante felicissimo rege Ferdinando. Anno dominici natalis millesimo quat' centesimo octogesimo-sexto : decimo octavo die novembris sumptu illustrissimi domini Joannis d'Aragonia ejusdem Ferdinandi regis filij, sancte Romāe ecclesie cardinalis presbiteri. Qui dum Romam a patre ad pontifice; maximū missus esset vitam cum morte finivit dicto millesīo : anno* lxxxv. *mense septēb'.*

Dans son savant ouvrage, le *Cabinet des Manuscrits de la Bibliothèque nationale* (tome I, p. 232), M. Léopold Delisle cite le présent manuscrit dans une étude du plus haut intérêt qu'il consacre à la bibliothèque des Rois Aragonais de Naples. La souscription donnée plus haut nous apprend qu'il a été copié par JEAN DE GUERNE, flamand, établi à Naples, et qu'il fut terminé le 18 novembre 1486 après la mort du noble prélat auquel il était destiné.

Ce beau volume est revêtu d'une curieuse reliure de l'époque. Le premier f., d'une écriture très postérieure, est détaché ; petites piqûres de vers aux premiers ff. Il provient de la collection de M. BOURDIN, de Rouen.

Voir les n°s 15 et 84.

17. L'Apocalypse, avec une explication par Messire Jacques Benigne Bossuet, Évesque de Meaux... *A Paris, chez la veuve de Sébastien Mabre-Cramoisy*, 1689, fort vol. in-8, mar. r. dos orné et fleurdelisé, fil. tr. dor. (*Rel. anc.*)

ÉDITION ORIGINALE.

Exemplaire aux armes de PHILIPPE DE FRANCE, DUC D'ORLÉANS, dit *Monsieur*, frère de Louis XIV. — Éraflure à un des plats de la reliure.

18. Histoire critique du Vieux Testament, par le R. P. Richard Simon. Nouvelle édition. *A Rotterdam, chez Reinier Leers*, 1685, in-4 à 2 col. mar. r. dos orné, fil. tr. dor. (*Rel. anc.*)

Exemplaire sur GRAND PAPIER. — Sur l'un des ff. de garde se trouve une notice biographique manuscrite sur l'auteur, oratorien, curé de Bolleville (Seine-Inférieure), né à Dieppe en 1638, mort dans cette ville en 1712.

II. — LITURGIE

1. GÉNÉRALITÉS. — HEURES MANUSCRITES

19. Liber Sacerdotalis nuperrime ex libris ‖ Sancte Romane ecclesie : ꝛ quarundam aliarũ ecclesia‖rum : ꝛ ex antiquis codicibus apostolice bibliothece... (A la fin :) ¶ *Venetijs apud heredes Petri Rabanis* : ‖ ꝛ *socios excudebant.* 1548. ‖ *Mense Martio.* ‖ in-4, de 4 ff. prél. non ch. pour le titre et la table et 352 ff. ch. car. goth. r. et noirs, fig. sur bois, musique notée, ais de bois recouverts de peau de truie estampée, fermoirs de cuivre.

Important manuel liturgique, non cité par Brunet, dont l'auteur se nomme au verso de l'avant-dernier f. C'est l'œuvre d'un dominicain, Albert Castellano, de Venise.

Il est orné d'une figure sur bois sur le titre représentant l'auteur offrant son livre au Pape, et, dans le texte, de très nombreuses capitales, de 19 jolies figures sur bois dont les sujets sont tirés des Sacrements, et de 13 petites vignettes (dont 10 sur le premier f.)

Reliure moderne avec compartiments estampés à froid de style ancien, et armoiries au centre des plats. — Quelques petites taches et mouillures en marges de quelques ff.

20. Le Tableau de la Croix représenté dans les cérémonies de la Ste Messe ensemble le trésor de la dévotion aux

soufrances (*sic*) de N[re] S. J. C. le tout enrichi de belles figures. *A Paris, chez F. Mazot,* 1651, in-8, portr. et fig. mar. r. dos orné, fil. tr. dor. (*Rel. anc.*)

Ouvrage entièrement gravé, orné de 1 portrait gravé par Geiin, de bordures et de nombreuses figures gr. par J. Collin et autres, représentant pour la plupart les diverses positions du prêtre à l'autel pendant l'exercice de la Messe.

Exemplaire du tirage le plus complet, c'est-à-dire comprenant 4 ff. prél. 48 ff. de texte et 1 f. de privilège.

21. La Manière de bien entendre la Messe de paroisse, faite par feu Messire François de Harlay, archevesque de Rouen. Imprimée de nouveau par l'ordre de Messire François de Harlay, archevesque de Paris... *Paris, François Muguet,* 1685, in-8, mar. r. dos et angles fleurdelisés, fil. dent. int. tr. dor. (*Rel. anc.*)

Exemplaire aux armes de Philippe de France DUC D'ORLÉANS, dit *Monsieur*, frère de Louis XIV.

Cassure au bas du dos de la reliure.

22. — Le même ouvrage, même édition. — In-8, front. gr. ajouté, mar. r. dos et angles fleurdelisés, fil. tr. dor. (*Rel. anc.*)

Exemplaire aux armes de LOUIS DE FRANCE, dit le *Grand Dauphin*, fils aîné de Louis XIV.

---

23. LIVRE DE PRIÈRES EN FRANÇAIS, avec rubriques en latin, — In-16, bordures et miniatures, vélin, tr. dor.

CURIEUX MANUSCRIT sur VÉLIN, des premières années du XVe siècle, composé de 160 ff. et orné de TROIS MINIATURES à pleine page, de nombreuses bordures couvrant en totalité ou en partie les marges, d'une multitude d'initiales de diverses dimensions et de tirets peints en or et en couleur.

Les trois miniatures, placées en tête du volume et mesurant 58 mill. de hauteur sur 33 mill. de largeur, ont pour sujets : *Sainte Catherine, Sainte Marguerite* et la *Donataire agenouillée devant la Vierge et l'Enfant Jésus.* Au-dessous de cette dernière miniature se trouvent les armoiries de la dame pour laquelle ce manuscrit fut exécuté : *vairé d'argent et d'azur à trois fasces de gueules.* Ces armoiries se retrouvent au premier f. accolées à celles de son mari : *d'or à la croix de sable chargée de cinq coquilles d'argent,* et dans le courant du volume nous rencontrons encore huit fois tantôt les unes, tantôt les autres, placées au milieu de grandes initiales accompagnées de bordures s'étendant sur les marges. Au bas de ces bordures on remarque de TRÈS CURIEUX PETITS DESSINS EN COULEUR, au nombre de neuf, représentant des chasses au furet, au sanglier, au faucon, un singe jouant de la cornemuse et faisant danser une chèvre, un lièvre et un chien jouant de la flûte et du tambourin, etc.

Ce manuscrit est privé de son calendrier; il mesure 114 mill. de hauteur.

24. HORÆ. — In-16 de 282 ff. miniatures, mar. noir à long grain, dos orné, dent. à fr. tr. dor. (*Hering et Muller.*)

MANUSCRIT SUR VÉLIN exécuté en France, et peut-être à Paris, au XVe siècle. Il est orné de QUATRE GRANDES MINIATURES, de TREIZE MINIATURES plus petites, d'une multitude de lettres initiales de diverses dimensions et de tirets peints en or et en couleur.

Les grandes miniatures mesurent 60 mill. de hauteur sur 38 de largeur; la dernière représente la *Chasse de Saint-Hubert* curieusement traitée : Dans une clairière le saint est prosterné devant un cerf et, au premier plan, deux personnages, le mari et la femme, sont agenouillés devant un large prie-Dieu, des livres de prières ouverts devant eux. Ils nous offrent sans doute les traits des seigneurs pour lesquels ce manuscrit fut exécuté. Les petites miniatures, mesurant en moyenne 28 mill. de hauteur sur 25 mill. de largeur, ont pour sujets les quatre Évangélistes et des scènes de la vie du Christ.

Ce manuscrit est incomplet du calendrier; une des grandes miniatures (la *Messe de Saint-Grégoire*) est un peu éraillée; des bordures ont été soigneusement lavées à plusieurs ff.

Hauteur : 105 mill.

25. LIVRE D'HEURES (en latin et en français). — Pet. in-4, miniatures, bordures et lettres ornées, v. f. ant. comp. à fr.

MANUSCRIT DU XVe SIÈCLE SUR VÉLIN, exécuté en Normandie et orné de DOUZE MINIATURES, de bordures à toutes les pages, de *seize grandes lettres majuscules* en couleurs dont une est *miniaturée* et les autres décorées au centre de gracieux ornements sur fond d'or, d'une quantité considérable de lettres initiales en or sur fond de couleur de dimensions variées et de nombreux tirets ou bouts de lignes en couleurs rehaussés d'or.

Il comprend en tout 165 ff. dont 12 pour le calendrier, très sobre de noms, écrit en français en carmin et en bleu; un des ff. au milieu du volume est resté blanc. On trouve dans le calendrier et dans les litanies la plupart des noms des saints dont le culte est spécial à la Normandie, ce qui semble indiquer d'une façon à peu près certaine que ces Heures ont été exécutées dans cette province.

Les miniatures qui mesurent environ 105 mill. de hauteur sur 72 mill. de largeur, sont cintrées dans le haut et ont pour sujets des scènes de la vie du Christ et de la Vierge, *David psalmodiant à l'Eternel*, *l'Office des morts* et *Sainte Marguerite sortant des flancs du dragon.* Trois sont à fond de damier et toutes sont encadrées de belles bordures composées de tiges, de branchages, etc., agrémentés d'oiseaux et de nombreux grotesques. Onze des grandes lettres majuscules sont placées au-dessous des miniatures, et de chacune d'elle part une large bande en or sur laquelle sont peints de charmants ornements en couleurs, encadrant les trois ou quatre lignes de texte qui figurent sur la page et les deux côtés de la miniature elle-même, ce qui fait que les sujets représentés ont pour ainsi dire un double cadre; cette bande est très brillante et d'un effet très gracieux. Les autres grandes lettres majuscules sont agrémentées d'un simple listel plus ou moins large s'étendant sur les marges; l'un deux encadre complètement la page. — Les bordures du texte sont composées de branchages filiformes à la plume avec feuilles en or et quelques fleurs en couleur.

Ce manuscrit n'est pas seulement intéressant au point de vue de ses miniatures et de sa décoration, son texte mérite également d'attirer l'attention, car on trouve vers la fin du volume, d'abord de nombreuses prières en français dont une en vers (fol. 125 à 132) et ensuite un POÈME EN L'HONNEUR DE SAINTE MARGUERITE (fol. 133 à 146). Ce poème comprend environ 550 vers octosyllabiques disposés comme de la prose, c'est-à-dire sans solution de continuité après chaque vers; il commence par ce vers : *Après la sainte passion* et se termine ainsi : *Quavec elle soions tousdis. Amen.* On trouve à la suite *Loroison saincte Marguerite que les femmes doibvent devotement dire.*

Quelques légères éraillures; la reliure est très fatiguée. — Hauteur : 187 mill.

26. PRECES PIAE. — In-8, de 131 ff. dont 12 pour le calendrier, miniatures, bordures, etc. ais de bois couverts de velours bleu.

TRÈS BEAU MANUSCRIT sur VÉLIN qui semble avoir été exécuté dans le nord de la France, au XVe siècle. Des prières en latin à SAINT JUDICHAËL, vulgairement appelé *Saint-Guiguel* ou *Giguel*, dont le culte est spécial à la Basse-Bretagne, et une miniature dont nous donnons une reproduction hors texte (voir l'*Album des planches* du présent catalogue) et que nous décrirons plus bas, où ce saint est représenté, permettent de supposer que ce manuscrit a été fait pour un monastère ou pour un personnage breton.

Il est orné de VINGT-HUIT GRANDES MINIATURES mesurant environ 110 mill. de hauteur sur 72 mill. de largeur, de *cinquante-six beaux encadrements*, de *vingt-huit grandes lettres majuscules* en or sur fond de couleurs ou en couleur sur fond d'or, avec ornements, et d'une quantité innombrable de lettres initiales et de tirets ou bouts de lignes en or et couleur. Les miniatures et les bordures rappellent l'art flamand; les personnages qui figurent dans les premières sont généralement représentés courts et trapus, et la décoration des secondes consiste généralement en des feuilles d'acanthe en camaïeu, en des fleurs reproduites au naturel, des fraises, des oiseaux, des insectes et en quelques grotesques, le tout sur un fond d'or, d'argent ou de couleur. Ces peintures sont d'une très belle exécution, la flore y est surtout admirablement traitée, leur coloris sans être très éclatant ne manque pas de vigueur et leur fraîcheur est incomparable. — On remarque un lion d'or sur fond d'azur dans l'encadrement de la 6e miniature et ce lion est encore représenté dans cinq grandes lettres majuscules.

Les encadrements entourent, d'une part, les miniatures, placées sur le verso des ff. dont le recto est généralement blanc, et, d'autre part, la page en regard, laquelle porte en tête une des grandes lettres majuscules dont nous avons parlé et contient le commencement du texte d'un chapitre ou d'une oraison.

Voici les sujets des 28 peintures de ce manuscrit avec l'indication de quelques bordures qui diffèrent un peu de celles que nous avons décrites :

1. *Jésus en croix.* — A gauche, la Vierge soutenue par S. Jean et Sainte Marie-Magdeleine, à droite une troupe armée, dans le fond une ville.

2. *La Pentecôte.* — La Vierge et les apôtres agenouillés ou debout, dans une pièce, sur la porte ou à l'entrée d'une maison ont les yeux fixés sur le Saint-Esprit qui descend sur eux sous la forme d'une colombe.

3. *Saint Jean.* — L'Evangéliste est représenté écrivant l'*Apocalypse* dans l'île de Pathmos; son attribut est auprès de lui. De nombreux vaisseaux voguent sur la mer et se dirigent vers des villes qui sont placées à gauche et à droite du tableau. On aperçoit dans le ciel, à gauche, la Sainte Vierge tenant l'enfant Jésus dans ses bras, à droite, la bête apocalyptique peinte en rouge et or.

4 à 6. *Saint Luc; Saint Matthieu; Saint Marc.* — Chacun de ces trois évangélistes est représenté accompagné de son attribut, écrivant dans une chambre sur des pupitres de formes différentes. Dans la pièce où travaille saint Marc on voit une étagère sur laquelle sont posés des livres.

Les bordures des quatre dernières miniatures sont formées de branches d'arbres en or encadrant de grandes inscriptions en or sur fond rose. Sur la marge extérieure, on lit : INICIUM SANCTI et sur la marge inférieure : EWĀGELI. Chacune des pages en regard a la même ornementation avec, dans le bas, le mot SECŪDŪ et sur le côté IOHANNEN (ou LUCAM, etc.) GLORIA. Ces inscriptions sont de formes différentes, la première et la troisième sont en grandes majuscules simples, la seconde a ses lettres formées de petites bûches taillées et la quatrième de copeaux enroulés, de plus cette dernière porte le mot *tibi* après le mot *gloria.* Dans les angles de ces encadrements sont peints de petits ornements en or ou en argent sur fonds de couleurs.

7. *Saint Michel.* — L'Archange couvert d'une armure sur laquelle est jeté un manteau rouge et or, chasse le démon à coups d'épée. Une ville dans le fond.

8. *Saint George.* — Le saint, couvert d'une armure, est représenté à cheval levant son épée pour achever le dragon dont le corps gît à terre; sa lance s'est brisée dans la gueule du monstre. Dans

le fond la jeune fille qu'il vient de délivrer prie à genoux; plus loin, au sommet d'une tour, un couple regarde le combat.

9. *Saint Pierre*, debout dans une salle, tient une clef dans la main droite et un livre dans la main gauche.

10. *Saint Jacques le Majeur*, représenté assis sur un superbe trône en bois sculpté, un livre ouvert sur ses genoux et tenant dans la main droite un bâton auquel est attachée une coquille. La bordure de cette mignature et celle de la page en face sont composées de bâtons en croix et de coquilles peints sur fond vert.

11. *Saint Christophe* portant l'enfant Jésus sur ses épaules.

12. *Saint Antoine*, dans une forêt, est arrêté devant un âne et un cheval qui doivent lui apporter des vivres. Un cochon est peint dans la bordure.

13. *Saint Martin*, sur un cheval blanc, sort d'un château et passe sur un pont-levis; il tient une épée à la main. Un mendiant, en partie masqué par le cheval, est debout sur le pont-levis.

14. *La Messe de Saint Gregoire.* — Le Christ paraît sur l'autel, entouré de tous les instruments de la Passion.

15. *Saint Hubert*, descendu de cheval, accompagné d'un domestique et de plusieurs chiens, est agenouillé devant un cerf blanc portant sur le sommet de la tête, entre ses cors, un crucifix d'or.

16. *Sainte Barbe* parle à un maçon qui construit la tour dans laquelle elle doit être enfermée.

17 à 25. *Le Christ mort* et les saintes femmes. — *L'Annonciation* (miniature curieuse pour le mobilier; robe de la vierge retouchée). — *La Visitation.* — *La Nativité.* — *L'Annonciation aux bergers.* — — *La Présentation au temple.* — *Les rois Mages.* — *Le Massacre des innocents.* — *La Fuite en Égypte.* Sur une colline on voit des cavaliers lancés à la poursuite des fugitifs. — Deux ou trois de ces miniatures présentent une certaine naïveté et pourraient bien être d'une autre main.

26. *David en prières* auprès d'un grand château entouré de fossés pleins d'eau.

27. *L'office des morts* dans une église.

28. *Saint Judichaël* ou *Giguel* se promenant dans un parc, sans doute celui du monastère de Gaël, diocèse de Saint-Malo; il est coiffé d'un chapeau noir, vêtu d'une robe courte rose et or et d'un manteau bleu et or, la couronne royale placée autour du bras droit. — La page en regard n'a pas de bordure et contient deux prières en latin en l'honneur de ce saint qui fut roi de Domnonée, en Bretagne, et dont il est très rare de trouver la représentation dans un manuscrit.

Ce manuscrit, quoique nouvellement relié, a de belles marges et sa conservation est parfaite. — Hauteur : 168 mill.

27. PRECES PIAE. — In-16 de 140 ff. miniatures, bordures, etc. v. f. ant. fil. et comp. genre Du Seuil, couronne de feuillage sur les plats, attaches.

BEAU ET TRÈS CURIEUX MANUSCRIT SUR VÉLIN exécuté en France à la fin du XVe siècle et orné de CINQUANTE-NEUF MINIATURES dont plusieurs ont deux sujets. Ces peintures, qui dénotent la main d'un artiste de talent, sont très curieuses par la grande variété des sujets représentés, la plupart empruntés à l'Ancien Testament et à la vie des saints, et sont du plus haut intérêt pour l'histoire de la Renaissance. En effet, ces petits tableaux, comme on pourra s'en convaincre par la reproduction que nous donnons de deux d'entre eux dans l'*Album* et par la description que l'on en trouvera plus bas, nous offrent une grande variété de scènes d'intérieurs dans toutes les classes de la société et de nombreuses représentations de la vie publique, et nous montrent par conséquent les divers costumes des deux sexes : souverains, grands seigneurs, prélats, magistrats, guerriers, plébéiens, artisans, etc. On y remarque en plus des monuments de tous genres exécutés, dans leurs moindres détails, avec une perfection remarquable.

Le volume est décoré en outre d'une grande quantité de lettres majuscules de diverses dimensions peintes en or sur fond de couleur et d'un montant de bordure occupant la marge extérieure de toutes les pages où ne figurent pas des miniatures. Ces bordures sont de deux sortes. Celles du calendrier sont composées de branchages, de fleurs, d'oiseaux et d'insectes peints sur fond or avec une petite miniature en médaillon au centre; les autres ont un bouquet de fleurs ou une arabesque sur lesquels sont posés un oiseau ou un insecte, le tout agrémenté de branchages filiformes enlacés, avec fleurettes d'or, s'étendant sur la longueur du texte.

Les miniatures qui ornent ce curieux petit volume sont d'une importance telle que nous croyons devoir en donner une description détaillée :

1 à 24. LES SIGNES DU ZODIAQUE ET SUJETS DIVERS. — Ces 24 premières miniatures ornent le calendrier qui comprend 12 ff. et est écrit en bleu, carmin et or. Elles ont la forme de petits médaillons placés au centre des bordures et représentent, comme à l'ordinaire, d'une part, des scènes de la vie seigneuriale ou les travaux des champs et de la ferme aux divers mois de l'année; d'autre part, les signes du zodiaque; les premières sont au r° et les secondes au v° des ff.

25. LE DONATAIRE. — La Vierge Marie, assise sur un trône, porte son divin fils qui tend ses petits bras vers un personnage agenouillé devant lui. Des anges aux ailes bleues et vêtus d'une robe d'or, entourent ce groupe et jouent de divers instruments. Dans le bas de la miniature se trouve un écusson, soutenu par deux animaux fantastiques, qui devait primitivement contenir les armoiries de la personne représentée au-dessus et pour laquelle ce manuscrit a été exécuté. Malheureusement ces armoiries ont été grattées et remplacées par des fleurs. — L'extrémité du pan droit du manteau de la Vierge est refaite.

26. LE CHRIST MORT. — Au pied de la croix, la Vierge contemple avec douleur le corps du Christ mort, étendu sur ses genoux, et dont les plaies saignent encore. Saint Jean, les saintes femmes et le personnage représenté dans la miniature précédente (le Dona-

taire), sont agenouillés et prient. Comme au tableau précédent, les armoiries du Donataire, placées dans le bas et soutenues par deux grotesques, ont été remplacées par des fleurs.

27. SAINT JEAN. — L'Évangéliste est entraîné par des soldats vers le tonneau plein d'huile bouillante où il va être jeté, et auprès duquel se tiennent un roi, un magicien et divers personnages. A gauche du tableau, une ville; dans le fond, un château sur une colline et, dans le bas, l'aigle symbolique.

28. SAINT LUC. — Dans une vaste église et devant une nombreuse assemblée, composée d'hommes et de femmes, saint Luc occupe la chaire et prêche la parole de Dieu. Cette composition est fort remarquable au point de vue de l'exécution; l'artiste a su disposer, dans un espace restreint, une grande quantité d'auditeurs, en évitant la confusion et en laissant à la plus grande partie de chacun d'eux sa physionomie propre. — Le Bœuf, attribut de l'apôtre, se promène dans une campagne qui forme un second petit tableau placé au-dessous du premier.

29. SAINT MATTHIEU. — D'après la tradition, saint Matthieu s'étant rendu en Ethiopie, des magiciens, pour se venger de ce qu'il dévoilait tous leurs sortilèges, envoyèrent contre lui deux dragons épouvantables pour le dévorer. L'Évangéliste fait le signe de la croix, rend ces animaux doux comme des agneaux et les oblige de retourner dans leurs cavernes. Cette scène, représentée ici avec une grande vigueur de touche, se passe dans une belle campagne arrosée par un fleuve qui coule au pied d'une chaîne de collines, et en présence de quatre personnages qui regardent les dragons avec terreur. L'Ange symbolique occupe le bas du tableau.

30. SAINT MARC. — Cette miniature est divisée, comme la 28e, en deux compartiments. Dans le premier est représentée une rue d'Alexandrie. La foule sort d'une église où elle vient de s'emparer de saint Marc pendant qu'il célébrait la messe; on lui a passé une corde au cou et un soldat traîne son corps étendu à terre, dans la rue. Quelques disciples de l'Évangéliste, masqués derrière une colonne, regardent cette scène avec terreur. Ce petit tableau est remarquable non seulement par la science qu'a déployée le peintre pour grouper ses personnages et donner de la vie au sujet qu'il représente, mais encore par les détails d'architecture qu'on y voit; nous en donnons une reproduction dans l'*Album*. — Dans le second compartiment est représentée une campagne avec l'attribut de l'Évangéliste, un lion au pied d'un rocher.

31. MOÏSE ET JÉTHRO. — Le Chef et législateur des Hébreux, couvert d'un manteau d'or, serre la main de son beau-père qui se découvre respectueusement devant lui. Cette scène se passe dans une campagne, au pied d'un rocher; on aperçoit une ville dans le lointain. (*Exode*, XVIII, 7.)

32. ABNER ET JOAB. — Abner, général de l'armée d'Isboseth, fils de Saül, passa dans le parti de David. Joab, général de l'armée de David, jaloux des faveurs accordées par le roi à son ancien adversaire, l'assassina. L'artiste a représenté ici les deux chefs d'armée, dans une campagne et sur le point de se donner l'accolade; Joab

en profite pour enfoncer traîtreusement son poignard dans le dos d'Abner. (II *Rois*, III, 27.)

33. GÉDÉON. — Le cinquième juge des Hébreux, en costume de chevalier, le sabre au côté, un surtout bleu brodé d'or passé sur sa cuirasse, son casque, ses gantelets et son bouclier sur lequel on remarque le chiffre I. N. en lettres d'or, posés par terre auprès de lui, est agenouillé et lève ses bras vers le ciel qui s'ouvre et laisse voir un buste d'ange peint en brique et or sur fond d'azur et entouré de rayons de gloire. Gédéon demande à Dieu de lui montrer par un signe visible que c'est bien lui qu'il a choisi pour délivrer Israël du joug des Madianites; il a placé une toison devant lui, au pied d'un rocher, et dit à l'Éternel : « Si la rosée est sur la toison seule, et que la terre soit sèche, je connaîtrai que vous délivrerez Israël par mon moyen... » (*Juges*, VI, 37.)

34. LE BUISSON ARDENT. — Moïse, paissant le troupeau de son beau-père, sur le mont Horeb, voit l'Eternel au milieu d'un buisson d'où sortent des flammes. Le législateur, épouvanté et ébloui par cette apparition, quitte ses chaussures sur l'ordre que lui en donne l'Éternel. (*Exode*, III, 1 à 5.)

35. LE PROPHÈTE DANIEL. — Au milieu d'une place de Babylone on voit une petite maison dans laquelle est enfermé Daniel, qui paraît à une fenêtre garnie de barreaux de fer. Sur la place, à droite, se tiennent des Babyloniens qui demandent à Nabuchodonosor de leur livrer le prophète ; le roi, l'épée à la main et la couronne en tête, suivi de sa garde, s'avance vers ses sujets. Tous les personnages représentés ici, sauf Daniel, sont couverts d'armures peintes en or. (*Daniel*, XIV, 28.)

36. LA VERGE D'AARON. — La Verge fleurie est placée, dans un vase, sur un autel ; trois hommes debout la contemplent avec admiration, tandis qu'un quatrième personnage, vêtu d'une robe d'or (Aaron?) et placé devant eux, agite un encensoir. (*Nombres*, XVII.)

37. DAVID ET ABNER. — Le Roi, assis sur son trône et entouré de sa cour, prend des mains d'Abner sa soumission écrite, que ce dernier, abandonnant la cause d'Isboseth, fils de Saül, lui présente à genoux. (II, *Rois*, III, 20.)

38. SACRIFICE D'ISAAC. — Abraham, vêtu d'un costume somptueux composé d'une robe rose couverte en partie d'une sorte de tunique blanche brodée et frangée d'or, à manches courtes, la tête couverte d'une calotte orange rehaussée d'or, s'avance lentement vers un rocher sur le sommet duquel est placé un panier (?); il tient d'une main un cierge allumé et de l'autre un sabre. Isaac, portant un fagot sur l'épaule, suit le patriarche, et un bélier broute sur le bord de la route. (*Genèse*, XXII.)

39. LES TABLES DE LA LOI. — Sur le sommet d'un rocher, représentant le mont Sinaï, Moïse, agenouillé, reçoit des mains de l'Éternel, qui paraît dans le ciel, les Tables de pierre contenant la loi. Aaron, Nadab et Abihu, ses fils, ainsi que deux autres Israélites, sont assis au pied de la montagne et contemplent cette scène. (*Exode*, XXIV.)

40. LA REINE DE SABA. — Dans une vaste et belle salle, on voit

Salomon descendre de son trône et s'avancer vers la reine du Midi qui, à genoux, lui présente un vase précieux. Les deux monarques sont richement vêtus, des seigneurs et des dames se tiennent à leur côté. (III. Rois, x.)

41. Tubal Caïn. — Cette miniature, très curieuse, représente l'intérieur d'une forge. Tubal Caïn, fils de Lémec, arrière-petit-fils de Caïn, qui *forgeait toutes sortes d'intruments d'airains et de fer*, est représenté vêtu d'une robe d'or, se promenant les bras croisés dans son atelier. Deux ouvriers forgerons battent le fer chaud sur l'enclume, non loin du feu et du soufflet; par terre et aux murs sont étalés ou suspendus : marteaux, tenailles, poêles à frire, marmite, passoires, etc. (*Genèse*, iv, 22.)

42. Élie confond les prophètes de Baal. — Le prophète Élie, coiffé d'un bonnet de magicien, en présence d'Achab, roi d'Israël, vêtu d'un riche costume oriental, invoque l'Éternel qui fait tomber le feu du Ciel, et consume l'holocauste qu'il avait préparé. Le roi et les personnes qui l'entourent ont les yeux fixés sur le haut du rocher où l'on voit le feu brûler le veau placé dans un panier; leur visage exprime l'étonnement et l'effroi. (III. *Rois*, xviii, 38.)

43. Samuel consacré a l'Éternel. — Anne, épouse d'Elkana, suivie de deux femmes, présente à genoux, au grand prêtre Héli, son fils Samuel. Le futur prophète est représenté nu, debout sur une table; Héli lui donne sa bénédiction. (I. *Rois*, i, 25.)

44. Le Serpent d'airain. — Moïse montre à des Israélites qui l'entourent le serpent d'airain dont la vue doit les guérir des morsures des serpents envoyés par l'Éternel pour les punir de leurs péchés et qui ont déjà fait périr une grande quantité d'entre eux. Le Serpent d'airain est placé sur une perche au sommet d'un monticule, au pied duquel on voit des serpents, des ossements et des cadavres. (*Nombres*, xxi, 9.)

45. Institution de la Pâque. — Douze personnes sont assises autour d'une table; celle qui préside s'apprête à découper l'agneau rôti placé devant elle. Il est à remarquer que tous les convives ont leur serviette placée sur l'épaule gauche. Dans le fond de la salle est dressé une sorte de buffet auprès duquel se tient un domestique (?). Sur le premier plan, à droite, brûle un feu de bois qui doit servir à consumer les restes de l'agneau. (*Exode*, xii, 8 à 10.)

46. David sauvé par Michal. — Des gardes envoyés par Saül surveillent la maison de David pour le faire mourir quand il en sortira, mais tandis qu'ils sont tournés du côté de la porte, David, aidé de Michal, son épouse, s'échappe par la fenêtre d'une tourelle. (I. *Rois*, xix, 12.)

47. Le Roi de Haï. — Josué après avoir brûlé la ville de Haï et fait périr ses habitants ordonna que son roi fût pendu à une potence. Nous voyons ici deux hommes, grimpés chacun sur une échelle, détachant d'une croix où il a été cloué le roi, couronne en tête et vêtu. (*Josué*, viii, 29.)

48. Construction de l'Arche. — Noé, debout et vêtu d'une robe rouge, lève les bras au ciel et invoque l'Éternel, tandis que des ouvriers travaillent à la construction de l'arche qui doit le sauver

du déluge. Les monuments d'une ville forment le fond de ce petit tableau. (*Genèse*, VI.)

49. SALOMON ET BETHSABÉE. — Le roi Salomon, assis sur son trône, écoute une requête que lui adresse sa mère Bethsabée, également assise sur un trône semblable et placé à côté du sien. Sur le premier plan, à droite et à gauche, se tiennent debout des seigneurs et des dames de la cour. (III. *Rois*, II, 19 et 20.)

50. PUNITION DE JONAS. — Cette miniature est certainement une des plus belles, des plus curieuses et des plus importantes de ce manuscrit. Elle représente, comme on le verra par la reproduction que nous en donnons dans l'*Album*, un navire dont la coque est peinte en brun rehaussé d'or; il est muni de tous ses agrès, et ses flancs sont ornés, à la partie supérieure, de deux blasons répétés et formant bordure : l'un est *d'azur à trois fleurs de lis d'or*, l'autre *de gueules à une croix d'or*. Nous avons ici la représentation exacte d'une *caravelle* à la fin du XVe siècle; les matelots travaillent à la manœuvre du navire, l'un est au gouvernail, un autre grimpe à une échelle de cordes, d'autres s'occupent des voiles. Au centre, dans la partie basse du navire, deux hommes précipitent Jonas nu dans la mer, de laquelle émerge la tête d'un gros poisson qui, la gueule ouverte, s'apprête à engloutir le prophète. (*Jonas*, I, 15.)

51. LA COLONNE DE FEU. — L'armée de Pharaon poursuivant les Israélites est engloutie dans la Mer Rouge. On voit dans le ciel, précédant les Israélites qui fuient, la Colonne de feu qui les guide. — Curieux effet de nuit. (*Exode*, XIV.)

52. SAINTE BARBE. — Dans l'intérieur d'un bel édifice et devant une nombreuse assistance, la sainte, le torse nu, est martyrisée par des soldats; l'un deux présente à Marcien, président de la province de Nicomédie, assis sur son trône, un des seins de la jeune vierge qu'il vient de couper. Au-dessous, dans un second compartiment, on voit Dioscore, père de sainte Barbe, trancher la tête de sa fille, entre une double rangée de spectateurs.

53. SAINT JOSEPH. — Cette miniature est divisée en deux compartiments. Dans le premier, on voit l'époux de la Vierge, un bâton à la main, paraissant fuir d'une ville; il regarde en arrière et sa figure exprime l'effroi; dans le second il est agenouillé en pleine campagne et prie.

54. SAINT JEAN-BAPTISTE. — Dans la cour d'une prison, le Précurseur est à genoux et prie, à droite le bourreau lève son épée pour lui trancher la tête, à gauche une femme se tient debout, un plat à la main. Dans un second compartiment on voit un paysan attiser un feu dans les champs.

55. SAINTE MARIE-MAGDELEINE. — Jésus, en costume de jardinier, une bêche à la main, fait signe à la sainte, qui agenouillée tend les bras vers lui, de ne pas l'approcher. Au-dessous, dans un second compartiment, on voit des anges agenouillés autour du corps de Marie-Magdeleine, étendu au pied d'un rocher.

56. SAINTE CATHERINE. — La sainte, agenouillée, remercie Dieu de l'avoir miraculeusement sauvée du supplice qu'on voulait lui faire subir. Devant elle, la roue sur laquelle elle avait été attachée vole

en éclats et ses bourreaux gisent inanimés sur le sol. Derrière elle, se tiennent l'empereur Maximin, assis sur son trône, et une troupe d'hommes; tous paraissent épouvantés. Au-dessous de cette scène, le peintre, dans un second petit tableau, a représenté sainte Catherine à genoux, couverte d'une chemise blanche, et tendant le cou au bourreau qui lève son épée pour lui trancher la tête; Maximin et sa cour assistent debout à ce dernier supplice.

57. La Messe de saint Grégoire. — Le Pape, agenouillé sur les marches de l'autel, tient l'hostie dans ses mains et devant lui se dresse le corps du Christ, dont les plaies saignent; des anges vêtus de robes d'or tiennent un drap et s'apprêtent à en couvrir le corps du Sauveur. De nombreux cardinaux sont agenouillés derrière le saint et ses assistants. Au-dessous de cette miniature sont peints, sur fond bleu, tous les instruments de la Passion.

58. David et Goliath. — Des jeunes filles sortent d'une ville en jouant de divers instruments et viennent à la rencontre de David qui s'avance en tenant dans sa main gauche la tête de Goliath et dans sa main droite son sabre; le corps du géant, couvert d'une armure d'or, est étendu à terre, son bouclier porte les initiales O. S. en or sur fond bleu. (I, *Rois*, xviii, 6.)

59. Job et ses amis. — Cette miniature est divisée en deux compartiments. Dans le premier on voit Job assis sur des bottes de paille placées contre le mur d'un château, il est représenté presque nu, conversant avec deux personnages richement vêtus, agenouillés auprès de lui. Dans le second compartiment, deux mendiants, un homme et une femme, se rencontrent dans les champs, l'homme présente une sébile à la femme qui porte un sac de toile sur l'épaule.

Tels sont les sujets de ces miniatures qui, sauf celles du calendrier, occupent la page entière et sont encadrées d'une bordure d'or cintrée dans le haut. Elles ont toutes, dans la partie inférieure, une banderole blanche sur laquelle est écrit le commencement du texte du chapitre et celles qui sont désignées ici sous les nos 31 à 51 ont en plus, au-dessous de la banderole, un texte explicatif du sujet représenté, écrit en rouge; ce texte n'est pas toujours exact. Les neuf derniers ff. paraissent être un peu postérieurs au manuscrit, ils n'ont pas de bordures et sont de diverses mains; le texte qui se trouve sur le 3e de ces ff. est en français. On lit sur un f. de garde placé à la fin : *Ce livre a été donné au P. Jean Capistran Kremer par Monsieur le baron de Vurmser Marechal de camp des armées de France resident a Sarlouis le sept mai de l'année 1792.*

Le volume est un peu rogné et, en dehors des deux ou trois défauts que nous avons signalés dans la description des sujets, quelques miniatures ont de légères éraillures. — Hauteur : 109 mill.

28. LIVRE D'HEURES (en latin). — In-8, miniatures, bordures, etc. mar. r. dos orné, fil. et comp. à la Du Seuil, tr. dor. étui. (*Rel. anc.*)

Admirable manuscrit sur vélin exécuté en France à la fin du XVe siècle, remarquable non seulement par la beauté de ses miniatures, qui sont certainement l'œuvre d'un des grands artistes de la Renaissance, mais encore par ses riches bordures qui diffèrent complètement de celles que l'on rencontre ordinairement dans les livres d'Heures. Pour qu'on puisse avoir une idée de la splendeur de ce manuscrit, nous donnons, dans l'*Album*, la reproduction de trois de ses pages. — A la fin du volume on remarque des rubriques et une prière en français.

Le volume comprend en tout 93 ff., dont six pour le calendrier, écrit en noir, carmin et bleu, et *trente-huit de ses pages sont ornées de miniatures* représentant en tout SOIXANTE-QUATRE SUJETS DIFFÉRENTS dont 12 pour les signes du zodiaque, 12 pour des scènes de la vie seigneuriale ou des occupations de la campagne, 25 sont relatives à la vie du Christ, 6 à la vie de la Vierge, 3 se rapportent à l'histoire du roi David et 6 à celle de Job. Quatre de ces miniatures occupent une page entière et quatre une demi-page environ, les autres remplacent des bordures, c'est-à-dire qu'elles sont en hauteur ou en travers sur la marge extérieure ou inférieure des pages où elles figurent. Toutes ces peintures sont remarquables par la science du dessin et la finesse de l'exécution; les têtes sont d'une beauté idéale, les intérieurs représentés dans leurs moindres détails, les monuments supérieurement traités, les paysages ravissants; en un mot tout y est rendu avec une délicatesse extrême. Il est à remarquer que dans trente-cinq miniatures représentant des sujets religieux, les vêtements du Christ, de la Vierge, des saints, etc., sont peints en grisaille; de même les sujets en longueur, formant bordure sur la marge extérieure, ont généralement dans le haut un charmant motif d'architecture en grisaille dont la teinte est comme de l'argent brillant.

Toutes les pages du manuscrit sont ornées de riches encadrements dont quelques-uns, comme nous l'avons dit, sont formés entièrement ou en partie par des miniatures, et les autres par des compositions très curieuses et très variées. On voit, en contemplant ces dernières, que l'artiste a voulu s'affranchir des arabesques, enroulements de feuillage, etc., qui étaient communément mis en usage alors dans ce genre de décoration et créer du nouveau. En effet, à quelques rares exceptions près, les principaux motifs employés pour la composition de ces bordures sont plutôt empruntés aux figures géométriques qu'à la flore ou à la faune. Ne pouvant en donner une description complète, les ornements qu'on y trouve ayant souvent une forme si bizarre qu'il serait difficile de leur donner un nom, nous nous bornerons à en décrire quelques-unes qui suffiront sans doute à en faire apprécier la valeur et l'intérêt. Plusieurs sont composées de bandes longitudinales, penchées, brisées, chevronnées, carrelées, croisées, etc., d'autres de losanges quelquefois fuselés, d'autres de triangles curieusement disposés, formant parfois des croix ou des étoiles, d'autres de chevrons souvent brisés, d'autres enfin de guidons, oriflammes, banderoles, etc. etc. Chaque bordure n'a qu'une de ces figures répétée à l'infini et de couleurs différentes, mais l'or, l'argent, le noir, le gris, le brun et le marron sont généralement seuls employés. Ces motifs sont presque toujours rehaussés d'arabesques ou de gracieuses tiges de fleurs peintes en or, en gris ou bleuâtres ; on y remarque aussi quelques oiseaux, insectes et grotesques. D'autres encadrements sont formés de damiers, de carrelages et de parquetages exécutés en or, noir et brun. Enfin, quelques bordures diffèrent complètement de celles que nous venons de décrire. Ici, on voit de grandes larmes d'or accompagnées d'arabesques bleuâtres, le tout sur fond noir; là, des treillages sur lesquels courent des tiges de fleurs peintes en gris sur fond or ou noir; plus loin, des semis soit de grandes feuilles de chênes, de houx ou de lauriers, soit de croix d'or simples ou recroisettées, soit enfin de cœurs, d'écus, etc. peints en noir ou en or sur fond blanc, marron ou noir. Comme on le voit, ce sont les couleurs un peu ternes qui dominent dans ces peintures, et ce n'est que de loin en loin que l'on rencontre quelques petites feuilles d'arbuste, des fleurettes et des fruits, pour lesquels le rouge, le vert ou le bleu aient été employés, mais toujours très discrètement. Quoi qu'il en soit, l'artiste, malgré la bizarrerie de ses motifs de décoration, a su les agencer de telle sorte, les rehausser si habilement par des ornements divers dont l'or un peu éteint et les couleurs presque toujours claires atténuent la crudité du noir, du brun et du marron et relèvent le blanc ou le gris, que rien ici ne blesse le regard, tout y est harmonieux et d'une beauté, d'une originalité sans égales. Nous devons faire remarquer également que la décoration d'un grand nombre de feuillets est la même au recto et au verso, c'est-à-dire que les sujets représentés d'un côté ont été exactement reproduits de l'autre avec des couleurs différentes ou en contre-partie, et que cette juxtaposition a été exécutée avec une telle précision qu'en présentant le feuillet à la lumière on ne voit qu'une décoration unique, opaque, produisant l'effet d'un vitrail.

Ces bordures nous offrent encore une particularité curieuse, elles contiennent des chiffres et des devises qui doivent se rapporter au personnage pour lequel ce manuscrit a été exécuté. En effet, sur plus de 60 pages figurent, dans les ornements, les initiales A ou M répétées à l'infini et peintes en or, en noir ou en gris, 4 pages portent en outre un semis soit de deux M seules enlacées, soit de ce dernier chiffre accompagné d'un A. Dans six bordures on remarque des banderoles peintes en noir ou en marron sur lesquelles on lit l'inscription suivante en lettres d'or : JE PORTE UNE (ou UGNE) M, et enfin quatre bordures sont ornées également de banderoles de diverses couleurs portant chacune une devise différente en lettres d'or, ces devises sont : TARDIF LE PERT ; ARDY LA GAIGNE ; A CVEVRS AMANS ; SOURCE DE IOYE ; VIGILANTI NIL DIFICILE. — On remarque en outre, sur la première page, un blason peint sur la cheminée qui figure dans la miniature : *d'or au lion issant de gueules;* enfin la dernière page, peinte dans la longueur, mi-partie de gris et de marron, porte l'inscription suivante en lettres d'or :

IE PORTE VNE M · PARTOVT A MADE[VISE]
A CELLE FIN · QVON COGNOISS · ET ADVISE
Q PAS NATAS · DE MA TACHER ALHEVRS
GRIS · ET TANE · EN SEROT MES COVLEVRS ·
CAR LA SORTE ME SEBLE FORT ES ESTRE ·
LVN PRET VO I LAVTRA VNE LE VISE ·
VNG A VNG · G · CHASCV FAICT A SA GVIS[E]
MAIS QVANT DE MOY IE NE SVYS PAS DES IE[RS]
IE PORTE VNE M ·
CELLE PRE · IE AY LA PASSO PRISE ·
IE LA CONGNOYS DESITRES BONE PRISE ·
QV APRES AVOIR QVISE TOVTES VALLE[RS]
POINT NE CONGNOYS AV MODE DE MEILLE[VRS]
ET PLVS NE DY VELA TOVT VOUS SVFISE
IE PORTE VNE M

A qui ou à quoi se rapportent ces chiffres, ces devises, ces armoiries et cette inscription? Nous n'avons pas pu le découvrir et, le temps nous manquant pour poursuivre nos recherches, nous laissons à d'autres le soin de déterminer l'origine de ce manuscrit qui, étant donné sa beauté, ne peut avoir été exécuté que pour une personne illustre.

Le volume a été un peu trop rogné; plusieurs miniatures ont quelques éraillures et quelques bordures paraissent avoir été refaites vers l'époque où le manuscrit a été exécuté pour remplacer sans doute, par une décoration nouvelle, des ornements qu'on voulait faire disparaître pour un motif quelconque ou qui laissaient à désirer au point de vue de l'exécution. — Hauteur : 181 mill.

29. Horæ. — In-8, v. f. dos orné, riches comp. d'entrelacs dorés ou peints en bleu, vert et blanc, tr. dor. et ciselée. (*Rel. du XVIe siècle.*)

Manuscrit sur vélin exécuté dans la seconde moitié du XVe siècle. Il se compose de 150 ff. dont les douze premiers sont occupés par le calendrier et est orné d'une grande quantité de lettres majuscules dont plusieurs avec ornements s'étendant dans les marges, de tirets peints en or et en couleur et de cinq miniatures mesurant de 65 à 80 mill. de hauteur, sur 60 mill. de largeur. Ces miniatures, demeurées très fraîches, ont pour sujets : *L'Annonciation à la Vierge. — Jésus en croix. — La Pentecôte. — La Messe des Morts. — David en prières.*

Au recto du dernier f. on lit, d'une écriture du xvie siècle, l'intéressante mention suivante : « *Ces présentes heures appartienent à Noble Dame, Madame Claude de Clérat, abaysse du dévot monastère de nr̃e dame de la Déserte, à Lyon.* »

Riche reliure lyonnaise du xvie siècle un peu fatiguée.

Hauteur : 170 mill.

30. Horæ. — In-8, bordures et miniatures, mar. olive, riches comp. de feuillage et de fleurs sur le dos et les plats, tr. dor. (*Rel. du XVIe siècle.*)

Manuscrit sur vélin exécuté au XVe siècle dans le centre de la France et composé de 105 ff., dont 12 pour le calendrier en français, écrit en carmin et en bleu.

Il est orné de nombreuses initiales de diverses grandeurs, de tirets, de plusieurs bordures composées d'arabesques, fleurs, fruits et grotesques et de six miniatures, le tout peint en or et en couleur. Les miniatures représentent les sujets traditionnels et un *Ensevelissement* dans le cimetière d'un couvent.

Ce manuscrit est revêtu d'une très belle reliure, dans le genre de celles que les Eve exécutèrent pour Marguerite de Valois. Le dos et les plats sont entièrement couverts de riches compartiments de feuillages, dans les entrelacs desquels se trouvent des fleurs variées et l'emblème du Saint-Esprit. Elle porte en outre le nom et les armes de la dame qui la commanda aux célèbres relieurs : Guillemette Monseaulx. — Voir la reproduction de cette reliure dans l'*Album* des planches du présent catalogue.

Hauteur : 170 mill.

31. Horæ. — Petit in-4, bordures et miniatures, ais de bois recouverts de mar. noir, dos orné, fil. et comp. à la Du Seuil, tr. dor. (*Rel. anc.*)

Manuscrit sur vélin, exécuté au XVe siècle et composé de 84 ff., dont 6 pour le calendrier, en français, écrit en bleu, carmin et or. Parmi les noms de ce calendrier ou parmi ceux des litanies, nous remarquons : Saint Gengulphe (Gengoult), mort près d'Avallon et dont les reliques furent transférées à Langres ; Saint Benigne, apôtre de la Bourgogne; Saint Claude, évêque de Besançon; Saint Didier, évêque de Langres; Saint Remi, archevêque de Reims, qui nous indiquent que le lieu d'origine de ce volume doit être le diocèse de Langres, ou la Bourgogne.

Ce manuscrit, qui paraît incomplet, est orné de SEPT GRANDES MINIATURES mesurant 88 mill. de hauteur sur 61 mill. de largeur et de SEIZE PETITES mesurant 40 mill. de hauteur sur 34 mill. de largeur. Les grandes miniatures ont pour sujets : 1° *Saint Jean.* — 2° *La Vierge tenant sur ses genoux le corps du Christ.* — 3° *L'Annonciation à la Vierge.* — 4° *Jésus en croix.* — 5° *La Pentecôte.* — 6° *David en prières.* — 7° *Job et ses amis.* — Les petites miniatures représentent les portraits de Saint Luc, Saint Mathieu, Saint Marc, la Vierge et l'Enfant Jésus, Saint Jean-Baptiste, Saint André, Saint Laurent, Sainte Marie-Magdeleine, Sainte Barbe, la *Visitation*, la *Nativité*, l'*Annonciation aux Bergers*, l'*Adoration des Mages*, la *Circoncision*, la *Fuite en Égypte* et le *Couronnement de la Vierge.*

Le volume est en outre orné de nombreuses initiales, de grandeurs diverses, de tirets et de jolies bordures composées d'arabesques, de branches de fleurs, de fruits, d'oiseaux, d'insectes et de grotesques, délicatement peints sur fond d'or mat, encadrant complètement les grandes miniatures et s'étendant sur trois côtés seulement des pages où figurent les petites miniatures.

Hauteur : 193 mill.

32. HORÆ. — In-4, bordures et miniatures, ais de bois recouverts de chagrin noir, tr. dor.

MANUSCRIT sur VÉLIN, exécuté en Normandie, au XVe siècle, pour un membre de la famille bretonne DE DERVAL, dont les armoiries, accompagnées de la devise *Sans plus*, étaient peintes au-dessous de la première miniature. Ces armoiries ont postérieurement été recouvertes par celles d'un nouveau possesseur : *d'azur à trois hures de sanglier d'argent*, entourées d'une couronne formée de branches entrelacées.

Le volume débute par un calendrier en français, écrit en carmin et en bleu, comprend en tout 169 ff. et est orné d'une grande quantité de lettres majuscules de diverses dimensions, de tirets peints en or et en couleur, de riches bordures et de QUATRE MINIATURES mesurant en moyenne 87 mill. de hauteur, sur 74 mill. de largeur. Ces miniatures, d'une bonne exécution, représentent : l'*Annonciation à la Vierge;* le *Christ en croix; David en prières* et l'*Office des morts.* Les pages qui les contiennent sont ornées de bordures couvrant la totalité des marges et 153 pages du calendrier et du texte ont un simple montant sur la marge extérieure. Toutes ces bordures sont composées d'arabesques, de fleurs et de fruits variés au milieu desquels se jouent des insectes, des oiseaux et des êtres fantastiques dans les attitudes les plus grotesques. — De plus, dans l'encadrement d'une des miniatures, l'on remarque deux banderoles portant la devise : *Veritas vincit.*

Hauteur : 196 mill.

33. LIVRE D'HEURES (en latin). — In-8, miniatures, bordures, etc., v. brun, ant., fil. et comp. à fers azurés au centre et aux angles des plats, tr. dor.

SUPERBE MANUSCRIT sur VÉLIN exécuté en France et probablement à Paris dans les premières années du XVIe siècle. Il comprend en tout 123 ff. dont 6 pour le calendrier, écrit en français en lettres bleues, carmin et or, et est orné de SOIXANTE MINIATURES dont 18 grandes, mesurant de 86 à 90 mill. de hauteur sur 63 mill. de largeur, sont enchâssées dans de riches et larges portiques en camaïeu d'or comme dans des cadres d'orfèvrerie agrémentés de bustes, de statues en relief, isolées ou groupées, représentant des saints ou des scènes de la Bible et enrichis souvent de pierres précieuses. Le volume est décoré en outre de nombreuses lettres initiales de toutes les dimensions et de tirets ou bouts de lignes, le tout délicatement peint en or et en couleurs; de plus, toutes les pages du texte sont ornées sur la marge extérieure d'une bordure composée d'arabesques, de fleurs, d'oiseaux et d'animaux fantastiques en couleurs sur fond d'or mat. Toutes ces peintures, les miniatures surtout, sont remarquables par la beauté de la composition, l'éclat, la fraîcheur du coloris et la richesse de l'ornementation.

L'inscription en lettres d'or au calendrier de plusieurs noms de saints dont le culte est particulier à Paris; *sainte Geneviève, saint Denis, saint Marcel*, etc., permet de supposer que notre manuscrit a été exécuté dans cette ville ou dans une autre ville de son diocèse.

Les miniatures sont ainsi divisées :

1°, 24 au calendrier, placées deux par pages, l'une en longueur, l'autre en travers et formant ainsi deux côtés de l'encadrement du texte; les deux autres côtés sont dans le style des montants de bordures que nous avons décrits plus haut. Les sujets sont ceux que l'on rencontre ordinairement, savoir : les signes du zodiaque placés dans de gracieux paysages et les diverses occupations de chaque mois au château, à la ferme ou dans les champs.

2°, les 18 grandes peintures dont nous avons parlé en commençant. Elles représentent les quatre évangélistes, en pied, avec leurs attributs, des scènes de la vie du Christ et de la Vierge, *David* assis sur son trône parlant à un chevalier agenouillé devant lui, tête nue et couvert d'une armure d'or (Abner?), *Lazare et le Mauvais riche.* (Nous donnons, dans l'*Album,* une reproduction de l'avant-dernière.) — Parmi ces tableaux nous signalerons les suivants qui nous paraissent mériter d'attirer plus particulièrement l'attention : *Saint-Luc* assis sur une sorte de fauteuil couvert de draperies bleues et or surmonté d'un dais cramoisi brodé d'or; il peint le portrait de la Vierge. *Concert d'anges* donné à la Vierge qui est debout sur un croissant tenant l'Enfant Jésus dans ses bras; cette figure est peinte sur fond d'or, en ovale, se détachant sur un fond rouge foncé encadré de bleu, à droite et à gauche sont placés deux anges, l'un jouant de la harpe, l'autre de la mandore, des anges en camaïeu rouge ou bleu rehaussé d'or sont placés en demi-cercle dans le haut du tableau. *La Nativité,* divisée en deux compartiments dont l'un représentant saint Joseph, la Vierge, l'âne et le bœuf, est peint en couleurs dans le portique au-dessous du grand sujet. L'histoire de *Lazare et du Mauvais riche* forme deux sujets; dans l'un, peint en camaïeu d'or en relief, dans le soubassement du portique, on voit Lazare, la tête couverte d'ulcères, implorant le Mauvais riche qui le repousse; dans le tableau peint au-dessus, le Mauvais riche, tout nu, en enfer, entouré de flammes et tourmenté par des démons, implore Lazare qui est dans le ciel, sur les genoux d'Abraham.

3°, une miniature moyenne (H. : 81. — L. : 60 mill.) : *La Trinité,* peinture exécutée dans le genre de celle représentant le *Concert d'anges* dont nous avons parlé plus haut. La page ici est encadrée d'une bordure semblable à celles du texte.

4°, 17 petites miniatures de diverses dimensions représentant des saints et des saintes; parmi ces dernières on trouve *Sainte Geneviève,* patronne de Paris.

La conservation de ce manuscrit, qui provient en dernier lieu de la bibliothèque Destailleurs, est parfaite sauf de légères éraillures aux miniatures de la première page. Le dos de la reliure est refait. — Hauteur : 193 mill.

34. Officium Beatæ Mariæ Virginis secundum usum et morem sacri ordinis Cartusiensis. — In-4 de 192 ff. mar. r. dos orné, fil. et comp. à la Du Seuil, tr. dor. (*Rel. anc.*)

Manuscrit du XVIIe siècle, d'une très bonne écriture, dont chaque feuillet est encadré d'un double filet rouge. Il est enrichi de 16 planches représentant des scènes religieuses et des portraits de saints et de saintes, gr. par Bolswert, Firens, Mariette, Moncornet, Picquet, etc., coloriées et rehaussées d'or. Mais ce qui rend ce manuscrit particulièrement intéressant, c'est qu'il porte sur deux ff. placés en tête du volume les armoiries des personnages pour lesquels il a été exécuté, peintes en or et en couleur à pleine page. Ce sont celles de Mathieu de Sève, baron de Fléchères, prévôt des marchands de la ville de Lyon, et de sa femme, née Dugué de Bagnols; ces dernières ont été postérieurement entourées de la cordelière de veuve.

---

35. Livre de Prières tissé d'après les enluminures des Manuscrits du XIVe au XVIe siècle. *Lyon, Mdccclxxxvi.* (A la fin :) *Cet ouvrage a été heureusement achevé à Lyon, le viii Sept. L'an de N. S. Mdccclxxxvii, sur les dessins du R. P. J. Hervier, S. M., par J. A. Henry, fabricant. A. Roux, libraire éditeur. Lyon* (1887), pet. in-8 carré,

goth. de 3 ff. prél. non ch. et 43 pp. nombr. bordures et fig. mar. brun foncé, riches comp. XVIe siècle frappés à froid sur les plats, doublé et gardes de soie brochée, tête dor. non rog. (*Marius-Michel.*)

Curieux et magnifique ouvrage dont le texte, les encadrements et les figures sont entièrement tissés en soie noire sur fond gris perle avec une perfection remarquable.

Bel exemplaire couvert d'une jolie reliure de MARIUS-MICHEL.

2. LITURGIES DE L'ÉGLISE LATINE

36. HORE INTEMERATE VIRGINIS MARIE || secundum usum Romanum. || (A la fin :) *Ces présentes heures à lusaige de Rõme furẽt achevées le xvii jour de Juillet, l'an M. CCCCC ꝛ ung, par Thielman Kerver, imprimeur et libraire juré de luniversité de Paris, pour Gillet Remacle...* (1501), in-8, goth. fig. sur bois, chag. noir, tr. dor.

Édition très rare, non citée par Brunet. Elle se compose de 120 ff. non ch. sign. *a-p* par 8 ff. et est ornée de 16 figures non compris la marque (au verso de laquelle se trouve un almanach de 1497 à 1520) et l'*Homme anatomique*. De charmantes bordures renfermant des scènes bibliques, des arabesques, des chasses, des grotesques, sur fond criblé, entourent chaque page.

Exemplaire sur VÉLIN, avec les figures et bordures coloriées, incomplet du f. M viij; tache dans la bordure extérieure des cinq ou six derniers ff. — Hauteur : 163 mill. et demi.

37. ¶ HORE BEATISSIME || VIRGINIS MARIE, secũ||dum usum Romane || ecclesie. || (Au recto du dernier f. :) ...*Impressoremq; Thielmannum Kerver, alme universitatis parisiensis librarium juratum... anno ab incarnatione domini millesimo quingentesimo sexto, die decimaquarta mensis augusti.* (1506), in-8, goth. fig. sur bois, mar. noir, dos et plats ornés de comp. à fr. doublé et gardes de vélin blanc, tr. dor.

RARISSIME ÉDITION, non citée, imprimée en caractères rouges et noirs. Elle se compose de 152 ff. non ch. sign. *a-t* par 8 ff. En tête se trouvent la table générale, les tables particulières, le calendrier, le *Speculum conscientie*, etc. Le dernier f. contient au recto la souscription et au verso le titre surmonté de la grande marque de Kerver.

Ce volume est orné de 20 grandes planches (y compris la marque) et de petites figures dans le texte. Les bordures sont formées d'une part d'arabesques, où figurent des personnages religieux ou séculiers, des chasses, des scènes populaires, des grotesques et des animaux fantastiques; d'autre part de sujets bibliques ou allégoriques tels que : les *Signes du Zodiaque*, les *Douze Sibylles*, la *Création du monde*, l'*Apocalypse*, les *Quinze signes de la fin du monde* (avec texte en français), etc.

Exemplaire sur VÉLIN non colorié, avec les initiales et les tirets peints en or et couleur. — Tache sur la marque de l'imprimeur et deux raccommodages en marge du dernier f. — Hauteur : 172 mill.

38. Horæ secundum usum Romanum. (A la fin)... *Exarate qdem Parisiis opera et impensis vidue defuncti spectabilis viri Thielmãni Kerver... anno dñi M. d. xxiii, die xxx Martii...* (1523), in-8, goth. fig. sur bois, vélin.

Édition rare, composée de 132 ff. non ch. sign. A-Q par 8 et R par 4 ff. et ornée de 46 curieuses planches parmi lesquelles : *Adam et Eve au travail, l'Histoire de David et Bethsabée* (en 6 pl.), les *Trois morts et les trois vifs* (en 2 pl.), *Saint Pierre et Malchus, Job et ses amis*, les figures des *Vigiles des morts*, etc., et de petites vignettes dans le texte. Les bordures renferment des arabesques, des scènes religieuses, l'*Apocalypse*, les *Quinze signes*, une *Danse macabre*, etc.

Exemplaire sur VÉLIN, avec les figures non coloriées et les initiales et tirets peints en or et couleur. — Le titre manque, le f. Aij est fatigué. — Hauteur : 181 mill.

39. HORE IN LAUDEM BEATISSIME ‖ VIRGINIS MARIE, ad usum ‖ Romanum. ‖ 1546. ‖ *Parrhisiis, apud Thielmã ‖ num Kerver, in vico sancti ‖ Jacobi sub signo cratis.* ‖ (1546), gr. in-8, goth. fig. sur bois, v. noir, riches comp. d'entrelacs dorés et peints en rouge, vert et gris, tr. dor. et ciselée. (*Reliure lyonnaise du XVIe siècle.*)

Jolie édition non citée, imprimée en gros caractères gothiques rouges et noirs. Elle se compose de 4 ff. non ch. (dont le titre avec la marque et un encadrement sur bois) 164 ff. ch. seulement à partir du treizième et 16 ff. non ch. dont le dernier porte au verso la marque de Kerver et la souscription. — Viennent ensuite 24 ff. non ch. renfermant : les *Dévotes oraisons de nr̃e Dame; l'Oraison de saincte Genevievse; l'Oraison à nostre Seigneur Jesuchrist; l'Eschelle de perfection* (de Jacques Boussy); les *Dix comãdemẽts de Dieu; Belles préparations pour dévotement recepvoir le sainct sacrement de l'autel.* Toutes ces pièces sont en français.

Ce volume est orné de 12 petites figures au calendrier et de 13 grandes (avec encadrements), gravées sur bois par Geofroy Tory. Ce sont celles qui ornent l'édition donnée en 1525 par ce célèbre imprimeur dont Kerver acheta plus tard le matériel et dont il employa sans doute ici pour la première fois les magnifiques gravures. (Voir : Bernard, *Geofroy Tovy*, pp. 64 et 281.)

Bel exemplaire réglé, revêtu d'une riche reliure de l'époque habilement restaurée. — Hauteur : 179 mill.

40. (Heures a l'usage de Rome.) (A la fin :) *Ces présentes heures à lusaige* ‖ *de Romme furent achevées le* ‖ *xviij. jour de Mars lan mil. v.* ‖ *cens z cinq par Jehã Barbier, im*‖*p̃meur pour Guillaume du Puy* ‖ *libraire demourãt à Paris en la* ‖ *rue sainct-Jacques à lenseigne* ‖ *de la croix blanche.* ‖ (1505), pet. in-8, format d'agenda, car. goth. fig. sur bois, mar. La Vall. fil. et comp. avec dragons estampés à fr. sur les plats, doublé et gardes de vélin blanc, tr. dor. (*Gruel.*)

Charmante édition non citée, composée de 60 ff. non ch. sign. a-g par 8 et h par 4 ff. imprimés en caractères rouges et noirs, dont le dernier porte au-dessous de la souscription la marque de Guillaume du Puy. Elle débute dès le premier f. par le calendrier et est ornée de 12 vignettes gravées sur bois représentant David et Bethsabée, Job et ses amis et divers épisodes de la vie du Christ.

Bel exemplaire sur vélin, avec les initiales et les tirets peints en or et couleur, portant l'*ex-libris* du baron Roger Portalis.

Hauteur ; 129 mill. et demi.

41. HORE CHRISTIFERE VIRGINIS MARIE secũdum usum ‖ Romanũ ad longũ absq̃ aliquo recursu cũ illius ‖ miraculus z figuris apocalipsis et biblianis una cũ ‖ triũphis cesaris. ‖ (*Paris*, *Simon Vostre*, almanach de 1508 à 1528), in-4, goth, fig. sur bois, v. brun ant. large dent. et nombreux comp. estampés à fr. tr. dor. et ciselée.

Cette magnifique édition des Grandes Heures est certainement un des chefs-d'œuvre de Simon Vostre. Elle se compose de 102 ff. non ch. sign. de A à E et de H à N par 8 ff., F par 2 et G et O par 6 ff. et est ornée de 26 superbes planches (non compris la marque et l'*Homme anatomique*) dont 14 à pleine page.

Les bordures très variées et d'une grande richesse d'ornementation renferment : Les *Jeux dans ces temps là*, l'*Histoire de Joseph*, les *Sybilles*, l'*Histoire de Marie et de Jésus-Christ*, l'*Apocalypse*, l'*Histoire de Suzanne*, l'*Enfant prodigue*, la *Danse macabre*, les *Triomphes de César*, les *Miracles de Marie* (la plupart de ces scènes avec légendes en français), des arabesques, épisodes de chasse, etc.

Bel exemplaire, imprimé sur papier, avec les planches peintes en or et couleur par un habile miniaturiste de l'époque. Il est recouvert d'une reliure du temps entièrement estampée à froid dont le dos est refait. — Cassure raccommodée dans la marge extérieure de 4 ff.

Hauteur : 251 mill.

42. HORE DIVINE VIRGINIS MARIE | secundum ‖ usum Romanum : cum aliis multis folio se‖quẽti notatis |

una cum figuris Apocalipsis || et destructio Hierusalem | et multis figuris || Biblie insertis. || (A la fin :)... *Parisius, noviter impressum opera Germani Hardouyn... s. d.* (Almanach de 1518 à 1532), gr. in-8, fig. sur bois, v. noir ant. fil. et fleurons à fr. tr. dor. et ciselée.

Très belle et très rare édition, citée, mais mal décrite par Brunet (V, col. 1638, n° 251). Elle se compose de 82 ff. non ch. sign. A-K par 8 et L par 2 ff. et est imprimée en caractères ronds. On y trouve 17 grandes figures (y compris l'*Homme anatomique*), des petites vignettes dans le texte et de belles bordures composées d'arabesques, de sujets religieux et de la suite des figures de la *Destruction de Jérusalem* représentant des sièges de forteresses et des scènes militaires diverses.

Bel exemplaire sur VÉLIN, avec les initiales seules peintes. — Légères piqûres de vers au titre et aux deux derniers ff.; noms effacés sur le titre.

Hauteur : 195 mill.

43. OFFICIUM BEATÆ MARIÆ VIRGINIS nuper reformatum, et Pii V. Pont. Max. iussu editum... Orationes dominicales et feriales... *Parisiis, apud Societatem typographicam... Via Jacobæa,* 1586, 2 parties. — Le Formulaire des Prières, Oraisons, et instructions chrestiennes catholicques, contenant ce que le vray Chrestien doibt dire tous les iours, tant à la Messe qu'à toutes les heures du iour, et le moyen comme il se doit gouverner pour estre agréable à Dieu. Le tout extraict des escripts des saincts pères... par F. Jean Robert, religieux de l'ordre de la charité nostre Dame. *A Sens, par Jean Savine, Imprimeur,* 1582, 2 parties. — Ens. 2 ouvrages en 1 vol. in-8, réglé, fig. mar. brun, riches comp. sur le dos et les plats, tr. dor. (*Rel. anc.*)

Le premier ouvrage est orné de figures sur cuivre; le second contient à la suite : *les Quinze effusions de nostre Sauveur et Redempteur Jesus Christ,* ornées de quinze jolies figures sur bois, et *la Vie et Passion de Madame saincte Marguerite, vierge et martyre, avec son oraison.*

Ces deux ouvrages ont été placés dans une belle et curieuse reliure du XVIe siècle, exécutée, sans doute, par un des Eve et dont on trouvera une reproduction dans l'*Album.* Elle est ornée de deux médaillons, de deux chiffres, de l'emblème du Saint-Esprit aux angles de chacun des plats, d'entrelacs, de palmes, de branches, de feuillages et d'ornements divers. Le médaillon du premier plat représente Jésus en croix, celui du second l'Annonciation à la

Vierge. Les chiffres sont formés, l'un de deux D et l'autre de deux doubles C, soit quatre C entrelacés; ils figurent deux fois sur chacun des plats et 8 fois sur le dos entourés ici de guirlandes de feuillages. On remarque en outre l'inscription suivante répétée, en travers, sur les deux plats : *Sicut. Novelle. Olivarum.* — Cette reliure pourrait bien avoir été exécutée pour CHRISTINE DE DANEMARK, nièce de Charles-Quint, mère de Charles III *le Grand*, duc de Lorraine, car ce dernier prince avait adopté également le même chiffre composé de quatre C entrelacés. On remarque de même ce chiffre sur des reliures exécutées par Clovis Eve pour Catherine de Lorraine, sœur de Henri IV.

Le titre du premier ouvrage est doublé et raccommodé.

44. Nouvelles Heures, gravées au burin. Dédiées au Roy par N. Duval, Secretaire ordinaire de sa Chambre. *Elles se vendent à Paris, chez J. Mariette Libraire et graveur, rue St Jacques, à la Victoire, et aux colonnes d'Hercule, s. d.* in-16, titre, texte et vign. gr. mar. r. fil. à fr. doublé de mar. olive, large dent. à petits fers, tr. dor. (*Rel. anc.*)

Joli volume entièrement gravé et rempli de vignettes, lettres majuscules historiées et ornements divers.

Exemplaire couvert d'une bonne reliure qui pourrait bien avoir été exécutée par BOYET, alors relieur du Roi.

45. Heures nouvelles tirées de la Sainte Écriture, écrites et gravées par L. Senault. *A Paris, chez l'autheur, s. d.* (1650), in-8, titre, texte et fig. gr. mar. r. dos orné, large dent. à petits fers, doublé et gardes de tabis vert, tr. dor. fermoirs d'argent doré. (*Rel. anc.*)

Joli volume, entièrement gravé, enrichi de figures, de nombreuses vignettes, d'arabesques et d'ornements calligraphiques.

46. Les Heures dédiées à la Sainte Vierge, accompagnées de Prières, Méditations et Instructions Chrestiennes, tant en vers qu'en prose par Tristan l'Hermite, nouvellement enrichies et augmentées de plusieurs tailles-douces, dessinnées par le sieur Stella. *A Paris, chez Jean Baptiste Loyson*, 1656, in-8, front. et 16 pl. gr. mar. r. dos orné, fil. tr. dor. (*Rel. anc.*)

47. L'OFFICE DE L'ÉGLISE EN LATIN ET EN FRANÇOIS, contenant l'Office de la Vierge pour toute l'année, l'office des dimanches et des festes... Nouvelle édition augmentée de l'ordinaire de la Sainte Messe latin et françois avec

toutes les préfaces, et des réflexions à chaque action du Prestre... *A Paris, chez Pierre Le Petit et chez Claude de Hansy,* 1700, gr. in-8 front. et 10 pl. gr. par de Poilly, mar. r. dos orné, large dent. et milieu à petits fers, doublé de mar. bleu, large dent. gardes de tabis rose, tr. dor. (*Rel. anc.*)

Bel exemplaire réglé, couvert d'une riche reliure en maroquin doublé, sortie sans doute des mains de Michel PADELOUP, père du célèbre Antoine-Michel Padeloup auquel la famille dut son illustration (Voir : Thoinan, *Les Relieurs français*, pp. 356 à 370).

48. LIBER PSALMORUM, cum aliquot canticis ecclesiasticis : Litaniæ, et Hymni ecclesiastici. Omnia cum aliquot annotationibus, punctis, et accentibus diligenter reposita. *Parisiis, apud Jacobum Keruer sub signo Unicornis via Jacobæa,* 1582, 2 parties en 1 vol. in-8 réglé, fig. mar. r. riches comp. sur le dos et les plats, tr. dor. (*Rel. anc.*)

Exemplaire du roi HENRI III, couvert d'une riche reliure portant sur le dos la tête de mort, les armes du Roi et la devise *Spes mea Deus.* Les plats sont ornés d'élégants entrelacs, de palmes, de feuillages, de marguerites, de fers azurés, etc., entourant un médaillon représentant Jésus en croix avec les saintes femmes et les emblèmes de la Passion. — Voir, dans l'*Album*, une reproduction de cette belle reliure.

Le volume a quelques piqûres de vers à la marge intérieure des premiers ff. et un nom effacé sur le titre et au dernier f. — Il a appartenu à un ecclésiastique qui a écrit sur des ff. de garde la nomenclature des *Pseaumes distribués selon le Bréviaire de Dijon* et des prières au sujet de la Révolution de 1830. — Les plats de la reliure sont bien conservés, mais le dos est un peu restauré.

49. Les Pseaumes de David, traduits en françois selon l'hébreu, distribués pour tous les jours de la semaine... avec des hymnes, oraisons et autres prières de l'Eglise. Nouvelle édition. *A Paris, chez Théodore de Hansy,* 1753, in-12, mar. citron, dos orné, fil. large dent. doublé et gardes de tabis bleu, dent. tr. dor. (*Rel. anc.*)

50. L'OFFICE DE LA SEMAINE SAINTE, corrigé de nouveau, par le commandement du Roy, conformément au Breviaire et Messel de N. S. P. le Pape Urbain VIII. Nouvelle édition, corrigée et augmentée. *A Paris, chez Charles Fosset, s. d.* in-8 réglé, front. gr. et fig. sur cuivre, mar.

r. dos orné, riches comp. à petits fers et au pointillé, tr. dor. (*Rel. anc.*)

Exemplaire aux armes de Marie-Anne-Christine-Victoire de Bavière, née en 1660, morte en 1690; elle épousa en 1680 Louis de France, surnommé le *Grand dauphin*. Cette provenance est des plus rares. — La reliure, un peu fatiguée, est couverte de dorures composées de filets courbes, d'ornements au pointillé, dans le genre de Le Gascon, de fleurs de lis couronnées et de dauphins. — Manque 1 f. contenant la fin du Privilège.

51. Office de la Semaine Sainte, latin et françois, à l'usage de Rome et de Paris, avec l'explication des Cérémonies de l'Église (par Le Petit). *Paris, Dupuis*, 1718, in-12, front. ajouté, mar. r. dos orné et fleurdelisé, fil. tr. dor. (*Rel. anc.*)

Exemplaire aux armes de Françoise-Marie de Bourbon, duchesse d'Orléans, épouse du Régent.

52. Office de la Semaine Sainte, en latin et en françois, à l'usage de Rome et de Paris... dédié à la Reine pour l'usage de sa maison. *Paris, Veuve Mazières et Garnier*, 1728, in-8, titre-front. vign. et 3 pl. gr. par Scotin, mar. r. dos orné, large dent. fleurdelisée, tr. dor. (*Rel. anc.*)

Bel exemplaire aux armes de la Reine Marie Leczinska, avec ses anciens signets, rattachés à un coussinet et avec glands en filigranes d'argent.

53. Office de la Semaine Sainte, en latin et en françois, à l'usage de Rome et de Paris..., dédié à la Reine pour l'usage de sa maison. *Paris, Veuve Mazières et Garnier*, 1728, gr. in-8, titre-front. vign. et 2 pl. gr. par Scotin, mar. vert, dos et plats ornés de fil. entrelacés et de riches comp. au pointillé, doublé et gardes de papier historié argent et couleur, tr. dor. (*Rel. anc.*)

Exemplaire sur grand papier revêtu d'une très riche reliure aux armes de Louis XV.

La marge inférieure du frontispice est coupée.

3. LITURGIES NORMANDES ET AUTRES LITURGIES PARTICULIÈRES

54. Breviarium Rotomagense... Ludovici de La Vergne de Tressan, Rotomagensis archiepiscopi, autoritate... *Rotomagi, apud Jore, patrem et filium*, 1736, 4 vol. in-12 à

2 col. caractères r. et noirs, mar. r. dos orné, fil. oiseaux aux angles des plats, tr. dor. (*Rel. anc.*)

Bel exemplaire.

55. CES P̄SĒTES HEURES A LUSAIGE DE ROUAN tout au || lōg sās reqre : po^r Phlipes (*sic*) Coste ꝛ loys Bouvet. || *S. l. n. d.* (*Paris, Hardouyn,* almanach de 1502 à 1520), in-8, goth. fig. sur bois, bas. f. ant. dos orné, fil. et comp. à la Du Seuil, milieu à petits fers, tr. dor.

Belle édition non citée par Brunet, composée de 128 ff. non ch. sign. A-C par 8, D par 4, E-Q par 8 et R par 4 ff. Au recto du f. D iv se trouve la souscription suivante : *Ces présentes heures à lusaige || de Rouan ont esté imprimées à Pa||ris ꝑ Guillaume Anabat ĩprimeur || demourāt en la rue sainct Jehā de || Beaulvais, en lenseigne des connis || prẽs les écoles de decret : pour Phi||lippes Coste et Loys Bouvet : librai||res demourans à Rouan.* || Au verso de ce f. se trouve une figure représentant la *Visitation* faisant face à l'*Annonciation* (recto du f. E i).

Ces Heures, une des plus anciennes données par Hardouyn, qui, n'ayant pas encore d'imprimerie particulière, employait alors les presses de Guillaume Anabat, portent sur le titre sa première marque : l'*Enlèvement de Déjanire*. — Elles sont ornées de 17 figures à pleine page (y compris l'*Homme anatomique*), de plusieurs petites dans le texte et de bordures à sujets variés : scènes de chasse, batailles, figures de l'Apocalypse, arabesques sur fond criblé, etc.

Bel exemplaire sur VÉLIN, avec les initiales et les tirets peints en or et couleur. — La reliure exécutée au commencement du XVIIe siècle porte au centre des plats le chiffre F. M.

Hauteur : 171 mill.

56. (Heures à l'usage de Rouen.) (A la fin :)... *Ces présentes heures à lusaige de Rouen... ont esté nouvellement imprimées à Paris, pour Gillet Hardouyn... pour Philippot Coste, Pierre Lignās, Raoulin Gaultier et Louys Bouvet, libraires demourans à Rouen. S. d.* (almanach de 1510 à 1530), in-8, goth. de 128 ff. non ch. fig. sur bois, v. ant. granit.

Édition rare ornée de 15 grandes figures (non compris l'*Homme anatomique*), de petites vignettes dans le texte et de bordures variées renfermant des scènes de chasse, des épisodes de la vie de Jésus, les figures de l'*Apocalypse,* des arabesques, etc.

Exemplaire sur VÉLIN, avec les figures non coloriées et les initiales et tirets peints en or et en couleur.

Le titre et le premier f. du calendrier manquent; petite déchirure en marge de trois ff.

Hauteur : 167 mill.

57. Ces présentes Heures a lusaige de Rouē ‖ toutes au long sans riens requérir | avec ‖ plusieurs suffrages ꝛ oraisons qui nou‖vellement y ont esté adjoustez | Nouvelle‖ment imprimés (*sic*) à Paris | par Germain ‖ Hardouyn | imprimeur ꝛ libraire | de‖mourāt entre les deulx portes du Palais ‖ à lymage saincte Marguerite. ‖ (A la fin :) *Cy finissent ces présentes heures a lusaige de Rouen... Nouvellement imprimés* (sic) *à Paris, par Germain Hardouyn... S. d.* (Almanach de 1528 à 1545), in-8 allongé, goth. fig. sur bois, mar. olive, dos et plats ornés de comp. de feuillages et d'ornements divers à petits fers, tr. dor. fermoirs d'argent. (*Rel. anc.*)

Édition rare, non citée par Brunet, mais semblable à celle qu'il décrit sous le n° 268 (V. col. 1642). Elle comprend 104 ff. non ch. sign. A-N par 8 ff. et est ornée de 13 grandes figures gravées sur bois et de 5 autres plus petites. — Marque de Germain Hardouyn sur le titre.

Exemplaire sur vélin avec toutes les figures, les initiales et les tirets soigneusement peints en couleur et or, et chaque page entourée d'un encadrement rouge et or; il est revêtu d'une belle reliure de la fin du xvie siècle portant au centre des plats le nom (presque effacé) d'Anne Carrey. — Le f. N iv manque.

Hauteur : 160 mill.

58. CES PRÉSENTES HEURES A L'USAGE DE ROUEN ‖ sont au long sans riēs requérir avecq̄s les heu ‖ res de la Cōception et plusieurs aultres suf‖frages. *Nouvellemēt imprimées à Paris pour* ‖ *Jehā Burges, Pierres Huvin ꝛ Jacques Cousin.* ‖ *S. d.* (Almanach de 1503 à 1520, *marque d'Ant. Vérard*), in-8, goth. fig. sur bois, mar. vert, fil. à fr. dent. int. tr. dor. (*Arnaud.*)

Belle et rarissime édition que Brunet n'a connue que par la citation du *Bibliographe Normand* de Ed. Frère. Elle se compose de 128 ff. non ch. sign. *a-c* par 8, *d* par 4, *e-q* par 8 et *s* par 4 ff. (il n'y a pas de cahier *r*), et est ornée de 20 grandes figures (y compris celles du *Saint-Graal* et de l'*Homme anatomique*) et de nombreuses petites, imitées de la seconde manière de Simon Vostre. L'une d'elles (f. q iii verso) représente le chapelet de Nostre Dame, avec un cœur au milieu, entouré d'une couronne de roses. — Les bordures renferment des scènes de chasse, des enfants dénichant des merles, des scènes religieuses, des arabesques, une *Danse macabre* répétée deux fois, etc. — Le dernier f. porte au verso la marque d'Antoine Vérard.

Exemplaire sur vélin avec les initiales et tirets peints en or et en couleur et trois figures coloriées. — Petit grattage à l'Homme anatomique ayant un peu sali le verso du premier f.

Hauteur 180 mill.

59. HORE BEATE MARIE VIRGINIS SCD'M || USUM ROTHOMAGENSEM. || *S. l. n. d.* (*Paris, Antoine Vérard*, almanach de 1503 à 1520), in-8, goth. fig. sur bois, v. ant. jaspé, tr. dor. et ciselée.

Édition fort rare et non citée, publiée sans nom d'imprimeur, sans nom de libraire et sans marque. Elle se compose de 120 ff. non ch. débutant par un cahier de 8 ff. sans signature et deux cahiers sign. A-B par 8 ff.; viennent ensuite douze cahiers sign. *a-m* par 8 ff. — Le premier f. du volume est occupé par la figure du Saint-Graal au-dessous de laquelle se trouve une invocation de huit lignes commençant ainsi : *Benedictio dei patris cum angelis suis sit sup||me amen...* Le titre que nous donnons plus haut se lit au bas du recto du f. B viii.

Les figures qui ornent ce volume sont les mêmes que celles décorant le numéro précédent, également sorti des presses de Vérard et publié la même année. La dernière seule, qui représente dans l'autre édition le *Cantique des Cantiques* (la Vierge dans un jardin), est remplacée par une planche représentant la *Visitation*. Les bordures sont également semblables, mais placées différemment.

Exemplaire sur VÉLIN, un peu court de marges, avec les figures non coloriées et les initiales et tirets peints en or et couleur. — Une des bordures est atteinte par une petite déchirure.

Hauteur : 166 mill.

60. ¶ CES PRÉSENTES HEURES A LUSAIGE DE ROUAN, au || long sans requerir : avec les miracles nostre dame || et les figures de lapocalypse ꝛ de la bible ꝛ des triũ||phes de César et plusieurs aultres hystoires fai||ctes à lantique, *ont esté imprimées pour Symon || Vostre, libraire : demourant à Paris.* || *S. d.* (Almanach de 1508 à 1528), in-4, goth. de 88 ff. non ch. fig. sur bois, v. brun ant. fil. comp. et milieu dorés, tr. dor. et ciselée, fermoirs. (*Rel. de l'époque.*)

Superbe édition des Grandes Heures de Simon Vostre, ornée de 26 grandes planches, non compris l'*Homme anatomique* et la marque de l'imprimeur. De belles et artistiques bordures encadrent chaque page et renferment des sujets variés : Les *Jeux dans ces temps là*, l'*Histoire de Joseph*, les *Sibylles*, les *Figures de l'Apocalypse*, l'*Histoire de Suzanne*, l'*Enfant prodigue*, la *Danse Macabre*, etc.

Exemplaire réglé, imprimé sur papier et non colorié. — Petite déchirure dans la marge du titre; le dos de la reliure est refait.

Hauteur : 241 mill.

61. Ces présentes heures a lusaige ‖ de Rouen, sont au long sans reqrir. ‖ *S. l. n. d.* (*Paris, Simon Hadrot*, almanach de 1523 à 1533), in-8, goth. fig. sur bois, vélin, fil. tr. dor.

Édition rarissime et non citée, composée de 128 ff. non ch. sign. A-C, E-N, *ā*, *ē*, *ī*, par 8 ff. et D et ¶ par 4 ff. Elle est ornée de 20 belles planches (non compris la marque et l'*Homme anatomique*), parmi lesquelles nous signalerons l'*Annonciation à la Vierge*, la *Visitation*, la *Nativité*, l'*Adoration des Mages*, très curieusement interprétées. Le volume renferme de plus 34 petites vignettes et de jolies bordures à sujets variés : jeux, scènes religieuses, enfants dénichant des merles, arabesques, *Danse macabre*, etc., employées auparavant par Simon Vostre, dont Hadrot acheta le matériel en 1523 et dont il fit sans doute usage ici pour la première fois. Sa marque identique à celle de Vostre (à l'exception du monogramme et du nom) figure sur le premier f.

Exemplaire sur vélin, dans sa reliure originale ; les planches sont non coloriées et les initiales et tirets peints en or et couleur.

Hauteur : 183 mill.

62. ¶ Ces présentes heures a l'usai‖ge de Rouen tout au long sans rien requerir, avec ‖ les grans suffrages | et plusieurs belles histoires ‖ tāt au kalēdrier | aux heures nostre dame | aux heu‖res de la croix | aux heures du sainct esperit | aux ‖ sept pseaulmes | que aux vigiles : ont esté nouvelle‖ment imprimées à Paris. 1529. ‖ ¶ *On les vent a Paris* (chez François Regnault), *en la rue sainct Jaques à* ‖ *lenseigne de léléphant devant les Mathurins.* ‖ ¶ *Et à Rouen, en la rue du grant pont : à lēseigne* ‖ *des deux cignes devant léglise sainct Martin.* ‖ 1529 (Almanach de 1527 à 1540), in-8, goth. fig. sur bois, v. f. ant. dos orné.

Édition rarissime et non citée, composée de 128 ff. non ch. imprimés en rouge et noir et signés *aa-cc* par 8, *dd* par 4, a-g par 8, h par 4 et A-E par 8 ff. Elle est ornée de 58 curieuses planches sur bois, avec un quatrain en français au bas de chacune d'elles, non compris la figure du titre représentant la Vierge et l'Enfant Jésus et l'*Homme anatomique*. Les douze premières placées au calendrier représentent les différentes étapes de la vie humaine de la naissance à la mort. Parmi les suivantes nous citerons : *David et Bethsabée* (en 7 figures) ; les *Trois Morts et les Trois vifs* (2 figures) ; *Adam et Ève au travail;* la *Résurrection du diacre Raymond; Job et ses amis;* etc. — Il n'y a pas de bordures, mais 38 vignettes de grandeurs différentes décorent en outre le texte.

Bel exemplaire réglé, sur vélin, avec les figures non coloriées et les initiales peintes en couleur.

Hauteur : 150 mill.

63. ¶ Ces presentes heures à lusaige ‖ de Rouen | sont tout au long sans rien requerir. ‖ Avec les grans suffrages | et plusieurs belles histoi‖res | tant au calendrier | aux heures nostre dame ‖ aux heures de la croix | aux heures du saĩct esperit ‖ aux sept pseaulmes | q̃ aux vigiles : et ont esté nou‖vellement imprimées à Paris. M.ccccc.xxxiii. ‖ ¶ *On les vent à Paris* (chez François Regnault), *en la rue Sainct Jaques :* ‖ *à lenseigne de léléphant* | *devant les Mathurins.* ‖ ¶ *Et à Rouen à lenseigne de la Levrière* | *devant* ‖ *la belle ymaye.* ‖ 1533 (Almanach de 1532 à 1545), in-8, goth. fig. sur bois, vélin.

Édition fort rare, citée, mais non décrite, par Ed. Frère. La collation est identique à celle du n° précédent et les planches sont les mêmes sauf celles de *Jésus en Croix*, *Ecce Homo*, la *Trinité*, la *Messe de Saint-Grégoire* et le *Cantique des Cantiques*, représentées différemment. Les petites vignettes sont au nombre de 36, dont vingt semblables à celles de l'édition de 1529.

Exemplaire réglé, sur papier, grand de marges et non colorié, mais malheureusement incomplet de six ff. prél. (*aa* ii-*aa* iv, *aa*-vi-*aa* viii) et du dernier f. contenant la fin de la table. — Raccommodages en marge du titre; petites piqûres de vers à la fin du volume.

Hauteur : 171 mill.

64. ¶ Ces présentes heures à lusaige de Rouen toutes au ‖ long sans rien requérir | nouvellomẽt imprimées avec ‖ plusieurs belles hystoires | tant au kalendrier | aux heu ‖ res nostre dame | aux heures de la croix | aux heures du ‖ sainct esperit | aux sept pseaulmes | que aux vigiles. ‖ (A la fin :)... *Et ont esté imprimées à Paris* | *par Yoland Bonhomme, veusve de feu Thielman Kerver... et furent achevées l'an M. D. xxxiii, le xx. de juing* (1533), in-8, goth. fig. sur bois, cart.

Édition très rare et non citée. Elle se compose de 132 ff. ch. (sauf le dernier), imprimés en caractères rouges et noirs et est ornée de 12 grandes figures ovales au calendrier offrant des sujets se rapportant aux occupations de chaque mois de l'année et de 45 planches, les mêmes que celles se trouvant dans l'édition de 1523 (voir le n° 38). De petites vignettes décorent en outre le texte; la marque de l'imprimeur figure au-dessous du titre et l'*Homme anatomique* occupe le recto du second f., mais il n'y a pas de bordures autour des pages.

Exemplaire réglé renfermé dans un étui en veau antique; la peau qui recouvrait l'ancienne reliure a été enlevée et les cartons subsistent seuls. — Petit grattage à l'*Homme anatomique*.

Hauteur : 161 mill.

65. Heures a l'usage de Rouen, 1533 :

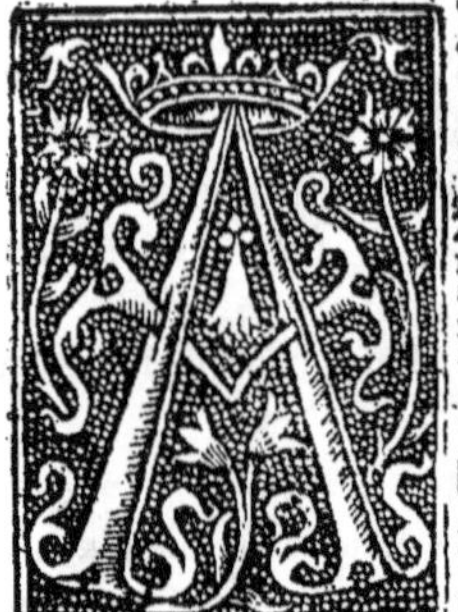

Lhonneur de dieu et de
la glorieuse vierge ma-
rie et de mõsieur saincte
Rommain/Cy cõmencẽt
les heures nr̃e dame a
lusaige de Rouen/ tou-
tes au long sans reqrir
auec plusieurs oraisõs
tãt en latin que en fran
coys. Et aussi y sõt les
oraisons saincte brigide. Et les antiẽnes
et oraisons des festes de tout lan selon les
moys ainsi quilz eschoient chacun iour en
cõmẽcant a ianuier: et ainsi des autres. Et
aussi y sont les antiẽnes et oraisons des fe
stes mobiles: et plusieurs bons enseigne-
mẽs cõme len pourra veoir par la table en
la fin desdictes heures. Nouuellemẽt ipri-
mees a Rouen pour Robert valentin Libraire demourãt audit lieu en la parroisse
saincte Lo/ou au portail des libraires.

M.D.xxxiij.

(A la fin :) ¶ *Cy finissent ces presentes heures tou‖tes au long sans riens requérir. Avec plu‖sieurs suffrages et oraisons tant en latin ‖ quen francoys. Nouvellement ĩprimées à Rouen | pour Robert Valentin, tenant son ‖ ouvroir au portail des libraires. Et appar‖tiennẽt ces dictes heures à ‖ demourant à . ‖ Et furent achevées le viij. jour de Mars ‖ M. d. xxxiij.* ‖ (1533), in-8, goth. fig. sur bois, velours violet, tr. anc. dor. et ciselée.

Édition fort rare, restée inconnue à Ed. Frère et à Brunet. Elle se compose de 148 ff. non ch. imprimés en gros caractères gothiques rouges et noirs et signés A-S par 8 et T par 4 ff. et est ornée de

13 figures sur bois. — Grande initiale à fond criblé sur le titre au verso duquel se trouve un almanach pour douze ans (de 1532 à 1543).

Édouard Frère, dans son *Manuel du Bibliographe Normand* (II, p. 586), indique que Robert Valentin exerça à Rouen de 1544 à 1559 et Silvestre (*Marques typographiques*, p. 84) donne les dates de 1549 à 1554. Ces deux bibliographes font erreur, car ce volume est la preuve que Robert Valentin était déjà établi en 1533.

Bel exemplaire, grand de marges (*témoins*), provenant de la vente F. Soleil (1871). — Le titre est un peu plus étroit que le volume.
Hauteur : 171 mill.

66. Heures de nostre || Dame à lusage de Rouen. Nou || vellement imprimées à Paris | avec || plusieurs belles oraisons ꝛ histoi||res | tāt au kalendrier | aux heures || Nostre Dame | aux heures de la || Croix | aux heures du Sainct || Esprit | aux sept Psalmes || que au (*sic*) Vigisles. || ¶ *Imprimées à Paris, pour Julian Duval, libraire* || *demeurant au bout du pont aux Meusniers, à len*||*seigne de Paradis, près l'horloge du Palais,* || 1573, in-8, goth. fig. sur bois, vélin moderne, anc. tr. dor.

Édition rare, citée mais non décrite par Ed. Frère, composée de 296 ff. non ch., imprimés en gros caractères gothiques rouges et noirs, et signés *a-c* par 8, a-o par 8, p par 4, A-V par 8, *A* par 8 et *B* par 4 ff. Ces deux derniers cahiers renferment un poème français, la *Vie de Madame saincte Marguerite, vierge et martyre*, en 494 vers. Elle est ornée de 54 figures sur bois (non compris l'*Homme anatomique*), dont quelques-unes signées du monogramme I. D., et d'autres semblables à celles décorant les Heures de François Regnault (voir les nos 62 et 63); de plus quelques petites vignettes sur bois illustrent le texte.

Bel exemplaire à la suite duquel se trouve relié l'opuscule suivant également publié par Julien du Val, en 1573 : *Les Quinze Effusions du* || *sang de nostre Sauveur & Redēpteur* || *Jésus-Christ. En la fin desquelles* || *sont adjoustez les douze* || *vendredis blancs.* || 14 ff. non ch. (dont le dernier imprimé en caractères romains), ornés de quinze vignettes gr. sur bois et signées I. D.
Hauteur : 171 mill. — Déchirure à l'angle d'un f.

67. (Heures à l'usage de Rouen.) (A la fin :) ℂ *Cy finent ces présentes Heures* || *à lusaige de Rouen* | *hystoriées* | ꝛ *toutes* || *au long sans rien requerir.* || *Nouvellement imprimées à Rouen* | *par Jehan des Noyers.* || ℂ *On les vend à Rouen* | *chez Jehan Crevel* || *libraire : tenant sa bouticque au portail* || *des libraires.* || *s. d.* (*fin du XVIe siècle*), in-8, goth. fig. sur bois, demi-rel. bas. jaspée.

Édition très rare dont Frère ne vit qu'un exemplaire incomplet et dont aucun bibliographe n'a donné la collation. Elle se compose de 34 ff. non ch. dont le premier cahier sans signature comprend 6 ff. débutant par le calendrier (il n'y a aucun titre), les autres cahiers, qui renferment les *Oraisons dévotes*, la *Passion* et la *Généalogie de N. S. Jésus-Christ*, sont signés Bb-Dd par 8 et Ee par 4 ff. Viennent ensuite 72 ff. ch. dont le dernier porte au verso la souscription donnée plus haut. C'est tout ce que possédait l'exemplaire décrit par Frère, mais le nôtre renferme de plus 53 ff. ch. contenant les *Grands suffrages des sainctz* et diverses oraisons en latin et en français et 19 ff. non ch. pour les *Vespres* et les *Hymnes*.

Cette édition est ornée de 55 grandes figures copiées sur celles de Thielman Kerver (voir le n° 38) et portant le monogramme de Robert Valentin, imprimeur et graveur rouennais, qui publia le livre d'heures décrit sous le n° 65. De plus, 73 vignettes sur bois décorent le texte, imprimé en rouge et noir.

Exemplaire provenant de la vente SOLEIL (1871). — Hauteur : 160 mill.

68. L'Office de la Semaine sainte en latin et en françois à l'usage du diocèse de Rouen... Imprimé par l'ordre de Monseigneur le Cardinal de Saulx-Tavanes, archevêque de Roüen... *A Rouen, chez François Oursel*, 1756, in-12, front. et pl. gr. mar. r. dos orné, riches comp. sur les plats, doublé et gardes de moire bleue, dent. int. tr. dor. (*Rel. anc.*)

Exemplaire aux armes du cardinal Frédéric-Jérôme Roye de LA ROCHEFOUCAULD, archevêque de Bourges.

Reliure légèrement défraîchie.

69. Heures Nostre-Dame à l'usage de Evreux, toutes au long sans rien requérir... Enrichis de plusieurs hystoires et quatrains, avec le Kalendrier réformé. *A Rouen, chez Henry Le Mareschal, s. d.* (A la fin :)... *Nouvellement imprimées à Rouen, par Georges Loyselet.* ¶ *On les vend à Rouen, chez Henry le Maréchal, libraire tenant sa boutique devant le Pélican, s. d.* (almanach de 1588 à 1609), in-8, goth. fig. sur bois, v. brun, dos orné, comp. à fers azurés et semis de petites croix sur les plats, milieu de feuillage, tr. dor. (*Rel. anc.*)

Édition très rare, non citée par Ed. Frère et par Brunet, composée de 40 ff. prél. non ch. sign. *A-E* par 8 ff., 92 et 93 ff. ch., 2 ff. non ch. et 1 f. blanc, le tout imprimé en gros caractères gothiques rouges et noirs. Elle est ornée de 56 planches gravées sur bois, dont quelques-unes signées des monogrammes de ROBERT VALENTIN, imprimeur et graveur rouennais, et de JEAN MOUNIER (?). Ces planches, dont 12 illustrent le calendrier, sont accompagnées d'un quatrain en français; l'une d'elles, celle des *Trois Morts*, ayant été brisée, ou égarée, au moment du tirage, est remplacée par la première figure des *Vigiles des Morts* qui se trouve ainsi répétée deux fois. — Le titre, entouré d'un encadrement à la de Tournes, est orné d'une vignette; une autre se trouve à son verso et 26 très petites décorent en outre le texte.

On a relié à la suite de ces Heures les pièces suivantes, toutes imprimées en caractères gothiques : ¶ *Les Grands suffrages ꝛ Oraisons... Extraictz de plusieurs sainctz docteurs | recueillis par feu de bonne mémoire maistre Francoys Picart | docteur en théologie à Paris...* ¶ A Rouen, chez Henry le Mareschal, *s. d.* 40 ff. non ch. sign. A-E. par 8 ff. 13 vignettes sur bois. — 2° ¶ *Cy commence une petite instruction ꝛ manière de vivre pour une femme séculière...* Rouen, Henry le Mareschal, *s. d.* 24 ff. non ch. sign. F-H par 8 ff. 5 vign. sur bois. — 3° ¶ *Sensuivent plusieurs dévotes oraisons | ꝛ méditations sur la mort ꝛ passiō de nostre Seigneur Jésus Christ...* Rouen, Henry le Mareschal, *s. d.* 16 ff. non ch. sign. I-K par 8 ff. 18 fig. gr. sur bois. — 4° *Recueil ꝛ abrégé des requestes que présentoit* (sic) *à Dieu Hester, Daniel ꝛ Manasses... par maistre françois Grandin.* S. l. n. d. (Rouen, le Mareschal), 4 ff. non ch. sign. L. — 5° ¶ *Chanson en forme de complainte faite par dialogue par Jehan Debuz estant en son lict de la mort.* Rouen, le Mareschal, *s. d.* 4 ff. non ch. figure sur bois. — 6° ¶ *La Vie saincte Marguerite, vierge ꝛ martyre.* S. l. n. d. 4 ff. non ch. figure sur bois. — 7° ¶ *Ensuyvent les quinze effusions du sang de nostre Sauveur ꝛ Rédempteur Jésuchrist.* S. l. n. d. 4 ff. non ch.

Curieuse reliure de l'époque, un peu détériorée à la coiffe inférieure, portant sur le dos, deux fois répété, un motif représentant un chien poursuivant un cerf et passant devant un arbre.

---

70. Ces présentes heures à l'usaige || de Amiēs, au long sans require. || *S. l. n. d.* (*Paris, Simon Vostre*, almanach de 1502 à 1520), in-8, goth. de 140 ff. non ch. fig. sur bois, v. ant. granit, dos orné.

Édition non décrite, ornée de 18 planches, y compris l'*Homme anatomique*, de petites vignettes et de jolies bordures contenant des scènes religieuses, une *Danse des Morts* (avec légendes en français), des arabesques, des grotesques, etc.

Exemplaire sur VÉLIN, avec les initiales et tirets peints en or et en couleur. — Taches à une dizaine de ff.; quelques bordures sont légèrement atteintes par le couteau du relieur; les ff. A viij, G iij et R i manquent.

Hauteur : 174 mill.

71. ¶ CES PRÉSENTES HEURES A LUSAIGE || DE TOURNAY | toutes au long sans rien requerir. || Avec les grās suffraiges | et plusieurs belles histoi||res | tāt au Kalēdrier | aux heures

nostre dame | aux || heures de la croix | aux heures du saĩct esperit | aux || sept pseaulmes | que aux vigiles | ont esté nouvelle||ment imprimées. Paris, 1528. || ¶ *On les võt à Paris, en la rue sainct || Jaques | à l'enseigne de Léléphant | de||vant les Mathurins. Et à Rouen | en || la rue du grãt põt | à lenseigne des deux || cignes | devant l'église sainct Martin.* || (A la fin :)... *Nouvellement imprimées à Rouen | pour François Regnault* | ... (1528), in-8, goth. fig. sur bois, v. f. ant. estampé à froid.

Édition fort rare, non citée par Brunet et par A.-F. Didot dans son *Catalogue raisonné*. Elle se compose de 136 ff. non ch. (sign. *aa-cc* par 8, *dd* par 4, a-h par 8, i par 4 et A-E par 8 ff.) et imprimés en caractères rouges et noirs. On y remarque un grand nombre de prières, oraisons et pétitions en français.

Ces belles Heures sont ornées de 59 planches gravées sur bois (y compris l'*Homme anatomique*), ayant chacune pour légende un quatrain en français. Une pièce est signée du monogramme I. M. (Jean Mounier?), deux autres d'une moucheture d'hermine. Vingt-deux vignettes de diverses grandeurs figurent en outre dans le texte.

Bel exemplaire sur papier, grand de marges et dans sa première reliure, provenant des bibliothèques Van de Velde et Van der Helle. Transposition de cahiers. — Hauteur : 159 mill. et demi.

72. Hortulus animæ. (A la fin :) ¶ *Geprentet tho Nörenberch dorch Frede||rick Pypus | in vorlegginge des Ersa|| men Johan Koberger in dẽ jare || na der gebort unses heren. M.||ccccc. unde im achteinden || salichliken geendiget.* || (1518), in-8, goth. de 16 ff. prél. non ch. 258 ff. ch. de texte et 5 ff. non ch. de table, car. r. et noirs, fig. sur bois, mar. vert, fil. à fr. dent. int. tr. dor.

L'*Hortulus animæ* est un Office de la Vierge et non une œuvre ascétique, comme semble l'annoncer le titre. Cette édition, exécutée à Nuremberg, contient de plus jolies figures que celle que le même Koburger avait fait exécuter à Lyon deux ans auparavant. Elle est ornée de 55 figures, d'une très belle exécution, portant presque toutes la marque de Hans Springinklee, et dans lesquelles on sent l'influence déjà très marquée de l'école créée par Albert Dürer, chez lequel notre artiste demeura et dont il suivit assidûment les leçons. — Chaque page est entourée de bordures sur bois, dont plusieurs portent la date de 1517.

Exemplaire incomplet du titre et des ff. vij et xxv; tache à une page; petits raccommodages et piqûre de ver aux derniers ff.

73. Liber processionũ se||cundũ usum romanũ et po||tissime scd'm usũ fratrũ mi||norũ diligẽtissime castigatũ ||

et fructuosissime annotatū scd'm ve‖tū modū p̄fati ordinis, ut pꝫ ī tabula. ‖ (A la fin :)... *Castigatissime impressū Rothomagi, impēsis Francisci Regnault, bibliopole universitatis Parisiēsis... s. d.* in-8, goth. v. brun, dos orné, fil. comp. d'arabesques sur les plats, tr. dor. et ciselée. (*Rel. du XVI*[e] *siècle.*)

Livre fort rare, non cité par Brunet et par Ed. Frère, imprimé à Rouen dans la première moitié du XVIe siècle. Il se compose de 111 ff. ch. imprimés en rouge et noir, avec musique notée, et 1 f. non ch. pour la fin de la table (les ff. cv, cvi et cxi, sont ch. par erreur xcv, xcvi et xcxi). Le titre porte au recto la marque de François Regnault, tirée en rouge avec encadrement noir, et au verso une grande figure sur bois représentant la *Circoncision.* — Nombreuses lettres ornées dans le texte.

Bel exemplaire portant sur un f. de garde la mention manuscrite suivante : *A seur Marie Racquette a esté donné ce livre par bonne amye.* Il est revêtu d'une jolie reliure du XVIe siècle, curieusement décorée, portant au centre des plats les initiales *M. M. D. R.* entourées d'une cordelière de veuve, surmontées d'un cœur et accompagnées à droite et à gauche d'un griffon. Ces divers emblèmes s'appliquent peut-être à Marie Racquette, ou à la *bonne amye* qui lui fit don de ce volume?

74. Missale Cartusiensis ordinis ex ordinatione capituli generalis. Anno domini M.DCC.VI. Celebrati sub R. P. D. Antonio de Montgeffond, Priore Cartusiæ ac totius eiusdam ordinis generali. *Lugduni, Petri Valfray,* 1713, in-fol. à 2 col. texte r. et noir, titre-front. et 3 pl. gr. nombr. lettres ornées, mar. r. dos orné et fleurdelisé, large dent. doublé et gardes de tabis bleu, dent. tr. dor. (*Padeloup.*)

Exemplaire aux armes du cardinal Louis-Antoine-Jacques de Bourbon (?), infant d'Espagne, archevêque de Tolède.

75. Liber Collectarum et epistolarum totius anni, ad usum ordinis Cartusiensis. *Correriæ,* 1738, in-fol. à 2 col. texte encadré, mar. r. dos orné et fleurdelisé, large dent. doublé et gardes de tabis bleu, dent. tr. dor. (*Padeloup.*)

Ce livre liturgique sort des presses particulières de la Grande-Chartreuse.

Exemplaire aux armes de Louis-Antoine-Jacques de Bourbon (?), infant d'Espagne, archevêque de Tolède.

76. L'Office des Chevaliers de l'Ordre du Saint-Esprit. *S. l.* (*Paris*), *de l'Imprimerie Royale,* 1703, pet. in-12, titre gr.

vign. mar. r. dos orné, doublé et gardes de papier dor. et historié, tr. dor. (*Rel. anc.*)

Exemplaire avec la croix de l'Ordre sur les plats et les flammes alternant avec des fleurs de lis sur le dos de la reliure.

III. — SS. PÈRES, THÉOLOGIENS

77. B. Basilii, re juxta ac nomine Magni, Cæsariæ Cappadociæ quōdam archiepiscopi, Enarratio in Esaïam prophetam, Godefrido Tilmanno, Cartusiæ Parisiensis monacho, interprete. Procœmium habes versum Desid. Erasmo Roterod. cui apprimuntur ejusdem epistola et ad eam Apologetica responsio. *Parisiis, apud Carolam Guillard viduam Claudii Chevallonii*, 1556, in-fol. fig. mar. olive, semis de fleurs de lis sur le dos et les plats. (*Rel. anc.*)

Curieuse reliure du XVIe siècle, entièrement couverte d'un semis de fleurs de lis, portant au centre de chacun des plats un lion entouré de la légende : *Comme lyon de la tribu de Juda*, et au bas, dans un cartouche : *Bonne nouvelle catholique donnée de Dieu par Paul Émilie* (sic).

Mouillure aux premiers ff. ; petites éraflures et restaurations à la reliure.

78. Discours de saint Jean Chrysostome, archevesque de Constantinople, où il prouve que personne ne souffre de véritables maux, que ceux qu'il se fait à soy-mesme, traduit en français par M. Charles Oudin, docteur en théologie. *Paris, Florentin Lambert*, 1664, in-12, mar. r. dos orné, fil. tr. dor. (*Rel. anc.*)

Exemplaire au chiffre et aux armes de Marie-Magdeleine-Thérèse de Wignerot, DUCHESSE D'AIGUILLON, nièce du cardinal de Richelieu, connue sous le nom de *Madame de Combalet*.

Reliure un peu fatiguée.

79. Les Confessions de saint Augustin, traduites en françois, sur l'édition latine des PP. BB. de la congrégation de Saint-Maur, avec des notes... par M. Du Bois. Nouvelle édition. *Paris, Le Mercier*, 1760, in-12, mar. r. dos orné, fil. angles dor. doublé et gardes de moire verte, tr. dor. (*Rel. anc.*)

80. Le traité de saint Bernard envoyé a sa sœur :

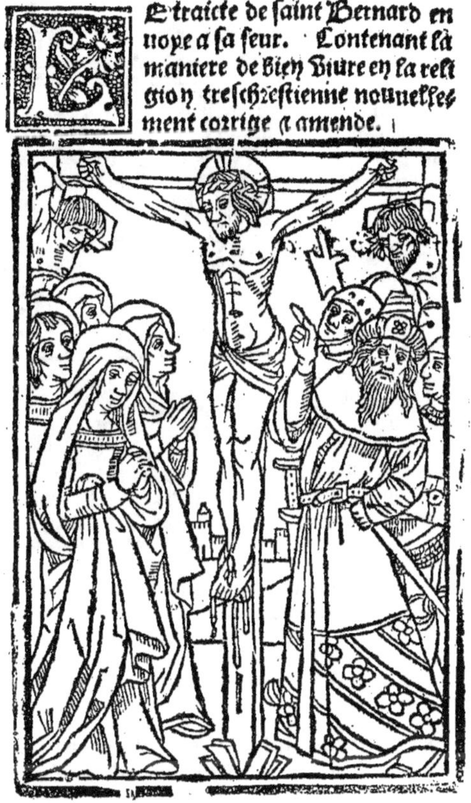
Le traicte de saint Bernard en
uoye a sa seur. Contenant la
maniere de bien viure en la reli
gion treschrestienne nouuelle
ment corrige et amende.

(A la fin :) *Fin du dict traicte imprime pour Frācoys* || *regnault libraire de Paris.* || *s. d.* (*Rouen, vers* 1520), in-8, goth. fig. sur bois, mar. brun, dos orné, fil. à fr. angles et milieu dorés, dent. int. tr. dor. (*Capé.*)

Livre très rare que Brunet ne cite que d'après le catalogue Monmerqué et qui doit avoir été imprimé à Rouen dans le premier quart du XVIe siècle, si l'on en juge par une marque qui occupe le dernier f. et dont nous parlerons plus loin.

Le volume comprend 157 ff. ch. et 3 ff. non ch. Il est orné de nombreuses grandes lettres majuscules à fond criblé et de belles figures sur bois. — Le premier f. contient, au r°, le titre, avec la grande figure reproduite plus haut, et son v° est entièrement occupé par un grand bois où l'on voit saint Jean, son attribut, le dragon à sept têtes, un diablotin, etc. Le texte de l'ouvrage finit, au r° du f. 157 dont le v° ne porte qu'un grand écusson composé d'une croix et d'une tablette, en blanc sur fond noir. La table, suivie de la souscription donnée plus haut, occupe les deux premiers des ff. non ch. et le dernier de ces ff. a, au r°, un grand bois représentant *la Pentecôte* et, au v°, les deux bois reproduits ci-contre; le premier où l'on voit les armes de la ville de Rouen, pourrait bien être la marque de l'imprimeur, un successeur peut-être de Jacques Le Forestier, et le second, représentant une grande lettre ornée, un D, son initiale sans doute.

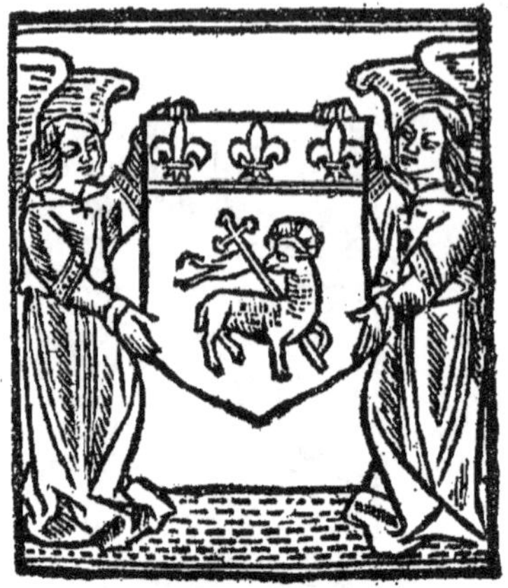

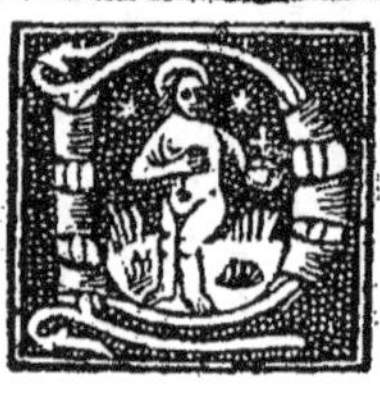

Bel exemplaire *avec témoins.*

---

81. Traités de théologie publiés de 1496 à 1513 par Jehan Petit, libraire à Paris. — Réunion de 8 ouvrages en 1 vol. pet. in-8, goth. mar. vert, dos orné, milieu, dent. int. tr. dor. (*Belz, succ. de Niedrée.*)

Très important recueil de rarissimes pièces gothiques composées par J. Consobrinus, J. Gerson, Th. de Cracovie, Guillaume Houppelande, etc., et pour la plupart restées inconnues aux bibliographes.

En voici la description détaillée :

1. ℂ De justicia ‖ commutativa. ‖ (A la fin :) ℂ *Tractatus perutilimus de justicia cõmutativa et arte campsoria, seu cambiis ac alearum ludoviri clarissimi sacre theologie pfessoris eximii magistri Johannis Consobrini, portugalensis ordinis fratrũ gloriosissime dei genitricis Marie de mõte carmeli feliciter explicit, diligenti operi ac ingenti cura p venerabile Jacobum Lupi... Impressus Parisius per Guidonem Merca-*

toris, in Cāpo gaillardi, anno domini, 1496. die 14 novembris; 48 ff. non ch. sign. *a-f* par 8 ff.

Ouvrage cité par Brunet d'après Mattaire, également mentionné, mais non décrit, par Hain (nº 5644).

Sur le titre belle marque de Guy Marchant, imprimeur à Paris de 1483 à 1502.

2º ℂ Incipit dialogus || de accedendo ad sacramētum altaris devotissime || et pro scrupulosis utilissime cōpositus per venera||bilem mgr'm Thomam de Cracovia, sacre theologie || professorem. || (A la fin :) ℂ *Explicit dialogus de susceptione et non || susceptione corporis christi domini nostri. || Impressus Parisius in Campo Gaillardo || a magistro Guidone Mercatore. || Anno dñi. 1497. die. 9. novembris.* || 24 ff. non ch. sign. *a-c* par 8 ff.

Non cité par Brunet et Hain. — Marque de Jehan Petit au verso du dernier f.

3º Regule mandatorum || Johannis de Gersonno, cancellarii Parisiensis. || (A la fin :)... *Impressus Parisii in cāpo gaillardo a magistro Guidone mercatore. Anno domini M. CCCC. XCVII. die xxij. Marcii* (1497), 40 ff. non ch. sign. *a-e* par 8 ff.

Non cité par Brunet; mentionné, mais non décrit, par Hain (nº 7647).

Marque de Guy Marchant sur le titre.

4º Opusculum aureum || anime peccatricis. || (A la fin :)... *Impressum Parisii in Bellovisu a magistro Guidone mercatore. Anno dñi 1499 die. 24. septembris*; 36 ff. non. sign. *a-d* par 8 et *e* par 4 ff.

Non cité par Hain et par Brunet. — Marque de Jehan Petit sur le titre, au verso duquel se trouve une grande figure sur bois représentant Adam et Eve, répétée au verso du dernier f.

5º De ĩmortalitate aīe. || (A la fin :) ℂ *Sacre pagine ac limpidissimarum artifi docto||ris x'nantissimi magistri Guillermi Houppelande || libello de immortalitate anime deo favente finis || impositus est. Quem studiosissime castigavit. Ma||gister Ludovicus Bochin in eadem sacra pagina ba||chalarius ac ĩ artibus magister acutissimus. Qui || quoqꝫ Parisius exaratus est ꝑ Gaspardum Philippe || anno domini. Millesimo quingentesimo p̄rio die || vero penultima mensis aprilis.* || (1501), 24 ff. non ch. dont le dernier blanc, sign. *a-c* par 8 ff.

Non cité par Brunet. — Marque de Gaspard Philippe (libraire et imprimeur de 1500 à 1510), sur le titre.

Au recto du dernier f. (blanc) se lit la mention suivante d'une écriture de l'époque : *Pro Gauffrido Bellenger, canonico Cenomanensis.*

6º Tractatus corporis christi. Quomo || do sacerdotes se debeant habere erga eu || charistiam consecrandam. || (A la fin :)... *Impressus Parisius per probum virū Johannem Barbier, impensis vero honesti viri Johannis Petit... anno domini. M. CCCCC. xiij...* (1513), 28 ff. non ch. à 2 col. sign. *a-c* par 8 et *d* par 4 ff.

Non cité par Brunet. — Marque de Jehan Petit sur le titre.

7º Insigna peculiaria xp̄ianissimi Frā||corum regni numero viginti | seu totidē || illustrissime frañcoruꝫ corone preroga||tive ac preeminētie : per excellentē utri || usqꝫ juris licenciatum || consiliarium fi ||

sci ac reipublice cenomanen̄ ꝓcurato‖rem Johannem Ferralduꝫ in lucē edite ‖ (A la fin :)... *Ipresse Parisiis pro Johanne Parvo... s. d.* 23 ff. ch. et 1 f. blanc.

Traité des droits et prérogatives des rois de France, dont Brunet cite une autre édition, sans doute postérieure à la nôtre.

Marque de Jehan Petit sur le titre.

8° Aureū de pecca‖tis capitalibus et eorum speciebus ‖ opusculum : in quo simul explican‖tur malaque ex eis dimanent : ꝛ re‖media quibus repelluntur. ‖ Spes mea deus. ‖ ¶ *Hec sub intersignio mon‖tis arch. michaelis* | *veneunt* ‖ *in edibus Michaelis Angier* ‖ *e regiōe sacre edis beati fran‖cisci.* ‖ S. *l. n. d.* 24 ff. ch.

Pièce non citée, publié par Michel Angier, libraire à Rouen et à Caen de 1502 à 1530.

Hauteur du volume : 128 mill.

82. ¶ Propositions, dicts et sentences ‖ contenans les grâces, fruicts, prouffits, ‖ utilitez ꝛ louenges du très-sacré ꝛ di‖gne sacrement de lautel pour ceux ‖ qui le reçoivent en estat de grâ‖ce ; extraicts de plusieurs saincts Docteurs. ‖ ¶ *Par Jacques Kerver rue Sainct Jacques, à l'enseigne de la Licorne, M.D.LXX.* (1570), 134 ff. non ch. — ¶ La Vie de Madame saincte Marguerite ‖ vierge ꝛ martyre avec son Antienne ‖ ꝛ Oraison. ‖ *S. l. n. d.* 8 ff. non ch. — ¶ Les Suffrages de plusieurs saincts ‖ ꝛ sainctes : ꝛ p̄mièremēt de la Trinité. ‖ *S. l. n. d.* 8 ff. non ch. — Ens. 3 pièces en 1 vol. in-8, goth. fig. cuir de R. dos orné, fil. dent. int. tr. dor.

Ces différentes pièces, imprimées à Paris chez Jacques Kerver, sont ornées de vignettes gravées sur bois. — Marque de l'imprimeur sur le premier et le dernier f. (doublé) des *Propositions, dicts et sentences.*

83. ¶ Extrait de plusieurs ‖ Saincts Docteurs, ‖ propositions, Dicts, ‖ ꝛ Sentences, conte‖nāt les graces, fruicts ‖ profits, utilitez ꝛ lou‖anges du très-sacré, ‖ ꝛ digne Sacrement ‖ de Lautel. ‖ 40 ff. non ch. — ¶ Cy commence une petite instruction et ‖ maniere de vivre pour une femme séculiè‖re : ꝛ comme elle se doit conduire en pensées ‖ parolles ꝛ œuvres au long du jour, pour ‖ tous les jours de sa vie, pour plaire à ‖ Nostre Seigneur Jésus Christ, ꝛ ‖ pour amasser richesses céle‖stes au profit ꝛ salut ‖ de son âme. ‖ 24 ff. non ch. — ¶ Sensuyvent plusieurs dévotes ‖ Oraisons et méditations sur la mort et ‖ passion de nostre Seigneur Jésus Christ. ‖ Avec le voyage ꝛ oraison du Mont ‖ de Calvaire. Et aussi une ‖ méditation

pour les ‖ pace d'une basse ‖ Messe. ‖ 24 ff. non ch. — ℂ Les Quinze Effusions du sang de ‖ nostre Seigneur & Rédempteur ‖ Jésus-Christ, que chacune ‖ personne doit dire ‖ devotement. ‖ 8 ff. non ch. — *Paris, Guillaume de la Noue, s. d.* (vers 1580) — Ens. 4 pièces en 1 vol. in-8, goth. nombr. fig. sur bois, v. f. fil. tr. r.

84. Sanctus Thomas de Aquino. Super tertium librum magistri sententiarum (Pierre Lombard). — In-fol. ais de bois recouverts de mar. brun, fil. et comp. dorés, tr. dor. (*Rel. anc.*)

Manuscrit sur vélin, de la fin du xve siècle, exécuté dans le royaume de Naples, pour le cardinal Jean d'Aragon, fils du roi Ferdinand Ier.

Il se compose de 270 ff. débutant par une table occupant les quatre premiers et ayant pour titre : *Catalog' articulorum questionūqȝ in presenti volumine... seriatim contentorum.* Vient ensuite le texte de l'ouvrage, fort bien écrit en lettres gothiques moyennes, sur deux colonnes, se terminant, au bas du dernier f., par la souscription suivante : *Absolutū est hoc egregiū opus beati Thome de Aqno in tertiuȝ magistri sententiaꝝ librum : scriptoreqȝ Venceslao Crispo, bohemo. Anno post christi nativitatē Mill'. CCCC. LXX XVI° paruȝ tamē felici. impensa inclyti Joūnis de Aragonia Ro. ec. Card' exaratuȝ.*

Ce beau manuscrit est enrichi de très nombreuses majuscules peintes en rouge, bleu, violet ou or, avec appendices filiformes, et de 39 jolies initiales peintes en or et en couleur, avec ornements s'étendant dans les marges. C'est l'œuvre du copiste Wenceslas Crispus, qui avait quitté la Bohême, sa patrie, pour venir se fixer à Naples, ainsi qu'il l'indique dans la souscription donnée plus haut, datée de 1486. — M. Léopold Delisle mentionne notre manuscrit dans l'article qu'il consacre aux copistes des Rois Aragonais de Naples (*Cabinet des Manuscrits de la Bibliothèque nationale*, tome I, pages 227 et 228), et nous apprend en outre que deux autres volumes du même ouvrage de Saint Thomas d'Aquin (*In primum* (*et secundum*), *magistri sententiarum librum*), également copié par Wenceslas Crispus se trouvent à la bibliothèque de Louviers.

Notre manuscrit comme celui décrit sous le n° 16 du présent catalogue, provient de la bibliothèque de M. Bourdin, de Rouen. Il est revêtu d'une curieuse reliure de l'époque dont les plats sont entièrements couverts d'ornements dorés : filets, fleurs de lis, coquilles, fruits, animaux divers, livres ouverts, rosaces, etc. — Le premier f. du texte manque; quelques petites piqûres de vers aux premiers et aux derniers ff.

85. ℂ Opuscula reverēdi magistri fra‖tris Stephani Brulefer ordinis minoꝝ quoꝝ nu‖merus in fine oīm cuilibet patet. ‖ (A la fin, au verso du f. cclxiiij :) ℂ *Expliciūt opus-*

cula q̄dā ɔposita p̄ reverendū || *sacre theologie doctorē fratrē Stephanū Brule*||*fer ordīs mīoꝝ de observātia. Ad laudē dei ꝛ le*|| *gētiū utilitatē īpressioni castigatissime data Pa*||*risius : p̄ magr̄m Andreā Bocard : die. xxiiij. men*||*sis Aprilis. Anno M. CCCCC.* || (1500), pet. in-8, réglé, goth. de 264 ff. ch. et 7 ff. non ch. lettres ornées, v. f. dos et plats ornés de comp. estampés à froid. (*Rel. anc.*)

Édition très rare, non citée par Brunet, de ce recueil d'opuscules composés par Étienne Brulefer, franciscain, natif de Saint-Malo, mort en 1483. — Marque de Jehan Petit sur le titre.

Curieuse reliure de l'époque, fortement restaurée. Elle porte sur le premier plat une composition représentant la Vierge et l'Enfant Jésus, avec quatre portraits en médaillon aux angles et un monogramme formé des lettres G. I. R. au bas. Sur le second plat figure Saint Jean-Baptiste, avec quatre autres portraits et le même monogramme. — Ces portraits doivent être ceux de rois, princes et princesses.

86. La Fleur des Commandemens || de Dieu. Avec plusieurs exemples et auctoritez : extraictes tāt de sainctes escriptures || que daultres docteurs et bons anciens pères. Lequel est moult utile ꝛ prouffitable à || toutes gens. || ¶ *On les vēd a Paris par Phelippe le Noir... en la grāt rue Sainct Jacques à lenseigne de la roze blanche couronnée.* (A la fin :)... *Nouvellement imprimé à Paris par Anthoyne bonne Mère, demourant en la rue de Saīt Jehan de Beauvais. Lequel fut achevé lan mil cinq cens vingt ꝛ cinq.* (1525), pet. in-fol. goth. de 14 ff. prél. non ch. et 170 ff. à 2 col. mal chiffrés de 1 à 168, vign. sur bois, lettres ornées, mar. r. dos orné, fil. dent. int. tr. dor. (*Rel. anc.*)

Édition rare de ce curieux ouvrage renfermant des commandements, des préceptes religieux et des histoires miraculeuses racontées fort naïvement, dont plusieurs assez singulières et même, pourrait-on dire, facétieuses. Elle est ornée de 3 vignettes sur bois sur le titre et d'une quatrième en tête du premier f. de texte.

La marge intérieure du titre est coupée ; mouillure.

87. Instruction sur les dispositions qu'on doit apporter aux Sacremens de pénitence et d'eucharistie, tirée de l'Écriture Sainte, des Saints Pères, et de quelques autres Saints Auteurs... (par l'abbé S. M. Treuvé). Nouvelle édition, revûe, corrigée et augmentée. *A Paris, chez Guil-*

4

laume Desprez, 1700, in-12, mar. r. dos orné, fil. dent. int. tr. dor. (*Rel. anc.*)

Exemplaire réglé, portant cinq fois répétées sur le dos de la reliure, les armes de Marie Thérèse de Chamillart, duchesse de la Feuillade, née (à Caen?) en 1684, morte en 1716. — Quelques taches d'humidité.

88. Le Foüet des paillards, ou juste punition des voluptueux et charnels, conforme aux arrests divins et humains, par M. L. P. (Mathurin Le Picard), curé du Mesnil Jourdin. *A Rouen, chez Estienne Vereul*, 1628, in-12, mar. r. dos orné, fil. dent. int. tr. dor. (*Derome.*)

L'auteur de ce curieux et rare traité, ancien curé d'Acquigny, puis curé du Mesnil-Jourdain (Eure), mourut à Louviers le 8 septembre 1642 à la suite du scandaleux procès de Louviers, et fut exhumé pour être brûlé comme sorcier, le 21 août 1647.

Bel exemplaire.

89. Destruction de l'orgueil mondain, ambition des habitz, et autres inventions nouvelles, extraicte de la Saincte escriture, et des anciens docteurs de l'Église. Par M. François Grandin, curé de l'Église collégiale monsieur S. Jean Baptiste d'Angers. *A Paris, chez Claude Frémy*, 1558, in-8, mar. r. dos et plats ornés de riches comp. à mosaïque de mar. grenat, dent. int. tr. dor. (*Thibaron; Marius Michel, doreur.*)

Dans ce livre rare (fol. 62) se trouve un curieux inventaire des ornements de toilette en usage alors chez les dames à la mode; il contient, en outre, à la fin, la première édition du Blason des Basquines, pièce en vers. Suivant le pieux auteur : *En quelque lieu que soit la danse le Diable y est.... En tels sabbatz sont baisers deshonnestes, regards, attouchemens impudiques, propos charnels, lubricques, amours immoderez*, etc., etc. (fol. 48 verso).

Bel exemplaire, grand de marges et richement relié; il provient de la bibliothèque Bancel.

90. L'Origine des masques, mommeries, bernez, et revennez es iours gras de Caresmeprenāt, menez sur l'asne a rebours et Chariuary. Le jugement des anciens Peres et Philosophes sur le subiect des masquarades, le tout extraict du liure de la mommerie de Claude Noirot, Juge en la mairie de Lengres. *A Lengres, par Jehan Chauvetet imprimeur et Libraire iuré*, 1609, pet. in-8 de 4 ff. prél. et 148 pp. fig. sur bois, mar. violet à long grain, dos orné,

comp. dorés et à fr. rosace dorée au centre, tr. dor. (*Ducastin.*)

Livre des plus curieux, très rare et recherché, orné de deux vignettes gravées sur bois placées sur le titre et à la page 50; la première représente un charivari donné par des enfants, la seconde nous montre la promenade sur un âne d'un mari battu par sa femme.

L'auteur s'appuie, pour condamner les mascarades, sur les saints Pères et les philosophes anciens dont il cite de nombreux passages; il dit, dans sa préface, que *la source de la mommerie vient du Demon qui premier s'est approprié le masque serpentin pour tromper l'hõme, qu'il a aussi induit à se déguiser et farder le visage*... A la fin de l'ouvrage on trouve un *Arrest d'amour*, intitulé : *Des maris umbrageux qui pretendēt la reformatiõ sur les previleges des masques*, etc. *Et ordonnāces qu'en execution de l'arrest, furent pronõcées publiées à son de tābours, fleutes, hautbois, violons et aultres instrumens de nopces par le Roy des Menestriers au Palais d'amour, festins, bancquets et iours gras* de *Caresmeprenant, dont s'ensuit la teneur*.... Cette piquante facétie occupe les pp. 136 et suivantes.

Quelques ff. un peu courts en tête; deux petites taches pp. 98 et 99.

91. Parabola filij glutonis || profusi atꝗ pdigi nedū venuste verū etiā utili || ter ꝛ devote p venerandū patrē fratrē Joannē || Meder, ordinis, minorū observantiū Basilee || concionata ꝛ collecta : pro totius anni precipue || quadragesime sermonib' accōmodata. || (A la fin :)... *Impressum Basilee per Michaelē Furter Civē Basilieñ. Anno incarnationis dñi. M. CCCCCX. xiii kal. Septembris.* (1510), pet. in-4, goth. à 2 col. de 224 ff. non

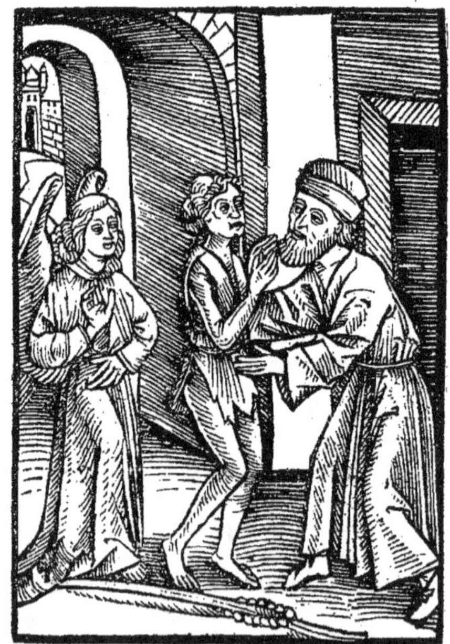

ch. fig. mar. brun jans. dent. int. tr. dor. (*David.*)

Édition fort rare de ce développement de la parabole de l'Enfant prodigue en cinquante sermons. Elle est ornée de 18 curieuses et naïves figures xylographiques à pleine page, dont nous donnons ci-dessus un spécimen réduit. — Marque de l'imprimeur au recto du dernier f.

Exemplaire d'une bonne conservation intérieure, mais avec la marge inférieure du titre refaite.

92. NOTABLE SERMON SUR SAINT JOSEPH :

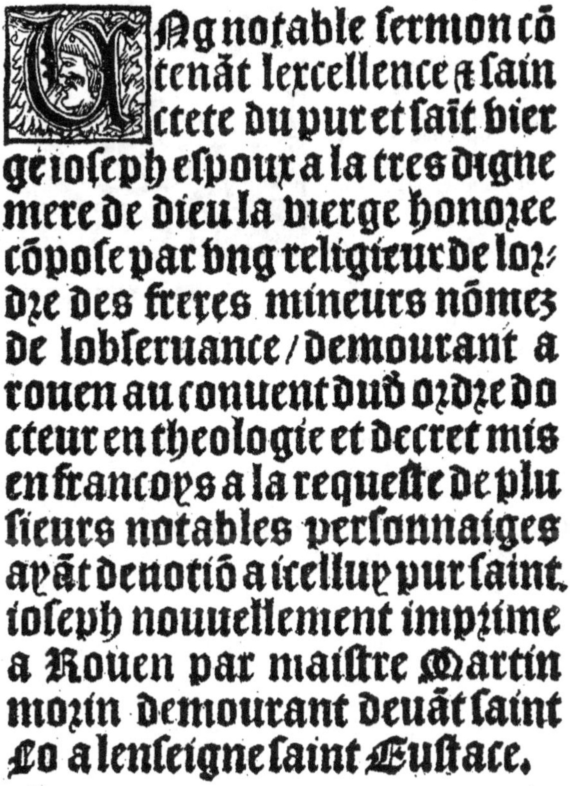

**Vng notable sermon cõ
tenãt lexcellence ꝛ sain
ctete du pur et saĩt vier
ge ioseph espoux a la tres digne
mere de dieu la vierge honoree
cõpose par vng religieux de lordre des freres mineurs nõmez
de lobseruance / demourant a
rouen au conuent dud ordre do
cteur en theologie et decret mis
en francoys a la requeste de plu
sieurs notables personnaiges
ayãt deuotiõ a icelluy pur saint
ioseph nouuellement imprime
a Rouen par maistre Martin
morin demourant deuãt saint
Lo a lenseigne saint Eustace.**

(A la fin :) *Cy finist la vie saint Joseph, nouvellemẽt* ‖ *imprimée à Rouen, par Maistre Martin* ‖ *Morin, demourant devant Saint Lo à* ‖ *lenseigne saint Eustace.* ‖ *S. d.* (*vers* 1491), in-4, goth. mar. r. dos orné, fil. tr. dor. (*Rel. anc.*)

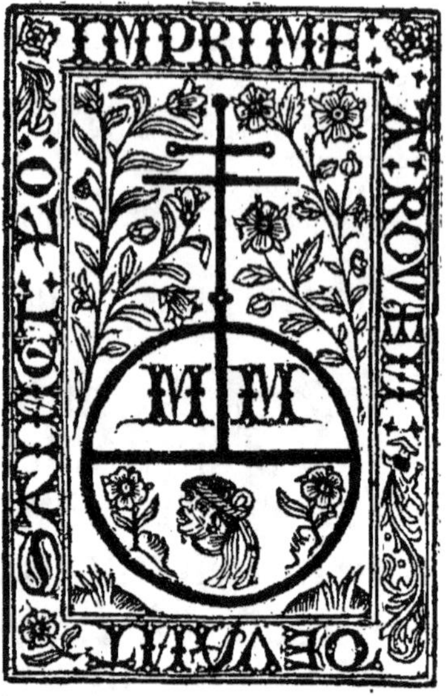

Maistre Martin Morin.

Livre rarissime, renfermant la Vie de Saint Joseph, suivie de plusieurs oraisons. Il se compose de 24 ff. non ch. imprimés avec les mêmes caractères que ceux employés par Morin pour le *Bréviaire de Rouen* de 1491. La marque de cet imprimeur dont nous donnons une reproduction réduite, ci-contre, se trouve au verso du dernier f.

Cet exemplaire, le seul connu, provient des bibliothèques du duc de La Vallière et de Mac-Carthy; il est un peu court en tête; petite tache dans la marge inférieure du dernier f.

93. Novum diversorum ‖ sermonū opus hactenus nō impressum. Reverendi ‖ patris Oliverii Maillardi quod merito supplemen‖tum priorū sermonū jādudum impressorum poterit ‖ nuncupari. Cujus operis contentorum ordo sequi‖tur pagina sequenti. ‖ ℂ *Venūdatur parisii in vico sācti Jacobi ad inter‖signiū Lilii. In domo Joannis parvi. s. d.* 171 ff. ch. et 1 f. blanc. — Sequuntur quattuor sermōes com‖munes per adventū : et consequenter dominicales ‖ sermones nondum impressi Reverendi patris fra‖tris Oliverii Mallardi : quondam vicarii generalis ‖ ministri super fratres minores de observātia citra‖montañ. ‖ *Venundantur parisii in vico sancti* ‖ *Jacobi ad intersignium Lilii aurei* ‖ *in domo Johannis parvi.* ‖ (A la fin :)... *Impressis... īdustria quidem Johannis Barbier... Expensis... Johannis Petit... s. d.* 152 ff. ch. — Ens. 2 parties en 1 vol. in-8, goth. à 2 col. marque de Jehan Petit sur les

titres, mar. r. dos orné, fil. dent. int. tr. dor. (*Rel. anc.*)

Édition fort rare, non citée par Brunet, mais décrite par Hain sous le n° 10517 de son *Repertorium*.

Bel exemplaire, dans une bonne reliure ancienne. — Paraphe sur la marge inférieure du premier titre.

94. Sermons sur tous les sujets de la Morale chrétienne. Troisième partie contenant les Mystères (de Notre-Seigneur et de Notre-Dame, par le P. Vinc. Houdry). *Paris, Jean Boudot*, 1700, 2 vol. in-12, mar. r. dos orné, fil. tr. dor. (*Rel. anc.*)

Exemplaire aux armes de Louis-Marcel de Coëtlogon, évêque de Saint-Brieuc, puis de Tournai.

Petite éraflure à un des plats de la reliure.

95. Sermon sur la foi, prêché par le P. de La Motte, jésuite, dans l'Eglise Cathédrale de Roüen, le 20 d'octobre 1715. *A Rouen, chez Jacques Jos. Le Boullenger, libraire, ruë des jésuites. S. d.* in-12, de 9 ff. prél. non ch. et 42 pp. mar. r. dos orné, fil. et comp. à la Du Seuil, dent. int. tr. dor. (*Hardy-Mennil.*)

Ce sermon, dans lequel on crut voir des allusions désobligeantes contre le gouvernement du Régent, valut, paraît-il, de nombreux ennuis à son auteur.

96. Pensées de M. Pascal sur la Religion et sur quelques autres sujets, qui ont esté trouvées après sa mort parmy ses papiers. *A Paris, chez Guillaume Desprez*, 1670, in-12, mar. brun jans. dent. int. tr. dor. (*Chambolle-Duru.*)

Édition originale. — 41 ff. prélim. non ch., 365 pp. et 10 ff. non ch. pour la Table.

Bel exemplaire. — Hauteur : 155 mill. 1/2.

97. Pensées de M. Pascal sur la Religion et sur quelques autres sujets, qui ont esté trouvées après sa mort parmy ses papiers. *A Paris, chez Guillaume Desprez*, 1670, in-12, mar. r. dos orné, fil. dent. int. tr. dor. (*Allô.*)

Seconde édition originale comprenant 40 ff. prél. non ch. 334 pp. et 10 ff. non ch. pour la Table.

Bel exemplaire, grand de marges. — Hauteur : 155 mill.

98. Pensées de M. Pascal sur la Religion et sur quelques autres sujets, qui ont esté trouvées après sa mort parmy ses papiers. *A Amsterdam, chez Abraham Wolfganck*,

suivant la copie imprimée à Paris, 1672, in-12, mar. olive, dos orné, fil. dent. int. tr. dor. (*Chambolle-Duru.*)

Cette édition s'annexe à la collection elzevirienne; elle est fort bien exécutée et devenue assez rare, dit M. Willems (*Les Elzevier*, n° 1871).

Hauteur : 131 mill.

99. Isaaci Vossii de Sibyllinis aliisque quæ Christi natalem præcessere Oraculis. Accedit ejusdem Responsio ad objectiones nuperæ criticæ sacræ. *Oxoniæ, e Theatro Sheldoniano*, 1680, 2 ouvrages en 1 vol. in-8, mar. r. dos orné, fil. (*Rel. anc.*)

Dans le premier de ces ouvrages, l'auteur, ajoutant foi aux oracles païens, prétend y chercher des preuves de la vérité du christianisme.

Exemplaire au chiffre et aux armes de Jean-Baptiste Colbert, le célèbre ministre de Louis XIV.

100. La Religion considérée comme l'unique base du bonheur et de la véritable philosophie. Ouvrage fait pour servir à l'éducation des Enfans de S. A. S. Monseigneur le Duc d'Orléans, et dans lequel on expose et l'on réfute les principes des prétendus philosophes modernes, par Madame la Marquise de Sillery, ci-devant Madame la Comtesse de Genlis. *A Paris, à l'Impr. Polytype, rue Favart*, 1787, fort vol. in-8, portr. gr. mar. vert, dos orné, fil. dent. int. tr. dor. (*Rel. anc.*)

Première édition ornée d'un beau portrait de Mme de Genlis, assise à son bureau et écrivant, par Copia d'après Miris.

Exemplaire sur grand papier.

101. Confusion de la secte de Muhamed. Livre premièrement composé en langue espagnole, par Jehan André, iadis More & Alfaqui, natif de la cité de Sciativia, & depuis faict chrestien & prestre, & tourné d'italien en françois par Guy le Fèvre de la Boderie. *A Paris, chez Martin le jeune*, 1574, in-8 de 8 ff. prél. non ch. et 99 ff. mar. vert, dos orné, fil. et encadr. dorés, tr. dor. (*Derome.*)

Guy Lefèvre de La Boderie, savant linguiste, lauréat des Palinods de Rouen, naquit au château de La Boderie, près Falaise (Calvados), en 1541, et mourut au même lieu en 1598.

102. L'Asiatique tolérant. Traité à l'usage de Zéokinizul Roi des Kofirans, surnommé le chéri (Louis XV). Ouvrage

traduit de l'arabe du voïageur Bekrinoll (Crébillon), par Mr. de **** (composé par Laurent Angliviel de La Beaumelle). *A Paris, chez Durand (Amsterdam, M.-M. Rey), l'An XXIV du traducteur* (1748), in-8, mar. r. dos orné, fil. tr. dor. (*Padeloup.*)

Ouvrage dirigé contre la Révocation de l'Édit de Nantes et réclamant la liberté de conscience en faveur des protestants. D'après Quérard, il aurait été fait deux éditions sous la même date, celle-ci est la plus belle et comprend XXVIII-145 pp. et 4 ff. non ch. pour *la Clef.*

Exemplaire du comte de LAMBILLY, avec son *ex-libris;* les quelques lacunes de la *Clef* ont été remplies à la plume.

103. Du Tolérantisme, et des peines auxquelles il peut donner lieu, suivant les Loix de l'Église et de l'État (par l'abbé B. Baudrand). *A Bruxelles, et se trouve à Paris, chez Crapart, Gastellier, Visse,* 1789, in-8, mar. r. dos orné, encadrem. et angles fleurdelisés, tr. dor. (*Rel. anc.*)

Exemplaire aux armes de LOUIS XVI.

---

104. Les tres-merveilleuses victoires des femmes du Nouveau Monde et comme elles doibvent à tout le monde par raison commander, et même à ceulx qui auront la monarchie du monde vieil... A la fin est adjoustée : la Doctrine du siècle doré, ou de l'évangelike règne de Jésus Roy des Roys. Par Guillaume Postel. *Sur l'Imprimé à Paris, chez Jehan Ruelle, à la Queuë de Regnard, ruë Sainct Jacques,* 1553, 2 parties en 1 vol. in-12, mar. r. dos orné, fil. tr. dor. (*Padeloup.*)

« Réimpression faite à Rouen par les soins de l'abbé Saas, mort en avril 1774. On l'a tirée à un petit nombre d'exemplaires qui sont devenus rares. » (*Note manuscrite sur un f. de gardes.*) — 2 ff. pour le faux-titre et le titre, xx et 92 pp. y compris la dédicace; 27 pp. pour *la Doctrine du siècle doré.*

Guillaume Postel, professeur royal des langues orientales à Paris, un des hommes les plus savants de son époque et visionnaire célèbre, né à Dolerie, près Barenton (Manche), en 1510, mourut à Paris en 1581.

105. État de l'homme dans le péché originel, où l'on fait voir quelle est la source, & quelles sont les causes & les suites de ce péché dans le monde. Cinquième édition

Imprimé dans le monde en 1740, in-12, mar. vert, dos orné, fil. tr. dor. (*Rel. anc.*)

Traduction ou imitation en français par J.-Fred. Bernard du *Peccatum originale* de Beverland.

Au verso du titre se trouve collé l'*ex-libris*, légèrement détérioré, de Claude-Alexandre de Villeneuve, comte de Vence, lieutenant général des armées du roi.

---

106. Le Secret et Mystère des Juifz. Faisant le commancement du premier livre du recueil de Suidas, traduit du grec en vulgaire par François Le Fevre natif de Bourges en Berry. Dédié à Madame Margarite de France, duchesse de Berry. *A Paris, par Jaques Keruer*, 1557, in-16, mar. vert, dos orné, fil. à fr. dent. int. tr. dor.

Première édition.

Exemplaire aux armes du marquis de Coislin, avec son chiffre répété sur le dos de la reliure.

IV. — THÉOLOGIE ASCÉTIQUE OU MYSTIQUE

107. Thomæ a Kempis canonici regularis ord. S. Augustini de Imitatione Christi libri quatuor. *Lugduni* (*Batavorum*), *apud Joh : et Dan : Elsevirios. S. d.* (1653), pet. in-12, titre-front. gr. mar. r. dos orné, fil. dent. int. tr. dor. (*Lortic.*)

Charmant volume, un des plus beaux et des plus précieux de la collection elzevirienne (Voir : Willems. *Les Ezelvier*, n° 729).

Exemplaire s'arrêtant à la p. 254 (au lieu de 257). — Hauteur : 120 mill.

108. De Imitatione Christi, libri quatuor. *Parmæ, in ædibus Palatinis, typis Bodonianis*, 1793, in-fol. mar. r. quadrillé, dos orné à petits fers, dent. de feuillage, dent. int. tr. dor. (*Rel. anc.*)

Édition magnifiquement imprimée; elle n'a été tirée *qu'à 162 exemplaires.*

109. De Imitatione Christi et contemptu mundi omniumque ejus vanitatum libri IV codex De-Advocatis sæculi XIII. *Londini, apud Guill. Pickering*, 1851, in-12, titre avec

encadrement sur bois, mar. brun, dos orné, fil. et comp. à froid, angles dorés, dent. int. tr. dor. (*David.*)

Jolie édition.

110. L'Imitation de Jésus-Christ, traduite en vers françois, par P. Corneille. *A Rouen, chez Laurens Maurry*, 1651. *Et se vendent à Paris, chez Charles de Sercy*, front. gr. 4 ff. prél. non ch. et 56 ff. ch. — L'Imitation de Jésus-Christ, traduite en vers françois par P. Corneille. Seconde partie. *Imprimé à Rouen, et se vend à Paris, chez Charles de Sercy*, 1652, 6 ff. prél. non ch. y compris le front. gr. et 60 ff. ch. — Ens. 2 parties en 1 vol. in-12, 2 front. gr. mar. r. dos orné, fil. et comp. à la Du Seuil, tr. dor. (*Rel. anc.*)

ÉDITIONS ORIGINALES, très rares, des deux premiers livres de cette traduction française (avec le texte latin placé en regard), composée par Pierre Corneille, le père de la tragédie et de la comédie classique en France, né à Rouen le 6 juin 1606, mort à Paris le 1er octobre 1684. — Voir pour les autres ouvrages de ce célèbre poète les Nos 111 à 114, 116 à 117, 371 et 434 à 468.

Exemplaire portant sur les plats de la reliure le nom de son premier possesseur, gravé en lettres d'or : FILZEAN MARLIEN. Sa signature autographe se trouve en outre répétée sur le frontispice et le titre de la première partie.

Hauteur : 136 mill. (*témoins*).

111. L'Imitation de Jésus-Christ, traduite en vers françois par P. Corneille. Livre premier (et livre second). *A Paris, par Robert Ballard, Pierre Recolet, Ant. de Sommaville et André Soubron*, 1654, 6 ff. prél. y compris le front. et 1 planche, 239 pp. y compris 36 fig. — L'Imitation de Jésus-Christ, traduite en vers françois par P. C. (P. Corneille), enrichie de figures de taille douce sur chaque chapitre. Livre troisième. *A Paris par Robert Ballard*, 1654, 6 ff. prél. y compris le front. 180 pp. y compris 30 fig. — Ens. 2 parties en 1 vol. in-12, front. nombr. fig. sur cuivre, mar. r. dos orné, fil. dent. int. tr. dor. (*Hardy-Mennil.*)

Jolie édition renfermant les deux premiers livres et les trente premiers chapitres du troisième. Elle est ornée de figures gravées en taille-douce par R. Du Clos, H. David et Le Brun.

Hauteur : 142 mill.

112. L'Imitation de Jésus-Christ, traduite et paraphrasée en vers françois par P. Corneille. Première partie (livre pre-

mier et livre second). *Imprimé à Rouen, par L. Maurry, pour Robert Ballard à Paris*, 1656, 12 ff. prél. y compris le front. et 240 pp. y compris 37 fig. — L'Imitation de Jésus-Christ, traduite en vers françois par P. C. (P. Corneille), enrichie de figures de taille douce sur chaque chapitre. Livre troisième. *A Paris, chez Robert Ballard*, 1654, 6 ff. prél. y compris le front. et 180 pp. y compris 30 fig. — L'Imitation de Jésus-Christ, traduite et paraphrasée en vers françois par P. Corneille. Dernière partie. *Imprimée à Rouen par L. Maurry, pour Robert Ballard à Paris*, 1656, 6 ff. prél. y compris le front. 306 pp. y compris 48 fig. — Ens. 3 parties en 1 vol. in-12, front. et nombr. fig. sur cuivre, v. grenat quadrillé, dos orné, fil. dent. int. tr. dor. (*Bozérian jeune.*)

Éditions originales des livres III et IV. — Chaque partie se trouve décrite dans la *Bibliographie Cornélienne* de M. Émile Picot, sous les nos 124, 125 et 127.

Portrait de Corneille, gravé par Ingouf d'après Lebrun, ajouté.

Hauteur : 141 mill.

113. L'Imitation de Jésus-Christ, traduite et paraphrasée en vers françois, par P. Corneille. Première (et dernière) partie. *Imprimé à Rouen, par L. Maurry, pour Robert Ballard*, 1656, 2 vol. in-12, 2 front. gr. et 115 fig. sur cuivre, mar. r. dos orné, fil. fleurons dorés aux angles, tr. dor. (*Rel. anc.*)

Ces deux parties réunies constituent la première édition complète de l'*Imitation*. Elles sont ornées de nombreuses figures gravées sur cuivre d'après H. David, R. Du Dot, J. Du Clos, Le Brun, Campion, F. Chauveau, etc. (*Bibliogr. Cornél.* nos 126 et 127).

Hauteur : 147 mill. (*témoins*).

114. L'Imitation de Jésus-Christ mise en vers françois par Pierre Corneille. *Imprimé à Rouen, par L. Maurry, pour Robert Ballard... Libraire, à Paris*, 1656, très pet. in-12, titre-front. gr. et nombr. fig. sur cuivre, mar. vert, dos orné, fil. ornem. au milieu et aux angles des plats, dent. int. tr. dor.

Édition parue sous la même date que l'édition in-4° et renfermant également la traduction complète de l'*Imitation*. Elle se compose de 8 ff. prél. non ch. 507 pp. et 5 pp. non ch. pour le Privilège et est ornée de jolies figures gravées par David, d'après Campion et Chauveau.

« Ce petit volume, très bien exécuté, dit M. Picot (*Bibliogr. Cornél.*

N° 129), était un de ces livres de poche condamnés à une rapide destruction ; aussi les exemplaires en sont-ils fort rares. Nous n'en avons rencontré que trois... » — Voir pour d'autres éditions de l'*Imitation* les n°s 116 à 118.

Hauteur : 108 mill.

115. Les Contemplations du simple devot, 1532 :

¶Les cōtēplatiōs
du simple deuot.
Damour diuin.
De vraye pacience.
De la mort.
De la vierge Marie.
¶ Traduictes en langue vulgaire /
par frere Mathieu de landa / docteur
en theologie de luniuersite de Paris /
& religieux du cōuent de lordre de nostre dame des carmes / a Rouen.

¶En la fin est adioinct vng
sermon preparatoire a recep-
uoir / le sainct sacrement de
lautel.

Cum priuilegio.
¶On en trouuera a Rouē chez Loys
bouuet / deuāt le portail des libraires

(A la fin :)... *Imprime* ‖ *à Rouen pour Loys bouuet libraire* ‖ *demourant aud' lieu. Et furent ache*‖*vees de īprimer ce samedy XVIII iour* ‖ *de May. Lan de nostre redemption* ‖

Mil cinq centz XXXII (1532), in-8 goth. mar. vert, fleurons sur le dos, fil. à fr. grand milieu à fers azurés, dent. int. tr. dor. (*Petit, succr de Simier.*)

Livre de la plus grande rareté, non mentionné dans le *Manuel* de Frère et dont Brunet (III, 777) ne cite qu'une édition de Paris postérieure à celle de Rouen annoncée ci-dessus, laquelle doit être la PREMIÈRE et comprend 76 ff. non. ch. de 31 lignes à la page pleine, sign. a-i par 8 ff. et k, 4 ff.; nombreuses grandes lettres ornées à fond criblé.

Cet ouvrage mystique, dont l'original latin fut publié à Paris, pour la première fois, en 1519, par Lefèvre d'Etaple, sous le titre de *Contemplationes Idiotæ*, est de Raymond Jordan ou Jourdan, surnommé *Idiota*, l'*Idiot*, auteur ecclésiastique du XIVe siècle, prévôt d'Uzès en 1381 et ensuite abbé de Celles dans le diocèse de Bourges.

Le traducteur, Mathieu de Landa ou de La Lande, littérateur français du XVIe siècle, sur lequel nous n'avons trouvé d'autres renseignements que ceux qu'il donne lui-même sur le titre de ses ouvrages, était, lorsqu'il publia cette traduction, *prieur et religieux de lordre de nostre dame des Carmes en ceste ville de Rouen*, ainsi qu'il est dit dans le Permis d'imprimer délivré par la Cour de Parlement à Louis Bouvet; ce permis d'imprimer, qui occupe le v° du titre, porte la date du 22 mars 1531.

Exemplaire un peu court en tête; quelques petits raccommodages.

116. L'Imitation de Jésus-Christ, traduite et paraphrasée en vers françois, par P. Corneille. *A Paris, chez Robert Ballard et Guillaume de Luynes*, 1665, in-8, de 4 ff. prél. non ch. 548 pp. et 4 fig. sur cuivre d'après Chauveau comprises dans la pagination, mar. noir, dos orné, fil. et comp. à la Du Seuil, tr. dor. (*Rel. anc.*)

Édition rare des quatre livres, non citée par M. Picot.

117. L'Imitation de Jésus-Christ, traduite et paraphrasée en vers françois par P. Corneille. *A Paris, chez Robert Ballard*, 1670, in-16, front. gr. et 4 fig. sur cuivre d'après Chauveau, mar. olive, fil. à fr. tr. dor. (*Rel. anc.*)

Édition peu commune. (*Bibliogr. Cornél.* n° 135).
Ex-libris VIOLLET-LE-DUC.

118. L'Imitation de Jésus-Christ, fidèlement traduite du latin par Michel de Marillac... Édition nouvelle, soigneusement revue et corrigée par M. S. de Sacy. *Paris, Techener*, 1860, in-16 carré, pap. vélin, mar. brun jans. dent. int. tr. dor. (*Niedrée.*)

Jolie édition.

119. Les Maximes de S. Ignace (de Loyola), fondateur de la Compagnie de Jésus, avec les sentimens de S. Fr. Xavier, de la mesme compagnie (par le P. Dominique Bouhours). *Paris, Cosnard,* 1857, in-32, mar. La Vall. dos orné, fil. riches comp. à petits fers et mosaïques de mar. r. vert et bleu, dent. int. tête dor. non rog.

Bel exemplaire sur GRAND PAPIER ROSE.

120. Introduction à la vie dévote du bien-heureux François de Sales, évesque et prince de Genève... Reveuë par l'autheur avant son deceds et augmentée de la manière de dire dévotement le chapelet et de bien servir la Vierge Marie. Nouvelle édition, revue et corrigée par M. Silvestre de Sacy. *Paris, Techener,* 1860, 2 vol. in-16, mar. bleu foncé, dos orné fil. et comp. à la Du Seuil, dent. int. tr. dor.

121. LES SENTIMENS DU BIEN-HEUREUX FRANÇOIS DE SALES, evesque de Genève, touchant la grâce, recueillis fidellement de son excellent Traité de l'Amour de Dieu par le R. P. D. Pierre de S. Joseph, Religieux Fueillant. *A Paris, chez Georges Josse,* 1647, in-12, mar. r. dos orné, riches comp. au pointillé, dent. int. tr. dor. étui de mar. brun doublé de peau de chamois. (*Le Gascon.*)

Charmant exemplaire revêtu d'une riche reliure entièrement dorée au pointillé, portant au centre des plats le chiffre couronné de la Reine ANNE d'AUTRICHE. — Voir la reproduction dans l'*Album*.

Timbre de bibliothèque sur le titre.

122. EXERCICES DE PIÉTÉ. — In-12, mar. r. dos orné, fil. et comp. tr. dor. fermoirs. (*Rel. anc.*)

MANUSCRIT du XVIIe siècle composé de 86 ff. auxquels on a joint 8 jolies figures gravées par Balthazar Moncornet, représentant Jésus-Christ, la Sainte Vierge, Saint Joseph, Sainte Anne, Sainte Catherine, Sainte Marguerite, l'*Annonciation* et la *Crucifixion*.

Il est revêtu d'une reliure au chiffre et aux armes, accompagnées de la cordelière de veuve, de la Reine ANNE D'AUTRICHE.

Petit trou de ver au second plat de la reliure.

123. Les Œuvres spirituelles de Madame de Bellefont, religieuse, fondatrice et supérieure du Couvent de Notre-Dame des Anges, de l'Ordre de Saint Benoist, à Roüen. Dédiées à Madame la Dauphine. *A Paris, chez Hélie Jos-*

set, 1688, fort vol. gr. in-8, mar. r. dos orné, fil. dent. int. tr. dor. (*Rel. anc.*)

Madame Laurence Gigault de Bellefont, née à Caen en 1612, mourut à Rouen en 1683, étant abbesse d'une communauté de Bénédictines qu'elle avait fondée.

Exemplaire réglé aux armes du Chancelier BOUCHERAT et portant l'*ex-libris* d'ARMAND BASCHET.

124. ¶ Le Dialogue de consolation entre lame‖ et raison fait et composé par ung religieux‖ de la réformation de lordre de fõtevrault (François Le Roy) et‖ *nouvellemẽt imprimé pour Symon Vostre*‖ *libraire, demourãt en la rue neufve de nostre*‖ *dame de Paris a lymaige Sainct Jehan lé*‖*vangeliste.*‖ (A la fin :) ¶ *Ce fut fait lan de grâce Mil quattre cens quat*‖*tre vings et dix-neuf* (1499), in-8, goth. de 152 ff. non ch. dont le dernier blanc, mar. r. dos orné, fil. dent. int. tr. dor. (*Rel. anc.*)

Édition fort rare, citée mais non décrite par Brunet, et la PREMIÈRE d'un des plus anciens traités ascétiques écrits en français. — Grande marque de Simon Vostre au verso de l'avant-dernier f. Bel exemplaire.

125. Les Allumettes du feu divin, pour faire ardre les cueurs humains en l'amour de Dieu. Où sont déclarez les principaulx articles et mystères de la passion de nostre Saulveur Jésus Christ, avecques les voyes de Paradis, qu'a enseigné nostre benoist Sauveur Jésus en son evangile. Autheur F. Pierre Doré, docteur en Théologie. Le tout adiousté et recognu par le dict autheur. *A Paris, par Jehan Ruelle, s. d.* 2 parties en 1 vol. in-16 réglé, v. f. dos orné, dent. tr. dor. (*Bozérian jeune.*)

Singulier traité de théologie ascétique.
Quelques petites taches.

126. Pia desideria emblematis, elegiis & affectibus SS. Patrum illustrata, authore Hermanno Hugone, ad Urbanum VIII. Pont. Max. Sculpsit Christophorus à Sichem. *Antverpiae, typis Henrici Aertssenii*, 1628, in-16, titre-front. 1 pl. avec les armoiries d'Urbain VIII, et 46 fig. emblématiques gr. sur bois à pleine page, vign. v. f. dos orné, fil. dent. int. tr. dor. (*Kœhler.*)

Édition ornée de gravures en bois exécutées par Christ. Sichem d'après les dessins de Boece à Bolswert, et jolies vignettes (ou culs-de-lampe) ovales gravées sur bois sur fond noir.

127. L'Utile et plaisant passe-temps pour tous fidelles chrestiens, voulant cognoistre que c'est que de vérité en toutes choses. *A Rouen, chez Guillaume Jores, s. d.* (1615), in-16 obl. texte encadré, mar. La Vall. dos orné, fil. et comp. d'entrelacs, tr. dor. (*Thompson.*)

Ouvrage curieux possédant cette particularité, qu'au moyen de la disposition typographique des pages, tirées tête-bêche, on peut le lire dans deux sens différents.

Exemplaire de A. Veinant.

128. Cabinet Royal de l'espoux meublé par son espouse, avec le Jardin spirituel, divisé en huict discours en faveur des belles âmes, qui cherchent le Royaume de Dieu, et qui logent en luy leur cœur et leurs délices, par M. Jean Le Jau, doyen en l'Eglise Cathédrale d'Évreux, et vicaire général. Auquel est adioustée l'Oraïson funèbre dudit Sr. Le Jau par M. N. Hebert, Chanoine Théologal d'Évreux. *A Évreux, chez Nicolas Hamillon*, 1631, 2 parties en 1 vol. in-8, front. gr. mar. grenat à long grain, fil. et comp. tr. r.

Ouvrage rare, non cité par Brunet, dont l'auteur, chanoine et vicaire général de la cathédrale d'Évreux, naquit dans cette ville le 6 janvier 1570 et y mourut le 14 septembre 1631.

En tête du volume et servant de frontispice, se trouve un *ex-libris* gravé du XVIIe siècle, aux armes de la famille Champion (Normandie).

Très légère mouillure en marge de quelques ff.

129. Entretien évangélique de l'âme dévote avec enrichissemeñ de figures par le sieur de Nervèze. *A Paris, chez Toussainct du Bray*, 1612, in-12, titre-front. gr. par L. Gaultier et 15 fig. gr. portant le *monogramme de Jacques Granthomme*, mar. vert, dos orné, fil. à froid et milieu à fers azurés, dent. int. tr. dor.

130. Voyage de deux sœurs Colombelle et Volontairette vers leur bien-aimé en la Cité de Jérusalem : contenant plusieurs incidens arrivez pendant leur voyage, par Boëce de Bolswert. Nouvelle édition, corrigée et châtiée selon le stile du tems, et enrichie de figures en taille douce. *A Liège, chez J. F. Broncart*, 1734, in-8, front. et 27 fig. mar. r. dos orné, fil. tr. dor. (*Rel. anc.*)

131. Tablature spirituelle, des Offices et Officiers de la Couronne de Jésus, couchez sur l'état Roïal de sa Crèche, et

payez sur l'épargne de l'Étable de Bethléem, réduits en petits exercices pour la consolation des âmes dévotes, qui s'adonnent à l'Oraison, par un Père de la Congrégation du Tiers Ordre S. François. *A Rouen, chez Charles Ferrand,* 1710, in-16 obl. mar. r. dos orné, fil. dent. int. tr. dor. (*Allô.*)

Livre ascétique peu commun.

132. Sentimens sur l'amour de Dieu, ou les trente amours sacrés pour chaque jour du mois, par le R. P. Avrillon, Religieux Minime. *A Paris, chez D. A. Pierres,* 1753, in-12, mar. olive, dos orné, large dent. doublé et gardes de papier doré dent. tr. dor. (*Rel. anc.*)

133. La Quarantaine sacrée aux souffrances de J. C. ou la Passion de Notre Seigneur Jésus-Christ représentée par XLVI images avec de courtes réflexions pour ranimer la piété. Première édition, avec permission de l'Ordinaire. *Se vend à Augsbourg, chez les frères Klauber, et à Paris, chez Lesclapart,* 1788, in-8, front. et 46 pl. gr. mar. brun, fil. à froid, dent. int. tr. dor.

Les décors du frontispice et de certaines planches sont exécutés dans le genre rocaille ; toutes les planches sont gravées et signées par *Catherine Klauber.*

134. La Vierge mourante sur le mont de Calvaire. Livre enrichi d'un grand nombre de figures et dédié à la Reine, par le sieur de La Serre. *A Paris, chez Augustin Courbé,* 1628, in-8, fig. mar. r. jans. dent. int. tr. dor. (*Hardy.*)

Un des livres les plus rares de ce fécond écrivain ; il est orné d'une vignette sur le titre, d'un portrait de la reine Anne d'Autriche et de 8 figures, le tout gravé en taille-douce.
Bel exemplaire, réglé.

135. Sensuit le S. Rosaire de la très heureuse Vierge Marie. — In-8 carré, de 9 ff. vélin.

MANUSCRIT du XVIIe siècle, sur VÉLIN, exécuté en 1627 par *Maximilien de la Haize,* à Chimay (Belgique). Il est écrit en lettres rondes noires, bleues et rouges, avec initiales en or et est orné de DEUX DESSINS en demi-grisaille, à pleine page, représentant le *Christ en croix* et la *Vierge et l'Enfant Jésus.*

136. L'Aimable mère de Jésus, 1671 :

L'AIMABLE
MERE
DE JESUS.
TRAITÉ
Contenant les divers motifs qui peuvent nous inspirer du r spect, de la devotion & de l'amour pour la tres-sainte Vierge.

Traduit de l'Espagnol par le R. Pere D. Obbilh, *de la Compagnie de* Jesus.

A Amsterdam.
Chez Daniel Elzevier,
1671.
Avec Privilege du Roy.

In-12, mar. r. dos orné, fil. dent. int. tr. dor. (*Hardy.*)

Cet ouvrage, composé par Juan Eusebio Nieremberg, est généralement à l'adresse de la *Veuve Hubaut à Amiens* et est un des volumes les plus rares et les plus recherchés de la Collection elzevirienne ; *il est rarissime quand il porte comme l'exemplaire ci-dessus l'adresse de Daniel Elzevier.* — M. Willems (*Les Elzevier*, n° 1453) consacre une notice fort longue et très intéressante à ce livre dans laquelle il met en doute l'existence d'exemplaires au nom de Daniel Elzevier ; M. Berghman dans son *Supplément*, en parle sous le n° 385.

Hauteur : 131 mill.

137. LES SAINCTES PRIÈRES DE L'AME CHRESTIENNE, escrites et gravées après le naturel de la plume, par P. Moreau, Mre Escrivain juré à Paris. *A Paris, chez Jean Hénault*, 1649, in-8, titre, texte et fig. gr. mar. r. dos orné, riches comp. d'entrelacs et de petits fers, doublé de mar. vert, dent. et riches comp. et milieu à petits fers, tr. dor. ciselée et peinte. (*Rel. anc.*)

Très joli volume, entièrement gravé, avec bordures de fleurs, fruits et arabesques à chaque page, et figures finement exécutées en taille-douce.

Charmant exemplaire recouvert d'une riche reliure de *Le Gascon* en maroquin doublé, entièrement couverte de dorures à petits fers. Elle porte au centre des plats, dans un cartouche de maroquin vert, comme on le verra par la reproduction que nous en donnons dans l'*Album*, un monogramme formé des lettres A. B. M. R.

Ex-libris de R.-S. Turner et signature de M. Eug. Paillet sur un f. de garde.

138. Les Sainctes Prières de l'âme chrestienne escrites et gravées après le naturel de la plume, par P. Moreau. *A Paris, chez Hénault*, 1656, pet. in-8, titre, texte et fig. gr. mar. r. dos orné, riches comp. à petits fers et au pointillé, dent. int. tr. dor. (*Le Gascon.*)

Très joli volume entièrement gravé, avec larges bordures de fleurs, fruits et arabesques à chaque page, et figures très finement exécutées, parmi lesquelles les *Sept péchés capitaux*.

Riche reliure presque entièrement dorée au pointillé.

139. Le Trésor caché découvert dans le champ du Seigneur, contenant plusieurs belles prières et actions de grâces, tirées de la Sainte Escriture par le R. P. Antoine Baast, Anglois, religieux Bénédictin et traduites en forme de paraphrase, par Messire François Doujat... *Paris, Damien Foucault*, 1669, in-12, portr. et 7 pl. sur cuivre, mar. r. dos orné, fil. tr. dor. (*Rel. anc.*)

Exemplaire aux armes de la comtesse de Maupeou, fille du conseiller Doujat, auquel l'ouvrage est dédié.

Mouillure aux premiers ff. — Reliure un peu défraîchie.

140. Cinq Chapitres tirez du livre de la vie monastique. *S. l. n. d.* in-12, mar. r. jans. doublé de mar. r. large et belle dent. fleurdelisée, tr. peinte or et couleurs. (*Rel. anc.*)

Quoique ce petit volume ne soit précédé que d'un titre de départ, il paraît être complet et comprend en tout 211 pp. — Il pourrait bien cependant faire partie d'une des nombreuses éditions du livre de Dom Armand-Jean Le Bouthillier de Rancé, abbé et réformateur du monastère de la Trappe, diocèse de Sées, intitulé *De la sainteté et des devoirs de la vie monastique* ou être un extrait de cet ouvrage, publié à part.

Exemplaire réglé avec les titres, les lettres ornées, les fleurons et culs-de-lampe, peints en or et couleurs. La reliure, un peu défraîchie extérieurement, porte sur le dos : *Traité de piété.*

JURISPRUDENCE[1]

141. LE GRAND COUTUMIER DE NORMANDIE (en latin et en français). — In-fol. miniatures, bordures et lettres ornées, mar. r. avec mosaïque de mar. brun encadrant des comp. composés de fil. et ornements dorés avec fond au pointillé, tr. dor. étui en mar. noir. (*Rel. du* XVIe *siècle.*)

Superbe manuscrit du XVe siècle sur vélin comprenant 181 ff. et orné de trente-deux miniatures d'une beauté et d'une fraîcheur remarquables.

Le volume débute par un calendrier comprenant 6 ff. écrits en rouge et noir, puis viennent le premier prologue (1 f.), la table (4 ff.), le second prologue et le texte qui se termine au chapitre 124e (*De loy apparissant*) par ces mots : *Et si doit len savoir que quant len fait une exoine tous ceulx qui firent celles de devant doivent estre pn̄s.* (Au-dessous :) *Cy fine le livre de la coustume de Norm̄die.* A la suite se trouve *la Chartre aux Normans* donnée à Vincennes par Louis X, le 19 mars 1314, et *la Justice aux barons* se terminant par ces mots :... *et se les homes demandent amēdement de leurs devises ilz le doivent avoir par la Justice le Roy et nulle Justice ilz nont pl^s en Nor^{die}.* — Le texte français du premier prologue commence ainsi : *Pource que nr̄e entencōn est*... et se termine par ces mots :... *et des choses qui appartiennent a amender le;* le second prologue : *Pource que la malice de convoitise*... porte à la fin :... *et en ostent ce que lieu ny tendra et me aident en aucūe chose.* Au-dessous commence le Coûtumier. — Ce manuscrit, très soigneusement écrit, avec rubriques, offre des variantes avec les éditions imprimées. Le texte latin y précède le texte français.

Les miniatures se divisent en 24 petites et 8 grandes. Les premières se trouvent dans le calendrier et représentent les douze

1. La Bibliothèque de M. Lormier comprend, en dehors du superbe manuscrit que nous allons décrire, d'autre beaux ouvrages de Jurisprudence, manuscrits et imprimés, qui seront compris dans une vente future.

signes du zodiaque, des scènes d'intérieur, les travaux de la campagne, etc.; elles sont en médaillon dans un encadrement composé de fleurs. Les huit grandes, dont la dimension varie entre 60 et 150 mill. de hauteur sur 125 et 130 mill. de largeur, sont très importantes au point de vue du costume, de l'ameublement et surtout des coutumes de l'époque. En voici une description détaillée :

La première nous montre un évêque présentant le Coutumier au roi de France, lequel est assis sur son trône, couronne en tête, sceptre en main et entouré de grands dignitaires de la Cour, de juges, d'avocats, etc. — Dans le haut de la miniature, sur le mur de la salle, on remarque, à droite et à gauche, un léopard (?) d'or sur fond de gueules, et au centre, deux petits médaillons dans lesquels sont peints en or sur fond d'azur une aigle à deux têtes et un lion.

La deuxième est à peu de choses près la répétition de la précédente : on y voit le Roi rendant le Coutumier à l'évêque.

La troisième est divisée en deux compartiments. Dans le premier est représentée une salle d'audience avec le juge, les greffiers, les avocats, etc.; dans le second un juge ordonne de modifier le cours d'une rivière.

Dans la quatrième on voit, à gauche, le duc de Normandie ayant auprès de lui le blason de son duché, et d'autres personnages, agenouillés devant le roi de France; à droite sont représentés un sergent trouvant un trésor volé, un autre sergent vérifiant les balances d'un marchand, un homme pendu dans une chambre, etc.

La cinquième nous offre un tableau synoptique des droits de succession, dominé par un arbuste en fleurs auprès duquel se trouvent un homme et une femme, un petit garçon et une petite fille.

La sixième est très curieuse. Au centre quatre justiciables présentent des excuses au juge, à droite et à gauche sont représentées les causes qui les ont retenus; l'un était en voyage et montre le vaisseau qui vient de le ramener, l'autre était en prison et désigne le donjon dans lequel il était enfermé; le troisième était à l'armée, et le quatrième auprès de sa femme en couche, ce qui est indiqué par deux scènes qui se trouvent à gauche du tableau, l'une représente une femme qui vient d'accoucher, et l'autre un camp.

Dans la septième, divisée en plusieurs compartiments, on voit : une salle d'audience, l'arrestation d'un voleur qui vient de dévaliser une maison, des témoins qui prêtent serment, deux hommes qui se battent et qui, plus loin, sont menés en prison par des sergents.

La huitième est d'une grande perfection d'exécution. Dans le fond, à gauche, des soldats enferment des hommes dans un donjon; à droite, des sergents arrêtent des laboureurs. Au centre, à droite, un homme est pendu à une potence et le bourreau, sur le haut d'une échelle, attire à lui un condamné qui monte à reculons et a les yeux fixés sur le moine venu pour l'assister. Sur le premier plan, à gauche, nous voyons un combat judiciaire et, à droite, une décapitation. Des groupes d'hommes de loi assistent aux trois dernières scènes. Nous donnons, dans l'*Album*, une reproduction de cette superbe miniature.

Les pages contenant des miniatures sont encadrées dans de belles bordures composées d'arabesques, de fleurs et de fruits; le volume est décoré en outre d'un grand nombre d'initiales en or et couleur. — Toutes ces peintures doivent être du même artiste rouennais qui a exécuté le beau *Livre d'Heures du Prieuré de Saint-Lô* qui figurait à la première vente Hérédia et que nous avons vendu 16 100 francs. On y trouve (1re et 2e miniatures) les mêmes carrelages émaillés et entre autres celui où figurait la lettre A, qui se trouvait souvent répétée dans les *Heures de Saint-Lô*.

Hauteur : 295 mill. — Largeur : 225 mill.

SCIENCES ET ARTS

I. — SCIENCES PHILOSOPHIQUES

142. Discours de l'honneste amour, sur le Banquet de Platon, par Marsile Ficin, philosophe, médecin et théologien très-excellent... Traduit du toscan en françois, par Guy Le Fèvre de La Boderie... avec un Traicté de J. Picus Mirandulanus sur le mesme subject. *A Paris, chez Abel l'Angelier*, 1588, in-8 de 8 ff. prél. non ch. et 260 ff. ch. mar. r. jans. dent. int. tr. dor. (*Raparlier.*)

Le traducteur de cet ouvrage naquit en Normandie. — Voir le n° 101.

143. Philosophicorum M. T. Ciceronis. Tomus II. *Lugduni, apud Séb. Gryphium*, 1551, in-16, car. ital. mar. brun, riches comp. de mosaïque sur le dos et les plats, tr. dor. et ciselée. (*Rel. du XVIe siècle.*)

Ce volume forme le second tome des *Œuvres complètes* de Cicéron, imprimées par Sébastien Gryphe de 1546 à 1551. Il renferme les traités suivants : *De Natura Deorum; de Divinatione; de Fato; de Legibus; de Universitate; Cicero de petitione consulatus ad Marcum fratrem.*

Bel exemplaire réglé, couvert d'une curieuse reliure de l'époque, ornée sur le dos et les plats de riches compartiments en mosaïque formés d'incrustations de cire noire, bleue, jaune et rouge. Elle porte sur le premier plat les armoiries suivantes : *d'azur, à l'étoile d'or en chef, au lion d'or passant et regardant l'étoile* (voir la reproduction dans l'*Album*), et sur le second plat le titre de l'ouvrage.

144. M. Tullius Cicero de Officiis ad Marcum Filium. *Lutetiae, typis Jos. Barbou*, 1773, in-32, texte encadré, une charmante figure par Moreau gr. par Le Mire, mar. r. à long grain, dos orné, fil. tr. dor. (*Rel. anc.*)

Noël Lemire, graveur au burin, né à Rouen en 1724, mourut à Paris en 1801.

145. M. Tullii Ciceronis de Amicitia dialogus, ad T. P. Atticum. *Lutetiae, typis Jos. Barbou*, 1771, in-32, texte encadré, portrait de Cicéron gr. par Ficquet d'après Rubens, mar. r. dos orné, fil. tr. dor. (*Rel. anc.*)

146. Selecta Senecae philosophi opera, in gallicum versa, opera & studio P. F. X. D. (P. Fr. Xavier Denis). *Parisiis, typis J. Barbou*, 1761, 2 parties en 1 vol. in-12, texte latin et français, mar. r. dos orné, fil. large dent. tr. dor. (*Derome le jeune.*)

Exemplaire sur PAPIER FIN. — Étiquette de *Derome le jeune, rue St. Jacques au dessus de St. Benoit, seul possèdent l'établissemt. de Déffunt son Père.*

Les coins de la reliure sont un peu fatigués.

147. La Logique ou l'Art de penser, contenant, outre les règles communes, plusieurs observations nouvelles propres à former le jugement (par Ant. Arnauld et P. Nicole). *A Paris, chez Charles Savreux*, 1662, in-12, mar. r. dos orné, fil. dent. int. tr. dor. (*Rel. anc.*)

ÉDITION ORIGINALE.

Exemplaire aux armes et au chiffre du comte d'HOYM. — Piqûre de ver à l'angle supérieur des ff.

148. Pensées sur l'interprétation de la nature (par D. Diderot). *S. l.* (*Paris*), 1754, in-12, mar. r. dos orné, fil. tr. dor. (*Rel. anc.*)

On lit sur le premier plat de la reliure l'inscription suivante : *Bibliothèque de Houlbec*, frappée en lettres d'or.

149. De la Recherche de la vérité, où l'on traitte de la nature de l'esprit de l'homme, & de l'usage qu'il en doit faire pour éviter l'erreur dans les sciences (par le P. Nic. Malebranche). Seconde édition. *A Paris, chez André Pralard*, 1675, 2 vol. in-12, fig. mar. r. dos orné, fil. et comp. à la Du Seuil, tr. dor. (*Rel. anc.*)

SECONDE ÉDITION ORIGINALE du tome I et ÉDITION ORIGINALE du tome II. Exemplaire grand de marges. Hauteur : 163 millim.

150. L'Homme considéré en lui-même (par Coutan). *Paris, Nyon fils*, 1753, in-12, mar. r. dos orné, fil. dent. int. tr. dor. (*Rel. anc.*)

Exemplaire aux armes du Maréchal de RICHELIEU.

151. Histoire philosophique de l'homme (par l'abbé Millot). *A Londres, chez Nourse*, 1766, in-8, réglé, front. par Boucher, gr. par Moreau, fleuron gr. par Duflos, mar. r. dos orné, fil. large dent. de feuillage et de fleurs, tr. dor. (*Rel. anc.*)

Exemplaire sur GRAND PAPIER FIN.

152. Le Discernement du corps et de l'âme, en six discours, pour servir à l'éclaircissement de la physique. *Paris, Lambert*, 1666, in-12, mar. r. dos orné, fil. et comp. à la Du Seuil, tr. dor. (*Rel. anc.*)

L'auteur de cet ouvrage, Géraud de Cordemoy, membre de l'Académie française, en a signé la dédicace au Roi.

Exemplaire aux armes d'un membre de la famille de CROZAT, surmontées d'une couronne de comte.

153. Discours de la connoissance des bestes, par le P. Ignace Gaston Pardies, de la Compagnie de Jésus. Seconde édition. *Paris, Sébastien Mabre-Cramoisy*, 1678, in-12, mar. olive, dos orné, fil. tr. dor. (*Rel. anc.*)

Timide réfutation du système de Descartes ; elle eut un assez grand succès à son apparition.

Exemplaire aux armes de Claude-Antoine, marquis de CHOISEUL-BEAUPRÉ.

154. Morale de Moyse, pour servir de suite à la Collection des Moralistes, par M. le Vicomte de Toustain. *Rome et Paris, Lamy*, 1784, in-18, mar. r. à long grain, dos orné, fil. dent. sur les plats et dent. int. tr. dor. (*Rel. anc.*)

Charles-Gaspard, vicomte de Toustain-Richebourg, fils de Gaspard-Grançois, gentilhomme normand, naquit à Pithiviers (Loiret), en 1746 et mourut à St-Martin du Manoir, près Montivilliers (Seine-Inférieure) en 1836.

155. Collection des Moralistes anciens, dédiée au Roi. *A Paris, chez Didot l'aîné et De Bure l'aîné*, 1782-83, 12 vol. in-18, mar. r. dos orné, fil. tr. dor. (*Rel. anc.*)

Manuel d'Épictète. — Pensées morales de Confucius. — Pensées morales de divers auteurs chinois. — Pensées morales d'Isocrate.

— Morale de Sénèque, 3 vol. — Pensées morales de Cicéron. — Caractères de Théophraste, et Pensées morales de Ménandre. — Sentences de Théognis, de Phocylide, de Pythagore et des Sages de la Grèce. — Les Entretiens mémorables de Socrate, 2 vol.

Éraflure à la reliure de deux volumes.

156. Le Mirouer de || prudence contenant plusieurs || sentences, apophthegmes, || et dictz moraulx, des || sages anciens. || *A Rouen, aux bouticques de Ro||bert et Jehan Dugort frères.* || 1546. || (A la fin :) ...*Nouvellement imprimé à Rouē, par Nicolas le Roux, pour Robert et Jehan Dugort frères, libraires*, 1546, in-16 de 80 ff. ch. nombr. fig. sur bois, mar. r. foncé jans. dent. int. tr. dor. (*Raparlier.*)

PREMIÈRE ÉDITION publiée séparément de la seconde partie du *Conseil des sept sages de la Grèce*. Elle est fort rare et est ornée de plus de 80 figures et vignettes gravées sur bois.

Légers raccommodages au titre; le septième f. manque et est remplacé par un f. blanc.

157. Epicteti Enchiridion, hoc est, Pugio sive, Ars humanæ vitæ correctrix. Item Cebetis Thebani Tabula, qua vitæ humanæ prudenter instituendæ continetur : græce et latine. *Antverpiæ, Christ. Plantini*, 1578, 87 pp. — Naphsi Phileloai, autoris græci, Παραγγέλματα a Jacobo Blanchono latinè facta, et commentarijs explicata. *Lugduni, apud Joan. Tornæsium*, 1553, 62 pp. plus 1 f. non ch. — Ens. 2 ouvrages en 1 vol. in-16, mar. olive, dos orné, fil. tr. dor. (*Rel. anc.*)

Édition peu commune et non citée par Brunet, du *Manuel* d'Epictète. — Le second ouvrage, très rare, renferme le texte grec des maximes, ou préceptes, de Scythen, roi de Thèbes, avec la version latine et un commentaire de Jacques Blanchon. Dans une épître placée en tête de l'ouvrage ce dernier nous apprend qu'il a tiré ces maximes de l'histoire de Scythen, écrite en grec par Naphsus Phileloaüs et imprimée à Venise, d'après un manuscrit du Vatican.

Exemplaire au chiffre et aux premières armes de J.-A. DE THOU.

158. Anic. Manl. Torq. Sever. Boethii de Consolatione philosophiæ libri quinque. Recensuit, emendavit, edidit, Johan. Eremita. *Parisiis, sumptibus Lamy*, 1783, 3 vol. in-12, front. en couleur, mar. violet à long grain, dos orné, fil. doublé et gardes de moire crème, dent. non rog.

Bel exemplaire de Ant.-Aug. RENOUARD, tiré sur VÉLIN, et enrichi d'un joli DESSIN original en couleur servant de frontispice.

159. Le doctrinal de sapience, *s. d.* :

Le doctrinal de sapience
qui cōtient les trois estâts du monde: Nouuellemēt imprī-
me a Rouen.

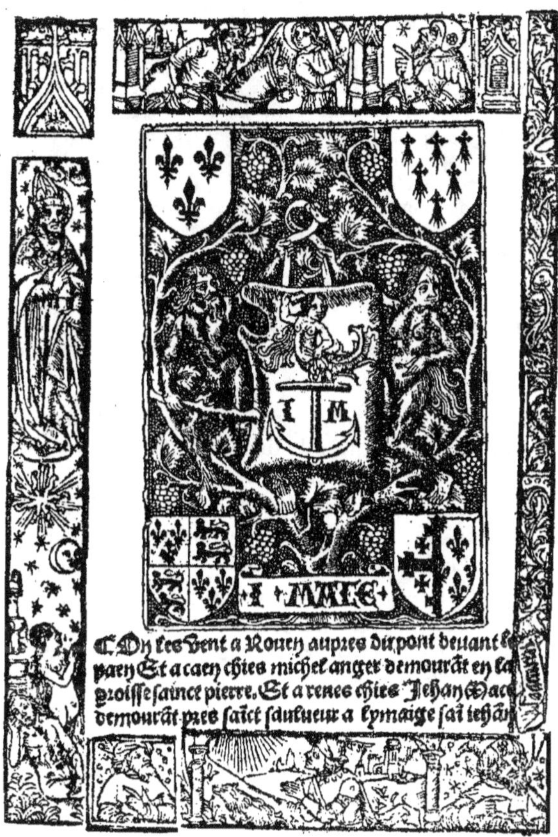

¶ On les vent a Rouen aupres du pont deuant le
paren Et a caen chies michel anger demourāt en la
paroisse saincte pierre. Et a renes chies Jehan Mace
demourāt pres saict sauueur a lymaige saī iehā

(A la fin :) *Imprime a Rouen par Guil*||*laume Gaullemier demourant* || *au dit lieu pour Michel angier* || *libraire demourant a Caen.* || *Et pour Jehan mace libraire* || *demourāt a Renes pres sainct* || *sauueur a limaige sainct iehan*

‖ *levangeliste.* ‖ *s. d.* pet. in-4 goth. mar. r. dos orné, fil. et comp. à la Du Seuil, dent. int. tr. dor. *(Koehler.)*

Édition extrêmement rare d'un ouvrage de morale qui eut un grand succès aux XVe et XVIe siècles, si l'on en juge par les nombreuses impressions qui en furent faites; il fut même traduit en anglais. Composé primitivement en latin vers 1385 par Gui de Roye, archevêque de Sens, que M. Frère (*Manuel du bibliog. normand*, II, 59) dit avoir été évêque de Sées, il fut traduit en français par un religieux de Cluny; le texte original n'a pas été imprimé et on n'en connaît aucun manuscrit.

Le volume se compose de 72 ff. non ch. imprimés sur 2 col. de 38 lignes, signat. a-m par 6 ff. Le texte commence immédiatement au v° du prem. f. par un prologue et une table et se termine au bas de la première colonne du r° du dernier f. dont le v° est occupé par la marque de Jean Macé qui figure au titre, mais les bois qui l'entourent sont ici différents et tirés en noir au lieu d'être en rouge; cette marque, sauf les changements d'initiales est la même que celle de Robinet Macé, imprimeur à Rouen (Silvestre, n° 134). Les trois premières lignes du titre sont imprimées en rouge. Notre exemplaire, *le seul cité par Brunet* (IV, col. 1487), provient des bibliothèques SALMON (1857), LIBRI (1859) et YEMENIZ (1867); il est grand de marges, mais a quelques petits trous de vers bouchés. — Hauteur : 193 mill.

160. LES ESSAIS DE MICHEL, SEIGNEUR DE MONTAIGNE. Édition nouvelle, trouvée après le deceds de l'Autheur, reveuë & augmentée par luy d'un tiers plus qu'aux precedentes impressions. *A Paris, chez Abel L'Angelier*, 1595, 2 parties en 1 vol. in-fol. mar. br. dos orné, fil. dent. int. tr. dor. (*Auguste Petit.*)

Édition définitive donnée par Mlle de Gournay sur les manuscrits de Montaigne. Elle est rare et recherchée et, selon Mr Payen, la plus correctement exécutée. Les pp. 63 et 64 sont du premier tirage et n'ont pas le carton contenant en plus un passage de 22 lignes. Le f. 69-70 n'est pas cartonné et commence à la p. 70, ligne 4e, par les mots *que une*.

Bel exemplaire, grand de marges, contenant l'*Avis au lecteur* au verso du dernier f. de la table. — On y a joint une Notice du Dr Payen.

161. LES ESSAIS DE MICHEL, SEIGNEUR DE MONTAIGNE. Nouvelle édition enrichie d'anotations en marge, corrigée et augmentée d'un tiers outre les précédentes impressions; avec une table très ample des noms et matières remarquables et signalées, plus la vie de l'autheur extraite de ses propres escrits. *A Paris*, *chez la veufve Dominique Salis*,

1608, fort vol. in-8 de 8 ff. prél. non ch. 1129 pp. et 18 ff. non ch. titre-front. et portrait, mar. olive, riches comp. de feuillage sur le dos et les plats, tr. dor. (*Rel. anc.*)

Édition très rare, imprimée en petits caractères et ornée d'un titre-frontispice gravé par Edme Charpy et d'un joli portrait de Montaigne, gravé par Thomas de Leu.

Exemplaire placé dans une très belle reliure entièrement dorée, couverte sur le dos et les plats d'entrelacs, de feuillages et de fleurs. Nous donnons, dans l'*Album*, une reproduction de ce magnifique spécimen du style nommé *à la fanfare*. (Voir : Thoinan. *Les Relieurs français*, pp. 142-145.)

162. De la Sagesse, par Charron. *A Paris, chez Jean Servières*, 1783; in-8, front. et portrait gr. mar. r. dos orné, fil. comp. doublé et gardes de moire verte, dent. tr. dor. (*Rel. anc.*)

163. Reflexions ou Sentences et Maximes morales (par François de La Rochefoucauld, avec un Discours, par Segrais.) *A Paris, chez Claude Barbin*, 1665, in-12, front. gr. mar. brun jans. dent. int. tr. dor. (*Chambolle-Duru.*)

Édition originale comprenant 24 ff. prélim. non ch. 150 pp. (de 23 lignes) et 5 ff. non ch.

164. Reflexions ou Sentences et Maximes morales (par François de La Rochefoucauld, avec un discours sur les Réflexions par Jean Regnauld sieur de Segrais). *A Paris, chez Claude Barbin*, 1665, in-12, mar. r. dos orné, fil. dent. int. tr. dor. (*Hardy-Mennil.*)

Contrefaçon de l'édition originale, comprenant 23 ff. prélim. non ch., 100 pp. et 4 ff. non ch. ; 26 lignes à la page pleine du texte. Bel exemplaire.

165. Réflexions ou Sentences et Maximes morales (par François de La Rochefoucauld). Cinquième édition, augmentée de plus de cent nouvelles Maximes. *A Paris, chez Claude Barbin*, 1678, in-12, mar. r. dos orné, fil. dent. int. tr. dor. (*Allô.*)

Dernière édition originale publiée du vivant de l'auteur; elle contient le texte définitif qui a été suivi par les divers éditeurs de La Rochefoucauld.

Exemplaire très grand de marges, *avec témoins*. — Hauteur: 159 mill.

166. Sydrach, le grant philosophe, *s. d.* :

Sydrach le grant philoſophe, Fontaine de Toutes ſciences Contenãt Mil. Quatre vigtz ꝛ quatre dẽmãdes Et les ſollutiõs dicelles: cõme il appert en la table ſequẽte. Imprime nouuellemẽt a paris. xxxi.

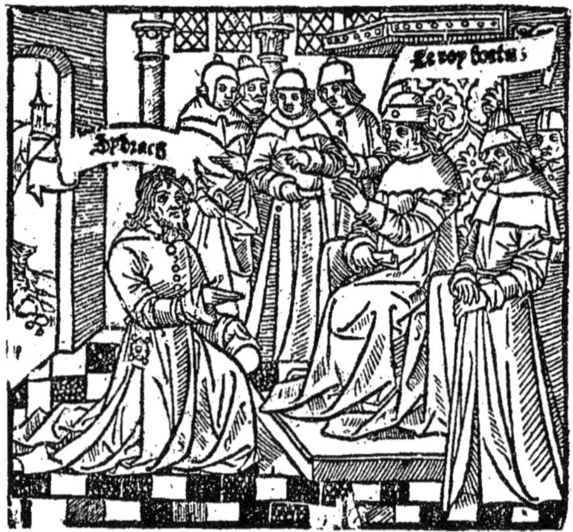

¶ On les vẽd a Paris en la rue neufue noſtre dame. A lenſeigne de leſcu de France.

(A la fin :) ¶ *Cy finist le livre de Sydrach grant philosophe ꝛ prophète... Nouvellement imprimé à Paris, par la veufve feu Jehan Trepperel, demourant en la rue neufve nostre dame a lẽseigne de lescu de France, s. d.*

in-4, goth. à 2 col. de 18 ff. prél. non ch. et 144 ff. non ch. fig. sur bois, mar. brun jans. dent. int. tr. dor. (*Chambolle-Duru.*)

Édition peu commune de ce livre curieux, où à des demandes fort singulières sont faites des réponses plus singulières encore. Elle est ornée de 3 figures sur bois, dont une sur le titre imprimé en rouge et noir. — Marque de l'imprimeur au verso du dernier f. (*Silvestre*, n° 74).

167. De l'Usage des Passions, par le R. P. I. F. Senault, prestre de l'Oratoire. Dernière édition. *Suivant la copie imprimée à Paris*, 1643, in-12, titre-front. gr. mar. r. dos orné, fil. tr. dor. (*Thompson.*)

Véritable elzevier de Leyde. (Willems, *les Elzevier*, n° 559.)
Légère cassure au dos de la reliure.

168. Traité de l'Amitié, par Mr. de Sacy. *A La Haye, chez Louïs & Henry Van Dole*, 1703, in-12, mar. olive jans. dent. int. tr. dor. (*Chatelin.*)

PREMIÈRE ÉDITION.

169. Traité de l'amitié, par M. de Sacy. Nouvelle édition, revue et corrigée. *A Paris, chez Bailly*, 1774, in-12, mar. r. dos orné, fil. tr. dor. (*Derome.*)

Exemplaire de VICTOR FOUCHER, avec son *ex-libris*.

170. De l'Amitié (par Mme d'Arconville). *A Amsterdam & se trouve a Paris, chez Desaint & Saillant*, 1761, in-8, 1 pl. gr. par Lempereur, mar. vert, dos orné, fil. et comp. dent. int. tr. dor. (*A Chatelin.*)

PREMIÈRE ÉDITION.
La planche est remontée. — Quelques taches.

171. Discours sur l'emploi du loisir (par Antoine Pecquet). *A Paris, chez Nyon fils*, 1739, in-8, mar. r. dos orné, fil. tr. dor. (*Rel. anc.*)

L'auteur de ce livre, Antoine Pecquet, fut grand maître des eaux et forêts de Rouen.
Exemplaire aux armes d'une demoiselle de la famille BIAUDOS DE CASTEJA. Le dos de la reliure est un peu restauré.

172. Johannis Robeck... de morte voluntaria exercitatio sive examen calumniarum, nugarum et fallaciarum...

Perpetuis animadversionibus notavit præfatus est et indicem rerum addidit Johannes Nicolaus Funccius Marburgensis. *Marburgi, apud Philipp. Casimir Müller*, 1753, in-4, mar. r. dos orné, fil. tr. dor. (*Rel. anc.*)

Seconde édition de ce traité écrit en faveur du suicide. Voir à ce sujet une note manuscrite sur le feuillet de garde qui dit entre autres choses que l'auteur s'est tué après l'avoir composé posément.

Ex-libris ancien gravé et armorié d'*Alexis Ferreol Perrin de Sanson, Ecuïer de Marseille.*

173. Les Caractères par Madame de Puisieux. *A Londres*, 1750-1751, 2 parties en 1 vol. in-8, mar. vert, dos orné, fil. tr. dor. (*Rel. anc.*)

174. Direction pour les bonnes mœurs. — Pet. in-8 de 100 ff. mar. r. fil. comp. et milieu estampés et dorés. (*Reliure orientale, genre portefeuille.*)

Manuscrit arabe du xviiie siècle, écrit sur papier de riz, en caractères *nelki* d'une exécution remarquable. Il est orné de bordures et d'un motif de fleurs aux deux premiers ff. et de deux miniatures en or et couleur représentant des intérieurs d'appartements.

Ex-libris de Yemeniz.

175. Discours sur la Bienséance, avec des maximes & des réflexions tres-importantes et tres-nécessaires pour réduire cette vertu en usage (par Jean Pic). *A Paris, chez la veuve de Sébastien Mabre-Cramoisy*, 1688, in-12, mar. r. dos orné, fil. tr. dor. (*Rel. anc.*)

Première édition.

Piqûres de vers à la marge inférieure de plusieurs ff.

176. Conversations inédites de Madame la marquise de Maintenon, précédées d'une notice historique, par M. de Monmerqué. *Paris, Blaise*, 1828, in-8, mar. violet, à long grain, dos orné, 6 fil. sur les plats, tête dor. non rog. (*Thompson.*)

Les *Conversations* de Madame de Maintenon ont été publiées pour la première fois en 1757 sous le titre de *Loisirs de Madame de Maintenon*. Dans l'*Avertissement*, M. de Monmerqué dit que ces *Conversations* sont l'ouvrage le plus propre à éclairer les jeunes personnes sur la conduite qu'elles ont à tenir dans le monde, sur les défauts qu'elles doivent éviter et sur les vertus qui font le principal ornement de leur sexe. Elles y puiseront des idées justes sur les bienséances...

Exemplaire sur papier rose.

177. Discours sur le Gouvernement, par Algernon Sidney, traduits de l'anglais, par P. A. Samson. Nouvelle édition, conforme à celle de 1702. *Paris, Josse, an* 2 (1793), 3 vol. in-8, portr. gr. mar. r. dos orné, large dent. tr. dor. (*Rel. anc.*)

Exemplaire aux armes de Louis THIROUX DE CROSNE, conseiller d'État, maître des requêtes, *intendant général de Normandie*, lieutenant-général de police à Paris.

178. S. Patris Nostri Theophylacti, archiepiscopi Bulgariæ, Institutio Regia... Interprete Petro Possino, Soc. Jesu. *Parisiis, e Typographia Regia*, 1651, in-4, texte grec et latin, mar. r. dos orné, fil. et comp. à la Du Seuil, (*Rel. anc.*)

Exemplaire réglé, aux armes de Marc-Antoine MAZENOD, échevin de la ville de Lyon. — Restauration au bas du dos de la reliure.

179. Résolution claire et facile sur la question tant de fois faite de la prise des armes par les inférieurs : où il est monstré par bonnes raisons, tirées de tout droit divin et humain, qu'il est permis et licite aux princes, seigneurs et peuples inférieurs, de s'armer, pour s'opposer et résister à la cruauté et felonnie du Prince supérieur, voire mesme nécessaire, pour le debvoir duquel on est tenu au pays et Republique (attribué à Odet de La Noue). *A Basle, par les héritiers de Jehan Oporin*, 1575, 104 pp. — Du Droit des Magistrats sur leurs subjets. Traitté très-nécessaire en ce temps pour advertir de leur devoir, tant les Magistrats que les subjets : publié par ceux de Magdebourg l'an M.D.L. et maintenant reveu et augmenté de plusieurs raisons et exemples. *S. l.* 1575, 126 pp. — Ens. 2 ouvrages en 1 vol. in-8, mar. olive, dos orné, fil. tr. dor. (*Thouvenin.*)

Le premier ouvrage est fort rare et curieux et est ici en ÉDITION ORIGINALE.

180. Mémoire sur les moyens de corriger les malfaiteurs et fainéans à leur propre avantage et de les rendre utiles à l'Etat, proposé à l'Assemblée des Députés par le vicomte Vilain XIIII et présenté aux corps et administrations des Etats de Flandres, au mois de janvier 1775. *Gand, Pierre de Goesin, s. d.* (1775), in-4, texte encadré, 4 plans gr. et

montés sur onglets, représentant un projet de maison de correction, mar. r. dos orné, dent. tr. dor. (*Rel. anc.*)

Exemplaire aux armes de l'auteur, le vicomte J.-J.-Ph. VILAIN XIV, bourgmestre de Gand et grand-bailli de Flandre, accompagnées de sa devise : *Sævit et emendat.*

181. Règlemens de la Compagnie de Messieurs qui travaillent à la délivrance des pauvres prisonniers pour dettes dans toutes les prisons. *Paris, Butard*, 1774, in-12, de 2 ff. prél. et 47 pp. mar. r. dos orné à petits fers, fil. dent. int. tr. dor. (*Padeloup.*)

L'Œuvre de la délivrance des prisonniers pour dettes fut fondée par Marie des Landes, mariée en 1597 à Chrétien de Lamoignon, seigneur de Basville, président au Parlement.

Bel exemplaire aux armes de Madame DE LAMOIGNON DE MALESHERBES.

182. De l'Industrie françoise, par M. le Comte Chaptal. *Paris, Renouard*, 1819, 2 vol. in-8, mar. vert à long grain, dos orné, dent. tr. dor. (*Rel. de l'époque.*)

Exemplaire aux armes de la DUCHESSE DE BERRY.

183. Idées préliminaires, et prospectus d'un ouvrage sur les Pêches maritimes de France, par M. Lemoyne, maire de la ville de Dieppe. *Paris, Impr. Royale*, 1777, in-8, de 56 pp. mar. r. dos orné, large dent. tr. dor. (*Rel. anc.*)

L'auteur de cet ouvrage, S.-Clément Le Moyne, né à Bertreville, le 31 décembre 1727 et mort le 28 juillet 1806, fut maire de Dieppe et député au Corps législatif.

Exemplaire placé dans une reliure aux armes de Gabriel DE SARTINE, lieutenant-général de la police.

II. — SCIENCES NATURELLES ET MÉDICALES

184. Dictionnaire raisonné universel d'Histoire naturelle, contenant l'Histoire des animaux, des végétaux et des minéraux, et celle des corps célestes, des météores et des autres principaux phénomènes de la nature... par M. Valmont de Bomare... Nouvelle édition revue et augmentée.

A Paris, chez Lacombe, 1767-1768, 6 vol. in-8, mar. r. dos orné, fil. dent. int. tr. dor. (*Rel. anc.*).

Exemplaire aux armes de la Comtesse de PROVENCE (Marie-Joséphine-Louise de Savoie, femme de Louis XVIII).

Jacques-Christophe Valmont de Bomare, célèbre naturaliste, membre de l'Institut, naquit à Rouen en 1731 et mourut à Paris en 1807.

185. LEÇONS ÉLÉMENTAIRES D'HISTOIRE NATURELLE, par demandes et par réponses, à l'usage des enfans, par M. Cotte, prêtre de l'Oratoire... *Paris, Barbou*, 1784, in-12, mar. r. dos orné, fil. tr. dor. (*Rel. anc.*)

PRÉCIEUX EXEMPLAIRE aux armes de LOUIS XVII, alors DUC DE NORMANDIE, provenance des plus rares.

L'auteur, en le présentant au jeune prince (vers 1789), y joignit une dédicace imprimée en caractères italiques, adressée « à S. A. R. Monseigneur le Duc de Normandie ».

186. Description méthodique d'une collection de minéraux du cabinet de M. D. R. D. L. (de Romé de Lisle). Ouvrage où l'on donne de nouvelles idées sur la formation et la décomposition des mines... par M. De Romé Delisle... *Paris, Didot jeune et Knapen*, 1773, in-8, front. par Monnet, gr. par Saint-Aubin, mar. r. dos orné, fil. angles fleurdelisés, tr. dor. (*Rel. anc.*)

Exemplaire aux armes de Louise-Adélaïde de BOURBON-PENTHIÈVRE, DUCHESSE D'ORLÉANS, épouse de Philippe-Égalité. Il passa ensuite dans la bibliothèque du Roi LOUIS-PHILIPPE Ier, dont il porte le timbre sur le titre, puis dans celle de A. DINAUX.

187. Le parfaict joaillier, ou Histoire des pierreries où sont amplement descrites leur naissance, juste prix, moyen de les cognoistre, & se garder des contrefaites, facultez medecinales, & proprietez curieuses, composé par Anselme Boece de Boot, médecin de l'empereur Rodolphe II, et de nouveau enrichi de belles annotations, indices & figures, par André Toll (trad. du latin par J. Bachou). *A Lyon, chez Jean Antoine Huguetan*, 1644, in-8, 2 tableaux hors texte et fig. sur bois, mar. r. dos orné, fil. tr. dor. (*Rel. anc.*)

Ouvrage curieux.

Piqûre de vers dans la marge extérieure des premiers ff.

188. Anatomie des plantes, qui contient une description exacte de leurs parties et de leurs usages... traduite de

l'anglois de Monsieur Grew (par Louis Le Vasseur). *A Paris, chez Lambert Roulland*, 1675, in-12, front. gr. 14 fig. sur cuivre et vign. mar. vert, dos orné, fil. et angles dorés, doublé d'étoffe ancienne à ramages, tr. dor. (*Rel. anc.*)

Bel exemplaire réglé, aux armes de Marie-Yves Desmaretz, comte de Maillebois, lieutenant-général du Haut-Languedoc.

189. Mémoires pour servir à l'histoire des plantes, dressez par M. Dodart. *A Paris, de l'Imprimerie Royale*, 1676, in-fol. max. front. 1 vign. 1 lettre ornée et 1 cul-de-lampe gr. d'après S. Le Clerc, 39 fig. gr. à pleine page, par N. Robert et A. Bosse, mar. r. dos orné, fil. et comp. tr. dor. (*Rel. anc.*)

Exemplaire aux armes et au chiffre de Louis XIV. — Mouillure.

190. Hesperides sive de malorum aureorum cultura et usu libri quatuor Jo. Baptistae Ferrarii, Senensis. *Romae, sumptibus Hermanni Scheus*, 1646, in-fol. front. et 100 pl. mar. r. dos orné, fil. comp. à la Du Seuil, tr. dor. (*Rel. anc.*)

Ouvrage recherché pour les figures dont il est orné.
Double de la Bibliothèque de Vienne.

191. L'Histoire naturelle éclaircie dans une de ses parties principales, la Conchyliologie, qui traite des coquillages de mer, de rivière et de terre. Ouvrage dans lequel on trouve une nouvelle méthode latine & françoise de les diviser, augmenté de la Zoomorphose. Nouvelle édition enrichie de figures dessinées d'après nature... par M*** (Desallier d'Argenville). *A Paris, chez De Bure*, 1757, 2 parties en 1 vol. in-4, 1 front. par Boucher gr. par Chedel, et nombr. planches gr. mar. r. dos orné, fil. tr. dor. (*Rel. anc.*)

Bel exemplaire sur GRAND PAPIER, avec les planches COLORIÉES.

192. La Curiosité naturelle, rédigée en questions selon l'ordre alphabétique par M. Scipion Du Pleix... *A Rouen, chez Louis Loudet, ruë aux Juifs, près le Palais*, 1625, in-12, mar. orange, dos orné, fil. dent. int. tr. dor. (*Hardy.*)

Ouvrage rempli de questions curieuses et très souvent singulières. — 10 ff. prélim. non ch. 493 pp. 1 p. et 3 ff. non ch. pour la Table. Exemplaire de P. Desq, avec son *ex-libris*.

193. Examen de la Houille, considérée comme engrais des terres, par M. Raulin, docteur en médecine. — Examen des Coquilles et du Tuf de la Touraine, considérés comme engrais des terres, par M. Raulin. — *Paris, Vincent*, 1775-1776. — Ens. 2 ouvrages en 1 vol. in-12, mar. r. dos orné, fil. tr. dor. (*Rel. anc.*)

Exemplaire aux armes de Le Tellier de Souvré, marquis de Louvois, colonel du régiment du Royal Roussillon, avec l'*ex-libris* de François-César Le Tellier, marquis de Courtanvaux, capitaine-colonel des Cent-Suisses.

---

194. Hippocratis coi Aphorismi et Prænotionum liber (en grec et en latin). Iterum recensuit Eduard.-Franc.-Mar. Bosquillon... Adjectæ sunt anonymi autoris Institutiones Ionicæ Medicæ. *Parisiis, apud Crochard*, 1814, in-18, mar. grenat à long grain, dos orné, fil. et encadrem. dorés, dent. int. tr. dor.

Exemplaire sur peau de vélin.

195. Erreurs populaires sur la Médecine; ouvrage composé pour l'instruction de ceux qui ne professent pas cette science, avec l'explication des termes de l'art dont on n'a pu se dispenser de se servir, par M. d'Iharce, écuyer, docteur en médecine et médecin brevété du Roi. *A Paris, chez Mequignon l'aîné*, 1783, in-12, mar. r. dos orné, fil. tr. dor. (*Rel. anc.*)

Exemplaire aux armes du chancelier Hue de Miroménil premier président au parlement de Normandie en 1757.

196. L'Anatomie de l'homme, suivant la circulation du sang, et les dernières découvertes, démontrée au jardin royal par Mr Dionis, premier chirurgien de Madame la Dauphine... *Paris, Laurent d'Houry*, 1691, in-8, 19 pl. gr. mar. r. dos orné, fil, tr. dor. (*Boyet.*)

Exemplaire aux armes de Louis de France, duc de Bourgogne, puis Dauphin, mort en 1712.

197. De Coloribus oculorum Simonis Portii Neapolitani. *Florentiæ, apud Laurentium Torrentinum*, 1550, in-4 de 57 pp. et 1 f. blanc, mar. r. dos orné au pointillé, fil. dent. int. tr. dor. (*Padeloup.*)

Très bel exemplaire.

198. Dialogue de la vie et de la mort, composé en toscan par maistre Innocent Ringhier, gentilhomme Boulongnois, nouvellement traduit en françoys par Jehan Louveau, recteur de Chastillon de Dombes. *A Lyon, de l'Imprimerie de Robert Granjon*, 1557, in-8 de 80 ff. non ch. mar. noir jans. dent. int. tr. dor. (*Hardy-Mennil.*)

Première Édition, rare. Elle est imprimée avec les caractères cursifs dits *de civilité*, inventés par Robert Granjon et imitant parfaitement l'écriture française en usage au milieu du xvie siècle.
Bel exemplaire, grand de marges.

199. La Vie de l'Homme, respectée et défendue dans ses derniers momens, ou Instruction sur les soins qu'on doit aux morts et à ceux qui paroissent l'être; sur les funérailles et les sépultures (par Thiery). *Paris*, *Debure*, 1787, in-8, mar. r. dos orné, fil. dent. int. tr. dor. (*Rel. anc.*)

Bel exemplaire sur grand papier aux armes de CATHERINE II, Impératrice de Russie, provenance très rare; il porte en outre, l'*ex-libris* du comte de Lambilly.

200. Aglossostomographie, ou Description d'une bouche sans langue, laquelle parle et faict naturellement toutes ses autres fonctions, par Me Jacques Roland Sr de Belebat, chirurgien de Monseigneur le Prince... et Juré à Saumur. *A Saumur, pour Claude Girard et Daniel de l'Erpiniere*, 1630, in-8, mar. r. dos orné, fil. tr. dor. (*Derome.*)

Exemplaire du comte de La Bédoyère, de ce livre curieux.

201. Liber de qnta Essentia. — In-fol. de 30 ff. à 2 col. cart.

Manuscrit du xive siècle renfermant de nombreux secrets ou recettes mystérieuses, un formulaire de médecine, quelques notions d'alchimie, etc.
Il est orné sur le premier f. d'une grande initiale peinte en bleu, rouge, vert et or et de deux cartouches renfermant de jolies arabesques peintes en rouge, violet, vert et bistre sur fond bleu. De nombreuses majuscules rouges et bleues décorent en outre le texte, dont la fin semble manquer.

202. Le Tresor des pauvres, 1529 :

Le Tresor des poures: parlant des maladies venans
aux corps humais. Et des
remedes ordonnez contre icelles.
Auecques la cyrurgie et plusieurs
autres nouuelles praticq̃s. Selon
Maistre Arnoult de Villenoue et
Maistre Girard de solo / docteurs
en medecine de montpellier. Nouuellement corrige et amende.

On en trouuera a Caen a limai-
ge saint Michel prez les cordeliers.

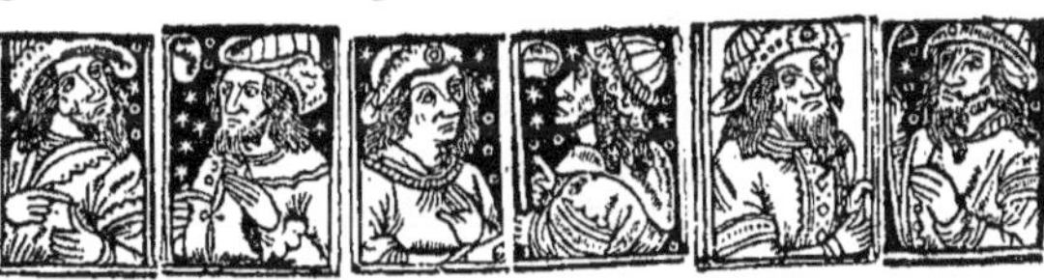

(A la fin :) ‖ ℂ *Cy fine ce present* ‖ *livre intitule le Tresor des poures.* ‖ *Nouvellemẽt imprime a Rouen* ‖ *par Estienne dasne Impri*‖*meur demourant audit* ‖ *lieu. Pour Michel*‖ *anger libraire* ‖ *demourant a Caen* ‖ *a* ‖ *lenseigne* ‖ *du mont saint* ‖ *Michel : au prez des grã*‖*des Escolles. Et fut acheve en* ‖ *lan mil cinq centz vingtneuf. Le XXVII* ‖ *iour*

du moys de octobre. ‖ In-4 goth. mar. r. fil. dent. int. tr. dor. (*Niedrée*.)

Édition de toute rareté comprenant 8 ff. non ch. pour le titre, imprimé en rouge, sauf les ornements qui sont en noir, la table et le commencement du texte (1 col et 10 pp.); 128 ff. ch. — Le texte, imprimé sur 2 col. de 39 lignes, commence immédiatement au v° du titre et se termine au r° du dernier f. dont le v° est occupé par une petite vignette représentant la Vierge, l'Enfant Jésus et deux anges, entourée d'ornements typographiques ou des petites têtes que l'on voit sur le titre.

Dans son ouvrage sur l'*Imprimerie à Rouen* (p. 40), M. Frère ne paraît avoir connu Étienne Dasne que d'après la présente édition de cet ouvrage, qu'il n'a sans doute jamais vue.

Exemplaire de Yemeniz, avec quelques petits raccommodages. — Hauteur : 180 mill.

203. Le Benefice commun de tout le monde, ou commodité de vie d'un chascun, pour la conseruation de santé. Remedes segretz tirées des plantes contre toutes maladies. *A Rouen, pour Robert du gort, au portail des Libraires*, 1558, 2 parties en 1 vol. in-16, mar. grenat, dos orné, milieu de feuillages, dent. int. tr. dor. (*Chambolle-Duru*.)

Petit livre de médecine populaire extrêmement rare, non cité par Brunet et par Frère. La *Première partie* comprend 32 ff. ch. et traite plus particulièrement de la vertu des aliments et de questions d'hygiène; le titre contient une figure sur bois représentant un médecin examinant une plante. La *Seconde partie*, qui a également 32 ff. ch., est un petit traité de thérapeutique par les simples, on y trouve *plusieurs souverainetez, contre toutes maladies retirees des plus excellents medecins anciens et modernes;* le titre porte la marque de Du Gort (Silvestre, n° 376).

Exemplaire *avec témoins*.

204. Traité des maladies les plus fréquentes et des remèdes spécifiques pour les guérir, avec la méthode de s'en servir pour l'utilité du public et le soulagement des pauvres. Nouvelle édition, revûe, corrigée et augmentée par M. Helvetius. *Paris, Le Mercier*, 1707, in-12, mar. r. dos orné, fil. à froid, tr. dor. (*Rel. anc.*)

Exemplaire aux armes de Louise-Élisabeth de Bourbon, princesse de Conti, femme de Louis-Armand de Bourbon, prince de Conti.

205. Essais sur neuf maladies également dangereuses : l'Apoplexie, la Paralysie, l'Asthme, la Pulmonie, le Catharre, le Rhumatisme, la Vérole, la Goutte et la Pierre,

avec un préservatif assuré de maladies vénériennes, par M. de Malon. *Paris, Boudet, Valleyre*, 1770, in-12, portr. gr. mar. r. dos orné, fil. doublé et gardes de papier étoilé d'or, tr. dor. (*Rel. anc.*)

Exemplaire aux armes de Moreau de Séchelles.

206. Le Manuel des Dames de charité, ou formules de médicamens, faciles à préparer, dressées en faveur des personnes charitables, qui distribuent des remèdes aux pauvres dans les villes et dans les campagnes, avec des remarques utiles pour faciliter la juste application des remèdes qui y sont contenus, et un Traité abrégé sur l'usage des différentes saignées. *A Orléans, chez N. Lanquement et à Paris, chez Debure, l'aîné*, 1747, in-12, mar. r. dos orné, fil. doublé et gardes de papier doré et étoilé, tr. dor. (*Rel. anc.*)

Première édition de cet ouvrage souvent réimprimé. La lettre dédicace, placée en tête, est signée : Arnault de Nobleville, Salerne, Loyré du Perron et Villac de Laval. Le second de ces auteurs, François Salerne, né à Saint-Gervais d'Asnières (Eure) en 1706, exerça la médecine à Orléans où il mourut en 1760.

207. Les Discours de chirurgie, pour l'explication des nouvelles machines pour les os, et pour la verole, ou maladie venerienne, lors qu'elle y fait des nodus et exostoses, et des anchyloses aux jointures; avec l'art de la guérir methodiquement par la seule application du mercure... par J. Michault, maistre chirurgien-juré à Paris. *A Paris, il se vend chez l'autheur... et au Palais, chez la veuve Bobin*, 1682, in-12, grande pl. gr. et pliée, mar. r. dos orné, fil. tr. dor. (*Rel. anc.*)

La grande planche qui accompagne ce volume, gravée par G. Ladame, est très curieuse. Elle représente l'auteur, Jean Michault, et son aide appliquant la machine de son invention, à un malade étendu sur un lit. On lit au-dessous : *Le Bailleur fidele ou le veritable Renoüeur des os, lequel montre par ses operations l'art qui dispute avec la nature estant representé opérant avec une nouvelle machine, donnée sous le tiltre de la belle medecine des os du corps humain fracturés et disloqués ou le miroüer des chirurgiens, recognuë tres utile au public, inventée...* Suit l'explication de la gravure. — Cette planche a 47 cent. 1/2 de long sur 41 cent. de large.

Exemplaire aux armes de Louis XIV, portant sur le dos de la reliure la lettre L surmontée de la couronne royale et une fleur de lis aux angles des plats. — La reliure est un peu défraîchie.

208. Le Royal Syrop de pommes, antidote des passions mélancholiques, par Gabriel Droyn, docteur en médecine. *A Paris, chez Jean Moreau*, 1615, in-8, mar. bleu, dos orné, fil. dent. sur les plats et dent. int. tr. dor. (*Bradel-Derome.*)

Ouvrage singulier dans lequel l'auteur passe en revue toutes les qualités du Cidre. C'est un livre de médecine dans lequel la science sert seulement de thème à des observations critiques, satiriques même, souvent très fines et toujours curieuses sur les usages, les habitudes et surtout les ridicules du temps. Il renferme également des considérations sur les sources thermales, minérales et autres.

Tache aux trois premiers ff. et moisissure attaquant la marge inférieure des trois derniers.

III. — SCIENCES MATHÉMATIQUES

209. Leçons élémentaires d'arithmétique, ou Principes d'analyse numérique, par M. Mauduit... *A Paris, chez l'auteur*, 1779, in-8, mar. r. dos orné, fil. tr. dor. (*Rel. anc.*)

Exemplaire aux armes de Jules François DE COTTE, président en la seconde Chambre des enquêtes au Parlement de Paris.

210. Analyse des infiniment petits par M. le Marquis de l'Hôpital, suivie d'un nouveau commentaire pour l'intelligence des endroits les plus difficiles de cet ouvrage par l'auteur du Guide des jeunes mathématiciens (l'abbé Aimé-Henri Paulian). *Paris, Moutard*, 1768, in-8, 8 pl. gr. et pliées, mar. r. dos orné, fil doublé et gardes de papier étoilé d'or, tr. dor. (*Rel. anc.*)

Exemplaire aux armes de Gabriel DE SARTINE, lieutenant-général de police.

211. L'Arpenteur forestier, ou Méthode nouvelle de mesurer, calculer et construire toutes sortes de figures, suivant les principes géométriques et trigonométriques, avec un traité d'arpentage appliqué à la réformation des forêts... par M. Guiot, garde-marteau de la maîtrise des eaux et forêts de Rambouillet. *Paris, Guillyn*, 1764, in-8, 7 pl. gr. pliées et montées sur onglets, mar r. dos orné, fil. tr. dor. (*Derome.*)

Bel exemplaire aux armes de MOREAU DE SÉCHELLES.

212. Traité des Annuités, ou des rentes à terme connu, avec plusieurs tables qui mettent à la portée de tout le monde le calcul des emprunts et les opérations de finance. Ouvrage présenté au Roi, le 8 juillet 1781, par M. de Parcieux. *A Paris, chez l'auteur*, 1783, in-4, mar. vert, dos orné, fil. dent. int. tr. dor. (*Derome.*)

Bel exemplaire aux armes de Georges-Louis Phélypeaux, archevêque de Bourges et chancelier de l'Ordre du Saint-Esprit.

Piqûre de ver à un des nerfs du dos de la reliure.

213. Histoire du Ciel considéré selon les idées des poëtes, des philosophes et de Moïse... (par Noël Pluche). *A Paris, chez la Veuve Estienne*, 1739, 2 vol. in-12, 1 front. et 24 pl. dessinées et gr. par Le Bas, mar. r. dos orné, fil. tr. dor. (*Rel. anc.*)

214. Entretiens sur la pluralité des Mondes, par Fontenelle, de l'Académie française. *A Dijon, de l'Imprimerie de P. Causse, An* 2 (1793), pet. in-8, pap. vélin, portr. gr. par Saint-Aubin d'après Le Moyne, mar. vert, dos orné, fil. doublé et gardes de moire rose, dent. tr. dor. (*Courteval.*)

Bernard Le Bovier ou Le Bouyer de Fontenelle, membre de l'Académie française, de l'Académie des sciences et de l'Académie des inscriptions, une des plus grandes illustrations de la ville de Rouen, naquit dans cette ville en 1657 et mourut à Paris en 1757, âgé de cent ans ; sa mère était la sœur de P. et de Th. Corneille et ce dernier fut son parrain.

215. Connaissance des Tems, ou des mouvemens célestes, à l'usage des astronomes et des navigateurs, pour l'an 1820, publié par le Bureau des Longitudes. *Paris, Vve Courcier*, 1818, gr. in-8, mar. r. à long grain, dos orné, large dent. doublé et gardes de moire bleue, tr. dor. (*Rel. anc.*)

Exemplaire très frais, aux armes de la duchesse de Berry.

216. Connaissance des Tems, ou les mouvemens célestes, à l'usage des astronomes et des navigateurs, pour l'an 1827 ; publié par le Bureau des Longitudes. *Paris, Bachelier*, 1824, gr. in-8, mar. r. à long grain, dos orné, dent. fleurdelisée, doublé et gardes de moire bleue, tr. dor. (*Rel. anc.*)

Exemplaire très frais, aux armes de la duchesse de Berry. — Le fer est différent de celui du numéro précédent.

217. P. GRACIE. — LE GRANT ROUTIER ET PILOTAGE, 1525 :

Le grant routier & pilotage & enseignemēt pour an
crer tant es portz/haures
q̄ autres lieux de la mer/fait par
Pierre gracie\dit Ferrāde.tant des parties de Frāce\Bre
taigne\Angleterre\Espaigne\Flādres & haultes Alemai
gnes. Auec les dāgers des portz\haures\riuieres & chenalz
des parties & regions dessusdictes. Auec vng kalendier &
cōpost a la fin dudit liure tresnecessaire a tous cōpaignos.
Et les iugemens doleron touchant le fait des nauires.

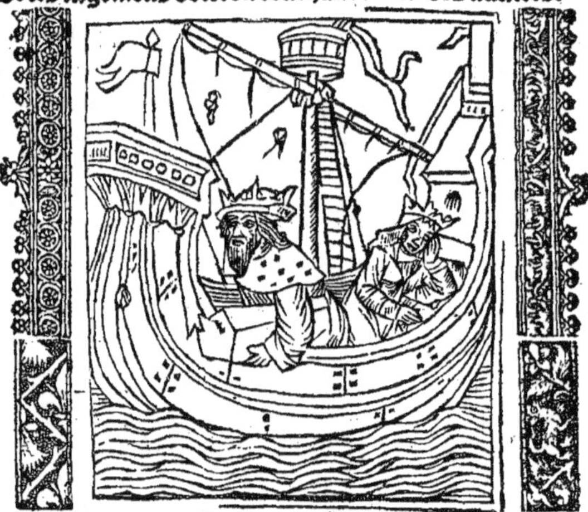

Cum priuilegio.
¶ On en trouuera a rouen chez Jehā burges le
ieune/demourant prez le moulin saint Ouen.

(Au rº du dernier f. :) ¶ *Cy fine le grant routier... Imprime* (*lā mil cinq cētz. XXV*) *pour Jehan burges le jeune libraire demourāt a Rouen prez le moulin Saint Ouen, sur Robec* (1525), in-4 goth. fig. mar. r. foncé, milieu doré, dent. int. tr. dor. (*Trautz-Bauzonnet.*)

Rarissime édition d'un livre curieux qui dut avoir un grand débit car il fut souvent réimprimé dans le cours du XVIᵉ siècle ;

Jean Burges seul en donna trois ou quatre éditions dans l'espace de quelques années. — Elle est ornée de nombreuses figures sur bois assez grossièrement exécutées et de grandes lettres historiées à fond criblé et comprend 78 ff. non ch. de 37 lignes à la page, signat. A-S par 4 ff. et T, 6 ff. Le titre est imprimé en rouge et noir et porte au v° un petit préambule de l'auteur en 24 lignes où il nous apprend qu'il demeurait à Saint-Gilles-sur-Vie. Au r° du 2e f. on trouve une épître de Pierre Gracie à son filleul Pierre Ymbert, 21 lignes. Le texte finit au milieu du dernier f. r° et au-dessous vient la souscription que nous avons donnée plus haut en partie et qui comprend 15 lignes imprimées en grandes lettres gothiques. Enfin le dernier f. v° est occupé par la souscription et la marque dont on voit une reproduction réduite ci-contre. La marque de Jean Burges est semblable à celle donnée par Silvestre sous le n° 198 avec cette différence que le prénom du libraire est ici en entier au lieu d'être en abrégé.

On en trouura a rouen chez Jehan de burges le ieune libraire demourãt pres le moulī saīt Ouen.

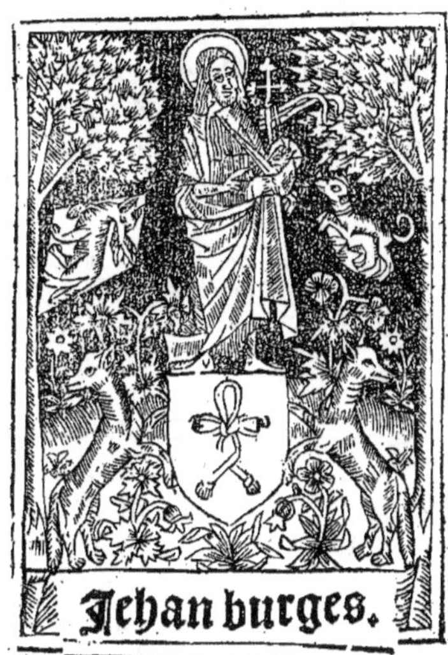

Exemplaire de Yemeniz avec son chiffre sur les plats de la reliure. Quelques très petits trous de ver et légers raccommodages dans les marges intérieures des premiers ff. — Hauteur : 185 mill.

218. Tabule Astronomice || Elisabeth Regine. || (A la fin:) *Finis Tabulaꝝ Elisabeth Regine, impresse Venetijs opra arte || et exspensis Petri Liechtensteyn Coloniensis Germani* || *Anno a virgineo partu* 1503 *die* 28 *Decēbris.* || 2 parties en 1 vol. in-4, goth. de 52 ff. non ch. marque de l'imprimeur au verso du dernier f. v. f. dos orné, fil. dent. int. tr. dor. (*Petit, succr de Simier.*)

Première et rare édition. — Grande marque de l'imprimeur, Pierre Liechtensteyn, tirée en rouge et noir au verso du dernier f.

219. Réflexions militaires, par le Prince Louis de Hohenlohe-Bartenstein, Lieutenant Général, Inspecteur Général d'Infanterie... *Lunéville*, *Impr. de J.-L.-B. Guibal*, 1818, 2 parties en 1 vol. in-4, 13 pl. gr. et pliées, mar. r. à long grain, dos orné à petits fers, dent. doublé et gardes de moire bleue, dent. tr. dor. (*Rel. de l'époque.*)

Ouvrage non mis dans le commerce.

Exemplaire aux armes de Ferdinand-Philippe d'Orléans, fils aîné du Roi Louis-Philippe avec le timbre de sa bibliothèque sur le titre.

220. Essai d'une théorie d'artillerie, par M. le chevalier d'Arcy, Mestre de camp de cavalerie, de l'Académie Royale des sciences et de la Société Royale de Nancy. *Paris, Lambert*, 1760, in-8, 4 pl. gr. et pliées, mar. r. dos orné, fil. dent. int. tr. dor. (*Rel. anc.*)

Exemplaire sur grand papier aux armes de Victor-François, prince de Broglie, maréchal de France, avec les bâtons de commandement posés en sautoir sur le dos et aux angles des plats de la reliure.

IV. — PHILOSOPHIE OCCULTE, ALCHIMIE, ASTROLOGIE

221. Traicté de l'apparition des esprits, à sçavoir, des âmes séparées, fantosmes, prodiges et autres accidens merveilleux, qui precedent quelquefois la mort des grands personnages, ou signifient changement de la chose publique, par F. N. Taillepied, lecteur en Théologie. *A Paris chez Franç. Targa*, 1627, in-12 de 8 ff. non ch. 295 pp. et 10 ff. non ch. mar. r. dos orné, fil. dent. int. tr. dor. (*Allô.*)

L'auteur de ce traité que quelques biographes indiquent comme écrivain normand, est en réalité né à Pontoise (alors diocèse de Rouen) en 1540 et mort à Angers en 1589. — L'ouvrage est dédié à Claude Groulart, *premier président en la Cour de Parlement de Rouen.*

Quelques mots écrits anciennement sur le titre.

222. De la Démonomanie des sorciers, par J. Bodin, angevin. *A Paris, chez Jacques du Puys*, 1580, in-4, mar. r. dos orné, fil. tr. dor. (*Rel. anc.*)

Première édition.

Très court en tête. — Taches.

223. Demonologie ou Traitté des Démons et sorciers, de leur puissance & impuissance, par Fr. Perreaud. Ensemble l'Anti-Démon de Mascon, ou Histoire véritable de ce qu'un démon a fait & dit, il y a quelques années, en la maison dudit Sr Perreaud à Mascon. *A Genève, chez Pierre Aubert,* 1653, 2 parties en 1 vol. in-8, mar. r. dos orné, fil. dorés, et encadr. de mar. noir, milieu doré, dent. int. tr. dor.

224. Cinq livres de l'Imposture et Tromperie des diables, des enchantements & sorcelleries, pris du latin, de Jean Wier, médecin du duc de Clèves, & faits françois, par Jaques Grévin de Clermont en Beauvoisis, médecin à Paris. *A Paris, chez Jaques du Puys,* 1567, fort vol. in-8, mar. r. dos orné, dent. et comp. tr. dor.

Première édition de ce livre curieux.

225. Le Palais du Prince du Sommeil, où est enseignée l'oniromancie, autrement l'Art de deviner par les songes, par Monsieur de Mirbel. *A Lyon, chez Jean Paulhe,* 1670, in-12, front. gr. mar. vert jans. dent. int. tr. dor. (*E. Thomas.*)

Note à l'encre sur le titre.

226. Traittez du vray sel, secret des philosophes, et de l'esprit général du monde, contenant en son intérieur les trois principes naturels selon la doctrine de Hermes. Œuvre très utile et nécessaire à quiconque désire arriver à la parfaitte prattique de ce prétieux Elixir ou médecine universelle, tant célébrée des anciens par le sieur de Nuisement, receveur général au comté de Ligny en Barrois. *Paris, Perier et Buizard,* 1621, 1 fig. gr. — Poème philosophic de la vérité de la phisique mineralle par le sieur de Nuisement. *A Paris Perier et Buisard,* 1620. — Ens. 2 ouvrages en 1 vol. in-8, mar. r. dos orné, fil. large dent. tr. dor. (*Rel. anc.*)

Notes à l'encre sur le titre et au 13e f. prél. du premier ouvrage. — Mouillures.

Ex-libris de Germain Barré, curé de Monville près Rouen et *ex-libris* de J. Girardin, à Rouen.

227. Curiositez inouyes, sur la sculpture talismanique des Persans ; horoscope des Patriarches, et lecture des Estoil-

les, par M. J. Gaffarel. *A Paris, chez Hervé Du Mesnil*, 1629, in-8, 2 pl. pliées, mar. r. dos orné, fil. et comp. à la Du Seuil, dent. int. tr. dor. (*Rel. anc.*)

Première édition de ce curieux ouvrage dédié à l'Evêque de Nantes.

Le dos de la reliure est couvert d'un semis de mouchetures d'hermine ; dix autres mouchetures disposées en triangle au centre des plats, montrent que cette reliure (légèrement écornée) a été exécutée pour un amateur breton.

Ex-libris de Germain Barré, curé de Monville, près Rouen. — Cassure aux deux planches.

228. ❡ Mirabilis liber ‖ qui prophetias Revelationesq̃ necnon res mirandas ‖ preteritas presentes ꝛ futuras : aperte demonstrat. ‖... ❡ In duas partes presens liber distinguetur. ‖ ❡ Prima Prophetias: revelationesq̃ : quas latine scri ‖ ptas offendimus continebit. ‖ ❡ Secunda vero et ultima : gallico ydiomate inuen ‖ tas enarrabit : quas ob ipsarum difficultatem latinitati ‖ donare omisimus. ‖ (A la fin de la deuxième partie :) ❡ *On les vent au roy David en la rue* ‖ *sainct-Jacques.* ‖ *S. d.* (vers 1522), 2 parties en 1 vol. in-8, titre avec encadrement sur bois, lettres ornées, mar. r. dos orné, encadrem. à fr. comp. dorés au milieu et aux angles des plats, dent. int. tr. dor. (*Belz suc. Niedrée.*)

Édition rare de ces prophéties populaires souvent réimprimées.

La première partie comprend 108 ff. à 2 col. imprimés en lettres de forme, ch. de I à ciiii et de cvii à cx, signat. a-n par 8 ff. et 0,4 ff. ; elle contient des prophéties, écrites en latin, de sainte Brigitte, de Guillaume Baugé, prêtre tourangeau, de saint Vincent, Savonarole, Jean de la Rochetaillée, évêque de Rouen, etc., etc. — La seconde partie a xxviii ff. ch. imprimés en lettres gothiques à longues lignes. Elle est rédigée en français et contient une prophétie datant de l'an 600 dans laquelle on a cru voir une allusion à la Révolution française ; on y trouve en outre des prophéties relatives à plusieurs villes de France et le livre du *Lucidaire*.

229. Livre merveilleux contenant en bref la fleur et substāce de plusieurs traictez, tant des Propheties et revelations, qu'anciennes croniques, faisant mention de tous les faicts de l'Église universelle, comme des scismes, discords et tribulations qui doivent advenir en l'Eglise de Rome, et d'un temps auquel l'on ostera et tollira aux gens d'Eglise et Clergé leurs biens temporels : tellement qu'on ne leur laissera que leur vivre et habit necessaire. Item aussi est

faicte mention des souverains Evesques et Papes, qui, après regneront et gouverneront l'Eglise: et specialement d'un Pape, qui sera appelé Pasteur Angelique. Item, du temps du grand et dernier Antechrist et apres sa mort jusques au dernier jour du jugement et en la fin du monde et quand se doit estre. De nouveau a été adiousté vers la fin une Prophetie, laquelle demonstre ce qui est advenu depuis le Roy François premier jusques à présent. *A Paris, par Jean Bessault*, 1588, pet. in-8 de 44 ff. non ch. sig. A-L. par 4 ff. 2 vignettes sur bois, mar. r. dos orné, fil. dent. int. tr. dor. (*Rel. anc.*).

Livre singulier, rare et recherché contenant des prophéties traduites d'un manuscrit latin dont l'auteur serait Télesphore de Sances, prêtre et ermite près de Thèbes, qui vivait à la fin du XIVe siècle.

V. — ARTS DIVERS

230. Champfleury. Auquel est contenu Lart et science de la deue et vraye Proportiõ des Lettres Attiques, quõ dit autremẽt Lettres Antiques, et vulgairement Lettres Romaines, proportionnées selon le corps et visage humain... (A la fin:) *Cy finist ce présent Livre, avec Laddition de Treze diverses facõs de Lettres, Et la manière de faire Chifres pour Bagues dor, ou autrement. Qui fut achevé dimprimer le mercredi XXVIII jour du mois Dapuril. Lan Mil Cincq Cens XXIX. Pour Maistre Geofroy Tory de Bourges, Autheur dudict Livre... Et pour Giles Gourmont...* (1529), pet. in-fol. de 8 ff. prél. non ch. et 80 ff. ch. nombr. fig. sur bois, v. brun, riches comp. estampés. (*Rel. du XVIe siècle.*)

Première édition, très rare, de ce curieux traité, remarquable au point de vue du texte, des alphabets, lettres ornées et nombreuses figures sur bois de Geofroy Tory, dont il est orné. — Marque du célèbre imprimeur (le *Pot cassé*) sur le titre et au recto du dernier f.

Exemplaire dans sa première reliure, portant à l'intérieur du premier plat l'*ex-libris* armorié, gravé par Gouël, de Louis Chefd'hostel. — Mouillure en marge des derniers ff.

231. Le Secrétaire Turc, contenant l'art d'exprimer ses pensées sans se voir, sans se parler et sans s'écrire, avec

les circonstances d'une Avanture turque, et une Relation très curieuse de plusieurs particularitez du Serrail qui n'avoient point encore esté sceuës, par M. Du Vignau... *A Paris, chez Michel Guerout,* 1688, in-12, mar. r. jans. dent. int. tr. dor. (*Duru*, 1859.)

PREMIÈRE ÉDITION, rare, de ce livre singulier.

232. Les Misotechnites aux enfers, ou Examen des observations sur les arts, par une Société d'amateurs (C.-N. Cochin). *Amsterdam,* 1763, in-12, vign. mar. bleu jans. dent. int. tr. dor. (*Ruban.*)

Dialogues sur des questions d'esthétique, illustrés de dix amusantes vignettes dessinées et gravées par l'auteur.

Exemplaire auquel on a joint le tirage à part de 9 des vignettes.

233. Le Triomphe de la mort gravé d'après les dessins originaux de Holbein par Chrétien de Méchel, graveur à Bâle MDCCLXXX. *S. l.* (*Paris, Impr. Simon Raçon*), *s. d.* in-8 carré, 47 pl. gr. mar. noir, têtes de mort et tibias sur le dos, fil. à fr. large encadrement formé d'un semis de larmes avec têtes de morts et tibias aux angles, dent. int. tr. dor. (*Petit, succ*[r] *de Simier.*)

234. La Danse des morts dessinée par Hans Holbein, gravée sur pierre par Joseph Schlotthauer, professeur à l'Académie de Munich; expliquée par Hippolyte Fortoul, professeur à la Faculté des lettres de Toulouse. *Paris, Jules Labitte, s. d.* in-8 carré, 53 pl. sur Chine, mar. vert, attributs de la mort sur le dos, fil. dent. int. tr. dor. (*David.*)

Édition devenue rare.

235. TRAITÉ GÉNÉRAL DES ÉLÉMENS DU CHANT, dédié à Monseigneur le Dauphin, par M. l'abbé Lacassagne. *A Paris, chez l'auteur,* 1766, gr. in-8, titre, texte et musique gr. mar. vert, dos orné, large dent. doublé et gardes de moire rose, tr. dor. (*Derome.*)

Bel ouvrage entièrement gravé.

Très bel exemplaire aux armes de MARIE-JOSÈPHE DE SAXE, veuve de Louis, dauphin de France, fils de Louis XV.

BELLES-LETTRES

I. — LINGUISTIQUE. — RHÉTORIQUE

236. Recherches curieuses sur la diversité des langues et religions en toutes les principales parties du monde, par Ed. Brerewood, professeur à Londres et mises en françois par J. de la Montagne. Dernière édition reveuë et corrigée. *A Saumur, chez Jean Lesnier*, 1662, in-8, mar. r. dos orné, fil. dent. int. tr. dor. (*Rel. anc.*)

237. Thesaurus utriusque linguæ, hoc est Philoxeni, aliorumque veterum authorum glossaria latino-græca et græco-latina. Isidori glossæ latinæ... Edita omnia atque recognita studio et opera Bonaventuræ Vulcanii Brugensis... — Onomasticon vocum latino-græcarum... Opera Bon. Vulcanii, Brugensis. — *Lugduni Batavorum, Joannis Patius*, 1600. — Ens. 2 ouvrages en 1 vol. in-fol., mar. r., dos orné, fil. tr. dor. (*Rel. anc.*)

Exemplaire aux secondes armes et au chiffre de J.-A. DE THOU.

238. La Deffence et illustration de la langue francoyse, par J. D. B. A. (Joachim Du Bellay, angevin). *Imprimé à Paris pour Arnoul l'Angelier*, 1549, in-8 de 47 ff. non ch. et 1 f. blanc, lettres ornées, mar. br. jans. dent. int. tr. dor. (*Chambolle-Duru.*)

PREMIÈRE ÉDITION.
Ex-libris : P. GUY PELLION.

239. Les Origines de quelques coutumes anciennes et de plusieurs façons de parler triviales, avec un vieux manuscrit en vers, touchant l'origine des Chevaliers Bannerets (par Jacques Moisant de Brieux). *A Caen, chez Jean Cavelier, Imprimeur du Roy, et de l'Université*, 1672, in-12, mar. violet à long grain, dos orné à petits fers, dent. tr. dor. (*Rel. anc.*)

« Cet ouvrage, aussi rare qu'il est recherché, a pour auteur Jacques Moisant de Brieux, poète latin et érudit, fondateur de l'Académie de Caen, né à Caen en 1614, mort dans la même ville en 1674. En citant les dictons populaires en usage de son temps, l'auteur fait les rapprochemens les plus curieux et les plus inattendus et parle de tous les sujets : Origines, coutumes, citations des poésies à la mode, historiettes piquantes et amusantes, tout passe par sa plume. Il n'oublie pas non plus sa ville natale, dont le nom revient à chaque instant dans son ouvrage. Quant à la traduction en vers français du manuscrit de l'ordre des Bannerets, elle occupe 14 pages et ce n'est pas la moins curieuse partie du volume. » (*Note imprimée collée sur la garde du volume.*)

Ex-libris : VIOLLET-LE-DUC, auteur de la *Bibliothèque* poétique.

240. Origines de quelques coutumes anciennes et de plusieurs façons de parler triviales, par Moisant de Brieux, fondateur de l'Académie de Caen, avec une introduction biographique et littéraire par E. de Beaurepaire, un commentaire et une table analytique par M. G. Garnier et un portrait de l'auteur gravé par M. L. de Merval. *Caen, Le Gost-Clérisse,* 1874, 2 vol. in-8, portr. gr. mar. grenat, dos orné, fil. doublé de mar. vert, encadrement de 5 fil. tr. dor. non rog.

Belle réimpression, sortie des presses de Hérissey à Évreux.

Un des trois exemplaires sur PARCHEMIN-VÉLIN (n° 3), à toutes marges, et portant le nom imprimé de M. CH. LORMIER.

241. Les Epithetes de M. de La Porte, Parisien. Livre non seulement utile à ceux qui font profession de la poésie, mais fort propre aussi pour illustrer toute autre composition françoise. Avec briefves annotations sur les noms et dictions difficiles. *A Paris, chez Gabriel Buon,* 1580, fort vol. in-16, mar. bleu, dos orné à petits fers, fil. dent. int. tr. dor. (*Thibaron.*)

242. Liber vagatorum. Le livre des gueux. *Strasbourg,* 1862, in-12, pap. de Hollande, figure sur bois, mar. vert, dos orné, fil. dent. int. tr. dor. (*David.*)

Publié, avec une notice et des notes, par M. P. Ristelhüber et tiré à 115 exemplaires numérotés (n° 39.)

---

243. Nicolai Caussini Trecensis, e societate Jesu, de Eloquentia sacra et humana, libri XVI. Editio quarta... *Parisiis, apud Joannem Jost,* 1637, in-4, mar. fauve, dos orné, dent. riches comp. à l'éventail et milieu à petits fers et au pointillé, tr. dor. (*Rel. anc.*)

Exemplaire donné en prix au collège de Beaufort-en-Vallée (Maine-et-Loire), portant sur les plats de la reliure les armes d'un évêque.

244. Reflexions sur la grammaire, la rhétorique, la poetique et l'histoire, ou Mémoire sur les travaux de l'Académie françoise à M. Dacier... par feu M. de Fénelon, Archevesque, duc de Cambray, l'un des Quarante de l'Académie. *A Paris, chez Jean-Baptiste Coignard*, 1716, in-12, mar. r. jans. dent. int. tr. dor. (*Pouillet.*)

Édition originale.
Hauteur : 163 mill.

245. Lysiae opera omnia graece et latine, cum versione nova, triplici indice, variantibus lectionibus, et notis, edidit Athanasius Auger. *Parisiis, Franç. Ambr. Didot l'aîné*, 1783, 2 vol. in-8 tirés in-4, ais de bois recouverts de mar. r. dos orné, fil. tr. dor. (*Derome.*)

Un des 100 exemplaires tirés in-4 sur Grand papier d'Annonay.

II. — POÉSIE

1. POÈTES GRECS ET LATINS ANCIENS

246. Aristotelis de Poetica liber (en grec et en latin), Textum recensuit, versionem refinxit, et animadversionibus illustravit Thomas Tyrwhitt. *Oxonii, e typographeo Clarendoniano*, 1794, gr. in-4, papier vélin, mar. bleu à long grain, dos orné à petits fers et au pointillé, fil. et large encadrement dorés, tr. dor. (*Bozérian jeune.*)

Belle édition dont le texte est basé sur celui d'Upton.

247. L'Iliade d'Homère, traduite du grec (par Lebrun). Deuxième édition revue et corrigée. *A Paris, de l'Imprimerie de Bossange, Masson et Besson*, 1809, in-fol. à 2 col. pap. vélin, *faux-titre et titre imprimés en or*, avec le buste d'Homère par Mlle Adèle Masson, 34 pl. gr. au trait d'après Flaxman, mar. r. à long grain, dos orné d'emblèmes guerriers, fil. dent. de feuillage, tr. dor. (*Lefebvre.*)

Édition tirée à 25 exemplaires. — Charles-François Lebrun, duc de Plaisance, Pair de France, homme d'État et littérateur, naquit à Saint-Sauveur-Lendelin (Manche) en 1739 et mourut à Saint-Mesme en 1824.

Sur le 2e titre, on a remplacé le buste d'Achille par les initiales G. B. entrelacées et dessinées, avec cette note : *Offert à G. B. Bodoni par les Éditeurs.*

248. L'Odyssée d'Homère, traduite en vers, avec des remarques ; suivie d'une dissertation sur les voyages d'Ulysse, par M. de Rochefort. *Paris, Brunet*, 1777, 2 tomes en 1 vol. in-8, portr. d'Homère ajouté, mar. vert, dos orné, fil. dent. int. tr. dor. (*Rel. anc.*)

Exemplaire aux armes de Mérard de Saint-Just, avec son *ex-libris* collé au verso du titre.

249. Les Préceptes de Phocylide, traduits du grec, avec des remarques (par J. F. Duché de Vancy). *A Paris, de l'imprimerie de Monsieur, chez Barrois*, 1782, in-18 de 59 pp. mar. r. dos orné, fil. tr. dor. (*Rel. anc.*)

250. Essai sur Pindare, contenant une traduction de quelques Odes de ce Poète, avec une analyse raisonnée et des notes historiques, poétiques et grammaticales... par M. Vauvilliers... *Paris, Brocas*, 1772, in-12, mar. r. dos orné, fil. dent. int. tr. dor. (*Rel. anc.*)

Bel exemplaire *de dédicace* aux armes du duc Vincent de Souza-Coutino, ambassadeur de Portugal à la Cour de Louis XV.

251. Les Amours de Léandre et de Héro, poème de Musée le grammairien, traduit du grec en françois (par de La Porte Du Theil), avec le texte. *Paris, Nyon le jeune*, 1784, in-12, figure par Cochin, gr. par De Launay, v. r. dos orné, fil. et comp. à la Du Seuil, dent. int. tête dor. *non rogné.*

Bel exemplaire réglé, sur grand papier de Hollande.
Ex libris de M. Gitton du Plessis, tiré sur chagrin vert.

---

252. Di Tito Lucrezio Caro della natura delle cose libri sei tradotti dal latino in italiano dal Alessandro Marchetti, dati nuovamente in luce da Francesco Gerbault... *In Amsterdamo* (*Paris*), *a spese dell editore*, 1754, 2 vol. in-8, pap. de Holl. 2 front. 2 titres, 6 pl. 7 vign. et 5 culs-de-lampe par Cochin, Eisen et Vassé, mar. r. dos orné, fil. large dent. gardes de papier doré, tr. dor. (*Rel. anc.*)

Ouvrage recherché pour les belles illustrations dont il est orné. Transposition des pp. 329-330 et 497 à 512. Légères taches d'humidité à quelques ff. — Reliure un peu éraflée.

253. Catullus. Tibullus. Propetius (*sic*). *S. l. n. d.* (*Lugduni*, 1502), in-8, car. ital. v. f. dos orné, comp. tr. dor. (*Rel. du XVI*e *siècle.*)

Édition peu commune, faite à Lyon à l'instar de celle d'Alde, et qui se joint à la collection des trois Manuce.

Curieux exemplaire réglé, dont toutes les lettres initiales ont été MINIATURÉES EN OR ET EN COULEUR, portant au premier f. des Poésies de Tibulle, le blason suivant peint dans la marge inférieure : *d'azur à l'étoile d'or accompagnée de trois coquilles du même.* La reliure porte sur chacun des plats un médaillon renfermant, le premier le portrait de Platon et le second celui de Didon ; ces médaillons sont entourés de quatre petits griffons, le tout frappé en or.

A la fin du volume se trouve reliée la pièce suivante : M. T. Ciceronis orator ad Brutum. Cum adnotationibus Philippi Melanch. *Parisiis Frãciscũ Stephanũ*, 1538, 86 pp. et 5 ff. non ch. Nombreuses notules manuscrites en français.

254. Publii Virgilii Maronis Bucolica, Georgica et Aeneis, illustrata, ornata, et accuratissime impressa. *Londini, impensis J. et P. Knapton et Gul. Sandby*, 1750, 2 vol. in-8, fleuron répété sur chaque titre, 58 pl. de médailles, bas-reliefs, etc. et 1 cul-de-lampe gr. mar. r. dos orné, fil. tr. dor. (*Rel. anc.*)

Ouvrage illustré d'une manière fort intéressante.

255. Publius Virgilius Maro. *Londini, Impensis Gul. Pickering*, 1821, in-48, titre et portrait gr. mar. r. dos orné, fil. dent. int. tr. dor. (*Belz, Succ. Niedrée.*)

Édition imprimée avec des caractères microscopiques.

256. Publii Virgilii Maronis Carmina omnia perpetuo commentario ad modum Joannis Bond explicuit Fr. Dubner. *Parisiis, ex Typographia Firminorum Didot*, 1858, in-18, titre-front. gr. texte encadré d'un fil. r. et nombr. photographies, mar. r. dos orné, fil. et comp. à froid, angles et milieu dorés, dent. int. tr. dor. (*Lortic.*)

Bel exemplaire de cette jolie édition.

257. Les Œuvres de Virgile Maron, traduittes de latin en françois, par Robert et Anthoine Le Chevalier d'Agneaux frères, de Vire en Normandie. Dédiées au Roy. *A Paris, chez Guillaume Auvray*, 1582, in-4, vélin, dos orné, fil. grand milieu à fers azurés, tr. dor.

PREMIÈRE ÉDITION de cette traduction en vers due à ces deux frères, normands, sur la vie desquels on n'a que fort peu de détails.

Bel exemplaire, réglé, dans sa *reliure originale* en vélin souple.

258. Nouvelle traduction (avec le texte en regard) des Bucoliques (et des Géorgiques) de Virgile avec des notes (par Th. Guyot, connu sous le nom de Le Bachelier). *A Paris, chez la Veuve de Claude Thiboust*, 1691, in-12, v. r. semis de fleurs de lis sur le dos et les plats, tr. dor. (*Rel. anc.*)

Le titre porte la signature de Charles-Louis Lenfant, curé de la paroisse de Saint-André du faubourg Cauchoise de Rouen, né dans cette ville en 1688. Ce volume dut sans doute lui être donné en prix, car la reliure des insignes qui doivent être ceux d'un collège : au centre des plats figure, en grandes lettres, le mot *PAX* avec une grande fleur de lis au-dessus et les clous de la Passion au-dessous, le tout entouré d'une grande couronne d'épines.

Ex-libris de M. Delasize.

259. Elegantes variorum Virgilio-Ovidio centones de Officio mundi, Christo Deo Deique matre SS. Francisco et Car. Borromæo. A Raphaele Sadelero imaginibus exornati et venum propositi. *Monaci*, 1617, pet. in-8, titre-front. gr. 7 pl. et 1 cul-de-lampe gr. par Raph. Sadeler, mar. vert, dos orné, fil. tr. dor. (*Rel. anc.*)

Exemplaire au chiffre et aux armes de Nicolas Le Prévost, maître des comptes.

260. Quinti Horatii Flacci poëmata, scholiis sive annotationibus, instar commentarii, illustrata à Joanne Bond. Editio nova. *Aurelianis, typis Couret de Villeneuve*, 1767, in-12, mar. r. dos orné, fil. et comp. à entrelacs, dent. int. tr. dor.

Jolie édition copiée sur celle d'Elzevier, 1676; elle est très bien imprimée en beaux petits caractères très fins. Le texte, corrigé avec soin, est entouré de notes et d'un commentaire.

Exemplaire sur papier fin, auquel on a joint un titre dessiné à la plume en bleu, rouge, vert, noir et or.

261. Q. Horatii Flacci opera, cum variis lectionibus, notis variorum et indice locupletissimo (edentibus H. Homer et Car. Combe). *Londini, excudebant Gul. Browne et Joh. Warren*, 1792-93, 2 tomes en 4 vol. gr. in-4, pap. vélin, portrait gr. par J. Jones d'après W. Grimaldi, mar. r. à long grain, dos orné, fil. dent. int. tr. dor. (*Rel. anglaise.*)

Belle édition qui contient un grand nombre de notes choisies dans les meilleurs commentateurs; les éditeurs ont pris pour base de leur travail le texte de Gesner.

Un des *trente exemplaires* sur très grand papier. — Taches d'humidité au portrait.

262. Quintus Horatius Flaccus. *Londini, Pickering*, 1824, in-48, front. gr. par Fox d'après Stothard, mar. r. dos orné, fil. dent. int. tête dor. non rog. (*Belz-Niedrée.*)

Jolie édition, imprimée en caractères microscopiques.

Exemplaire en GRAND PAPIER, auquel on a ajouté le portrait d'Horace gravé par Saint-Aubin, épreuve *sur chine*.

263. Remarques critiques sur les Œuvres d'Horace, avec une nouvelle traduction (par André Dacier). *Paris, Denys Thierry et Claude Barbin*, 1681-1683, 2 vol. in-12, mar. r. dos orné, fil. angles fleurdelisés, tr. dor. (*Rel. anc.*)

Ces deux volumes qui font partie de la traduction de Dacier des *Œuvres* d'Horace, en 10 vol. in-12, renferment les Remarques critiques sur les *Odes*.

Exemplaire aux armes de LOUIS XIV, qui le donna à MADAME DE MAINTENON, dont il porte la SIGNATURE AUTOGRAPHE sur un f. de garde de chaque volume. — La reliure et la taille de ces deux volumes ne sont pas tout à fait uniformes.

264. LA BIBLE DES POÈTES, 1523 :

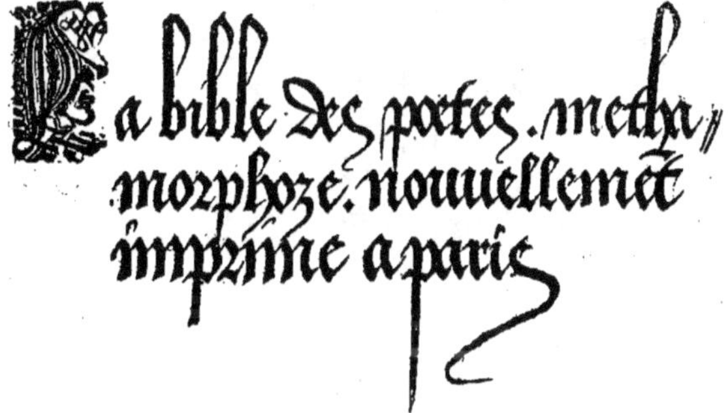

(A la fin :) ℂ *Cy fine ce présent livre intitulé Ovide métamorphose translaté de latin en frãcoys et nouvellement Imprimé à Paris ꝑ Phelippe le noir... Et fut achevé dimprimer Lã mil cinq cẽs vĩgt et trois le xx iour de May.* (1523), in-fol. goth. de 18 ff. prél. non ch. 171 ff. ch. par erreur 173 et 5 ff. non ch. à 2 col. fig. sur bois, lettres ornées, v. f. ant. fil. et dent. à froid.

Édition fort rare de la traduction faite par Colard Mansion, d'après la version de Thomas Walleys, ou Valois.

Elle est ornée de 32 très curieuses figures sur bois, dont beaucoup à pleine page, et qui se trouvent ici en PREMIER TIRAGE. Nous donnons ci-dessous une reproduction réduite de celle du fol. CIII. — Marque de l'imprimeur au verso du dernier f. (Silvestre, nº 59.)

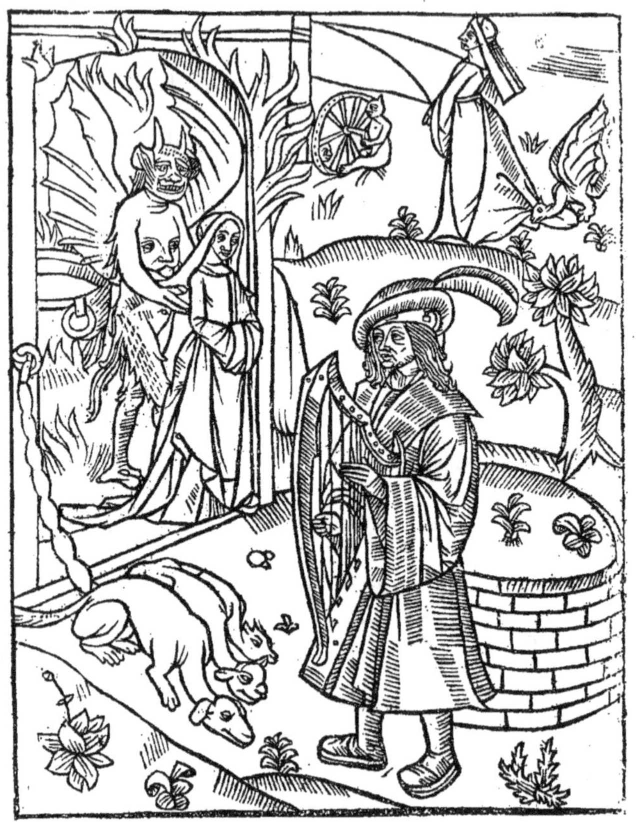

Exemplaire portant sur les plats de la reliure la marque du DUC DE SUSSEX; il provient en outre des bibliothèques de WHITE-KNIGHT et de LIBRI.

265. ODES, ÉPODES ET POÈME SÉCULAIRE, d'Horace (traduits en vers français par Goupy). *Paris, Firmin Didot*, 1823, in-8, front. de Delaroche gr. mar. brun à long grain, dos orné et mosaïqué, encadrement doré, dent. à fr.

comp. de style oriental en mosaïque de mar. citron, r. et vert sur les plats, dent. int. tr. dor. (*Vogel.*)

Bel exemplaire sur PAPIER VÉLIN avec le frontispice de Paul DELAROCHE en triple état : AVANT LA LETTRE sur blanc, AVANT LA LETTRE sur CHINE et à l'état d'EAU-FORTE, auquel on a joint le DESSIN ORIGINAL au crayon noir, rehaussé de gouache.

Très jolie et très fraîche reliure de l'époque, dans le goût oriental, dont on verra une reproduction dans l'*Album*.

266. LE GRAND ‖ OLYMPE DES HISTOIRES POÉTIQUES du ‖ prince de poésie Ovide Naso en sa Mé‖tamorphose | Oeuvre authentique | et de ‖ hault artifice | plaine de honneste récréa‖tion. Traduict de latin en francoys ꝛ ‖ imprimé nouvellement. 1537. ‖ ☾ *On les vēd à Paris en la rue neufve ‖ nostre dame a lēseigne sainct Nicolas : ou ‖ au Palais en la gallerie ꝑ où on va à la ‖ chācellerie en la boutiq̄ de Pierre Sergent.* ‖ (A la fin :) ☾ *La fin du quinziesme ꝛ dernier livre du grand Olympe des histoires poétiques cōtenant trois parties divisées chacune par cinq livres... Imprimée nouvellemēt a Paris par Jehan Real. Imprimeur. Lan de grace* M. D. XXXVIII (1538), 3 parties en 1 vol. in-8, goth. de 92, 104 et 120 ff. ch. plus 4 ff. non ch. pour la table, titres avec encadrements sur bois, nombr. fig. sur bois, mar vert, dos orné, fil. à fr. encadrement doré à la de Tournes, dent. int. tr. dor. (*Bauzonnet-Trautz.*)

Jolie et rare édition ornée de nombreuses figures sur bois. — Marque d'Arnoul L'Angelier au verso du dernier f.

Exemplaire grand de marges. Le titre est coupé au cadre et remonté sur châssis; petite tache d'encre sur le millésime de la souscription.

267. Les Quinze livres de la Métamorphose d'Ovide interpretez en rime françoise, selon la phrase latine, par François Habert d'Yssouldun en Berry, et par lui presentez au Roy Henry II. Nouvellement enrichis de figures non encores par cy devant imprimées. *Rouen, chez Thomas Mallard.* (A la fin :) *A Rouen, de l'Imprimerie de George l'Oyselet. S. d.,* fort vol. in-16, nombr. vignettes sur bois, mar. r. jans. dent. int. tr. dor. (*Chambolle-Duru.*)

Jolie petite édition rouennaise de la fin du XVIe siècle, imprimée en caractères italiques et ornée de plus de 150 curieuses vignettes gravées sur bois, la plupart portant un numéro sur la planche. — 959 pp., 1 p. et 8 ff. non ch. pour la Table.

Exemplaire de THOMAS POWELL, avec son petit *ex-libris* en rouge.

268. **Métamorphoses d'Ovide en rondeaux** (par Isaac de Benserade), imprimez et enrichis de figures par ordre de Sa Majesté, et dédiez à Monseigneur le Dauphin. *A Amsterdam, chez Abraham Wolfgang*, 1679, in-12, front. et 226 fig. sur cuivre, mar. citron, dos orné à petits fers et mosaïqué de mar. bleu, dent. tr. dor. (*Rel. de la fin du XVIIIe siècle.*)

Seconde édition donnée par A. Wolfgang et s'annexant aux Elzevier; elle renferme de plus que celle de 1677 des figures à mi-page, copiées sur celles de S. Leclerc, F. Chauveau et J. Le Pautre pour l'édition de Paris, 1676. — Après le titre, se trouve un feuillet contenant des armoiries, sorte d'*ex-libris* au nom de *Michail Delacour eques*, gravé par P. P. F. 1727. Le même blason découpé est collé dans le dernier cul-de-lampe en guise de cartouche.

D'après la plupart des biographes, Isaac de Benserade, membre de l'Académie française, naquit à Lyons-la-Forêt (Eure) en 1612, et mourut à Gentilly en 1691 ; Jal prétend au contraire qu'il est né à Paris.

Exemplaire avec un raccommodage au premier f. — Portrait ajouté.

269. Phædri Fabularum Æsopiarum libri quinque, quales omni parte illustratos publicavit Sam. Schwabe... Cum notulis variorum et suis subjunxit Joann. Bapt. Gail. *Parisiis, Lemaire*, 1826, 2 vol. gr. in-8, 8 pl. lithog., carte gr. v. r. dos orné, plats couverts de riches comp. à froid, dent. int. tr. dor.

De la *Bibliothèque classique latine*.

Riche reliure de l'époque romantique, très bien conservée.

270. In C. Silii Italici, viri consularis, Punica, seu de Bello Punico secundo, libros XVII. Cl. Dausqueius, Sanctomarius, Canon. Tornac. *Parisiis, Douceur*, 1618, in-4, bas. f. dent. riches comp. à l'éventail et à petits fers sur le dos et les plats, tr. dor. (*Rel. anc.*)

Exemplaire aux armes de Thomas MORAND DU MESNIL-GARNIER, conseiller au Grand-Conseil, commandeur des Ordres du Roi et successeur de Pierre Brulart dans la charge de grand-trésorier. Il épousa, le 23 juillet 1609, Jeanne Cauchon de Treslon, morte le 9 septembre 1622; lui, mourut en 1651, dans sa baronnie de Courseulles (Calvados).

271. Papinii Surculi Statii Opera quæ extant. Placidi Lactantii in Thebaida et Achilleida commentarius. Ex bibliotheca Fr. Pithoei J. C. collatis mss. veteribusque exemplaribus, recensuit... *Parisiis, ex officina Plantiniana, apud Hadrianum Perier*, 1600, in-4, mar. vert, fil. et comp. semis de fleurs de lis sur le dos et les plats, tr. dor. (*Rel. anc.*)

Exemplaire aux armes de Raoul DE GRÉMONVILLE, président au Parlement de Normandie, donné en prix au collège des Jésuites de Rouen, en 1634.

Petites éraflures à la reliure.

272. D. Junii Juvenalis et Auli Persii Flacci satyrae, tabulis aeneis illustravit et notas variorum selectas, suasque addidit G.S. (Gul. Sandby). *Cantabrigiae, prostant venales Londini, apud Gul. Sandby*, 1763, in-8, portrait et 14 pl. gr. par P. S. Lamborn, mar. r. dos orné, fil. tr. dor. (*Rel. anc.*)

273. M. Valerii Martialis epigrammata, paraphrasi et notis variorum selectissimis, ad usum serenissimi Delphini, interpretatus est Vincentius Collesso, J. C. Numismatibus, historias atque ritus illustrantibus, exornavit Lud. Smids, M. D. *Amstelædami, apud G. Gallet*, 1701, in-8, nombr. pl. gr. mar. r. à long grain, dos orné, fil. et ornements dorés et à fr. dent. int. tr. dor. (*Bozérian ?*)

Bonne édition faisant partie de la collection dite des *Variorum*. Bel exemplaire, relié sur brochure et contenant les *Obscœna*, formant une partie à part de 56 pp. Il provient des bibliothèques du comte de CHAPONAY et de J. RENARD ; la reliure, très fraîche, est décorée sur le dos et aux angles des plats de compartiments dorés à petits fers et au pointillé.

2. POÈTES LATINS MODERNES

274. Poetae tres elegantissimi emendati & aucti, Michaël Marullus. Hieronymus Angerianus. Joannes Secundus. *Parisiis, apud Jacobum Du-puys & Dionysium Duvallium*, 1582, 3 parties en 1 vol. pet. in-12, car. ital. mar. r. à long grain, dos orné à petits fers et au pointillé et mosaïqué de mar. bleu, fil. dent. de feuillage, tr. dor (*Lefebvre.*)

Quelques ff. plus courts à la 3e partie.

275. De Contemptu mundi, *s. d.* :

De contemptu mundi
Cum commento

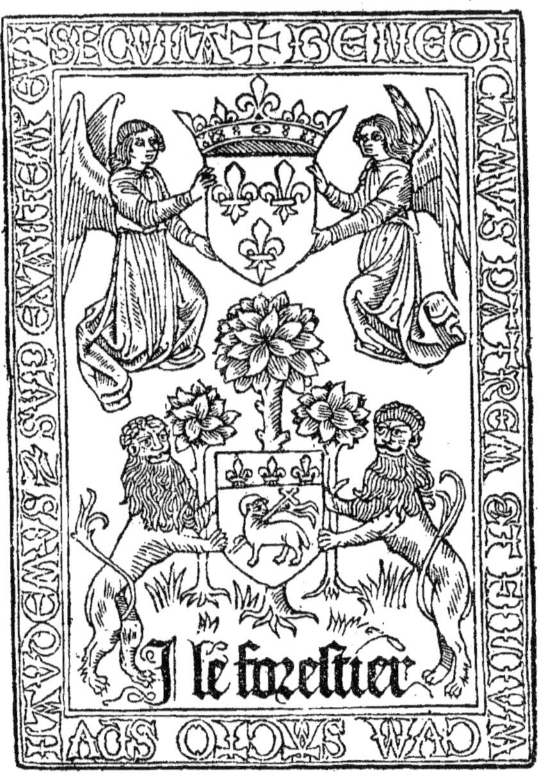

(A la fin :) ❡ *Finis.* || *S. l. n. d.* in-4, goth. mar. citron, fil. à froid, milieu à fers azurés, dent. int. tr. dor. (*Lortic.*)

Édition rarissime et non citée de ce poème composé par Bernard de Morlaix, moine bénédictin qui vivait vers 1140 environ. Elle se compose de 22 ff. non ch. sign. *a*, *c-d* par 6 et *b* par 4 ff. ; le commentaire est imprimé en plus petits caractères que le poème. —

Marque de Jacques Le Forestier, imprimeur-libraire à Rouen, de 1494 à 1510, sur le titre.

Très bel exemplaire à toutes marges (la plupart des ff. sont NON ROGNÉS), avec les initiales rubriquées.

276. DE CONTEMPTU MUNDI : || Cum commento. || (A la fin :) ¶ *Explicit liber de contemptu mundi Impressus Rothomagi per Laurê||tium Hostingue et Jametum Louys. Pro Jacobo le forestier. In intersi||gnio tegule auree in x conventum augustinorum commorante.* || *S. d.* in-4, goth. mar. vert jans. dent. int. tr. dor. (*Trautz-Bauzonnet.*)

Le titre de cette édition, également rarissime et non citée, ne diffère de celui de la précédente que par la ponctuation qui consiste ici en deux points mis au bout de la première ligne et un point au bout de la seconde; il porte la même marque de Le Forestier. Le texte du poème et son commentaire, imprimés en beaucoup plus gros caractères, occupent 26 ff. non ch. sign. A-C par 6 et D par 8 ff.

Laurent Hostingue, imprimeur de ce volume, n'est signalé par Frère qu'à partir de 1505, comme associé de Jamet Louys.

Ex-libris du comte Alfred d'AUFFAY. — Le deuxième f. est transposé après le troisième.

277. Picta poesis, ab authore (Bartholomæo Aneau) denuò recognita. Ut pictura poesis erit. *Lugduni, apud Matthiam Bonhomme,* 1556, in-16, nombr. fig. sur bois, mar. r. dos orné, fil. et comp. genre Du Seuil, dent. int. tr. dor. (*Petit, succ^r de Simier.*)

Livre recherché à cause des jolies figures sur bois dont il est orné et qui sont attribuées à Bernard Salomon, dit *le Petit Bernard.*

Petits raccommodages à la marge inférieure des premiers ff.

278. Ludovico XIII, Francorum et Navarræ Regi Christianissimo, semper pio, semper felici, victori, et augusto. Poesis regia et augusta, auctore Petro d'Aulberoche, magnacensi inter Pictonas et Lemovicenses marchiano. *Parisiis, apud Joannem Libert,* 1626, in-8, joli portrait gr. par L. Gaultier, mar. brun, dos orné, fil. et comp. tr. dor. (*Rel. anc.*)

EXEMPLAIRE DE DÉDICACE, aux armes de LOUIS XIII; un peu fatigué.

279. Imitations du latin de Jean Bonnefons, avec autres gayetez amoureuses de l'invention de l'autheur (Gilles Durant, sieur de La Bergerie). *A Paris, chez Abel l'Angelier,* 1587. — Pancharis Jo. Bonefonii, Arverni. *Lute-*

tiæ, ex officina Abelis l'Angelier, 1587. — Ens. 2 ouvrages en 1 vol. in-12, mar. vert à long grain, dos orné, fil. dent. int. tr. dor. (*Rel. anc.*)

Première édition de ce recueil dont une importante partie est occupée par les *Gayetez* du sieur de la Bergerie, de Clermont en Auvergne, poésies érotiques dans le goût de Ronsard.

Exemplaire au chiffre de Adolphe Audenet.

280. Brant (S.). Stultifera Navis... 1498 :

I
Stultifera Nauis

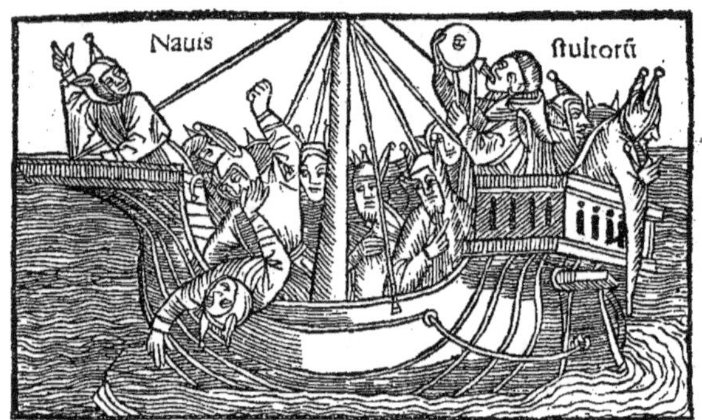

Narragonice pꝛofectionis nunꝗ̃ satis laudata Nauis: p Sebastianũ Brant: uernaculo uulgariqꝫ sermone & rhythmo p cun/ctorũ mortalium fatuitatis semitas effugere cupi/entiũ directiõe/speculo/cõmodoqꝫ & salute: proqꝫ inertis ignaueqꝫ stulticie ppetua infamia/ execrati one & ꝯfutatiõe/nup fabricata: Atqꝫ iam pridẽ Per Iacobũ Locher cognomẽto Philomusum: Sueuũ: in latinũ traducta eloquiũ: & p Sebastianũ Brant: denuo seduloqꝫ reuisa: fęlici exordiũ principio.

(A la fin, au verso du f. clii :) *Finis Narragonice navis per Sebastianum Brant... in laudatissima urbe Parisiensi : nup opera et pmotiõe Gaufridi de Marnef. Anno salutis nostre M.CCCCXCVIII. die* viii *Martii*. (1498), in-4 de 152 ff. ch. et 4 ff. non ch. car. ronds, fig. mar. r. dos orné, fil. dent. int. tr. dor. (*David.*)

Édition des plus remarquables de cet ouvrage singulier. Elle est ornée de 119 figures satiriques, très curieuses par la verve et la hardiesse de l'exécution, et est certainement plus belle que celles qui l'ont précédée. — Marque de Marnef, à peu près semblable à celle donnée par Silvestre (n° 1305), au verso du dernier f.

Un petit nombre de ff. ont la manchette légèrement atteinte.

281. Jodoci Badij Ascēsij Stultifere navicule, 1502 :

Jodoci Badij ascē
sij Stultiferę nauiculę seu scaphę/Fatu
arum mulierum:circa sensus quinqꝫ ex
teriores fraude nauigantium.

Stultiferę naues sensus animosqꝫ trahentes·
Mortis in exitium.

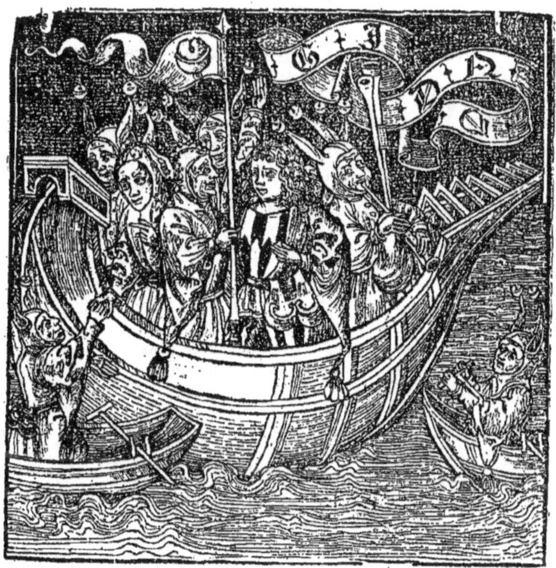

(A la fin :) *Impressit honestus Johannes Prusz* ‖ *civis Argentinensis. Anno salutis* ‖ *M. CCCCC. II.* ‖ (1502), in-4 de 24 ff. non ch. car. ronds, fig. sur bois, v. olive, dos orné, fil. encadrement de dent. et milieu à froid, tr. dor.

Ce supplément à la *Stultifera Navis* de Séb. Brandt est écrit partie en prose, partie en vers. Notre édition, simple réimpression de celle de Paris, 1500, est ornée de 7 curieuses figures sur bois et est augmentée d'une préface de Jacques Wympfeling de Schlestadt.

Bel exemplaire.

282. Centum Fabulae ex antiquis auctoribus delectae et a Gabriele Faerno Cremonensi carminibus explicatae. *Antverpiae, ex officina Christoph. Plantini*, 1573, pet. in-12, titre avec encadr. et 100 fig. gr. sur bois, mar. citron, dos orné, fil. dent. et dent. int. tr. dor.

Jolie édition dont les vignettes sont copiées sur celles de l'édition de 1564; un certain nombre portent le monogramme d'*Antonius Sylvius*.

283. Centum Fabulæ ex antiquis scriptoribus delectæ, et a Gabriele Faerno Cremonensi carminibus explicatæ, hae editione variorum sententiis sapientum adornatæ. *Bruxellis, apud Franciscum Foppens*, 1682, pet. in-8, 100 fig. sur bois, mar. r. dos orné, fil. dent. int. tr. dor. (*Closs.*)

Édition ornée des mêmes vignettes que la précédente.

284. Traduction libre, en vers françois, des élégies latines de Sidronius Hosschius, sur la Passion de Jésus-Christ, par M. Deslandes. *A Paris, chez Michel Lambert*, 1756, in-8 de 107 pp. texte latin avec la traduction française en regard, mar. r. dos orné, fil. tr. dor. (*Rel. anc.*)

285. Jacobi Mosanti Briosii Poemata. *Cadomi, apud Joannem Cavelier*, 1663, in-8, bas. f. semis de fleurs de lis sur le dos et les plats, dent. tr. dor. (*Rel. du XVII*e *siècle.*)

Premier recueil des poésies latines de Jacques Moisant de Brieux, poète normand. — Voir les nos 239 et 240.

Bel exemplaire.

286. Palmæ Regiæ invictissimo Ludovico XIII, Regi christianissimo, a præcipuis nostri ævi poetis in trophæum erectæ. *Parisiis, apud Sebastianum Cramoisy*, 1634, in-4 de 4 ff. prél. non ch. 366 pp. et 1 f. non ch. portr. gr. mar. violet moderne, dos orné, fil. et comp. à la Du Seuil, tr. dor.

Volume fort rare, non cité par Brunet, renfermant un recueil de poésies latines en l'honneur de Louis XIII, réunies et publiées par Scipion de Gramont, secrétaire du cabinet du Roi. Les auteurs de ces poésies sont : Baptiste Laurus, Bertelot, Delidel, Doni, Favereau, Girard, Habert, Herouard, Isnard, Machault, Marbeuf, Mæratius, du May, Petavius, Pontanus, Rochemaillet, Le Roux, Sirmond, Tarin, Therond, Thomas, Vavasseur, etc. — Il est orné d'un magnifique portrait équestre de Louis XIII, gravé en taille-douce par J. Picart.

Bel exemplaire avec les armes et le chiffre couronné de la reine Marie de Médicis, frappés en or sur les plats de la reliure.

287. Dionysii Petavii Aurelianensis è Societate Jesu, Opera poetica. Ultima editio plerisque carminibus aucta. — Dionysii Petavii... græca varij generis carmina, cum latina interpretatione. Inter quæ primo loco posita est Ecclesiastæ Salomonis Paraphrasis, cuius versio ipsa commentarij loco esse potest græci sermonis imperitis. — *Parisiis, apud Sebastianum Cramoisy*, 1641-1642. — Ens. 2 ouvrages en 1 vol. in-8, bas. f. dos et plats ornés, tr. dor. (*Rel. anc.*)

Curieuse reliure, portant au centre des plats les armes de François Faure, évêque d'Amiens, entourées d'un semis d'hermine alternant avec le chiffre (deux F) de ce prélat; l'hermine et le chiffre sont également répétés à l'infini sur le dos de la reliure. Ce volume porte sur un f. de garde une mention manuscrite indiquant qu'il a été donné en prix, en 1664, par le collège des jésuites d'Amiens à l'élève *Charles de Vitry*.

288. L'Anti-Lucrèce, poëme sur la religion naturelle, composé par M. le Cardinal de Polignac, traduit par M. de Bougainville. *A Paris, chez Desaint & Saillant*, 1749, 2 vol. in-8, portrait gravé par Daullé d'après Rigaud, vign. et culs-de-lampe par Eisen, gravés par De La Fosse et Tardieu, mar. r. dos orné, fil. tr. dor. (*Rel. anc.*)

289. Renati Rapini hortorum libri IV, et cultura hortensis. Hortorum historiam addidit Gabriel Brotier. *Parisiis, typis Barbou*, 1780, in-12, front. gr. mar. r. dos orné, large dent. doublé et gardes de moire bleue, tr. dor. (*Derome.*)

Bel exemplaire.

290. Essai de traduction en vers burlesques d'une pièce de poésie latine, intitulée « Excidium Augi », par Monsieur ***. *A Amsterdam, et se trouve à Rouen, chez Ét. Vinc. Machuel*, 1768, in-12, mar. citron, dos orné, fil. dent. int. *non rog.* (*Trautz-Bauzonnet.*)

Première édition comprenant 2 ff. non ch. pour le faux-titre et le titre; xx pp. pour des *Observations préliminaires sur la ville d'Eu;* 2 ff. non ch. pour une *Épitre* (en vers) *à M. Charle, bailly du comté d'Eu*, signée *T. P. C. de S. Jacques d'Eu;* 91 pp.

« En 1475, Louis XI voulant empêcher que la ville d'Eu ne tombât aux mains des Anglais, ordonna qu'on y mît le feu. Cet événement forme le sujet du poëme précité, attribué à un professeur du nom de Roussel, et travesti en vers français par un curé de l'ancienne paroisse de St Jacques. » (Frère. *Manuel du bibliographe normand*, I, p. 435.)

Exemplaire non rogné provenant de la bibliothèque du comte d'Auffay. — Quelques petites taches sur la reliure.

291. Album Dianæ Leporicidæ, sive Venationis leporinæ leges... Auctore Jac. Savary, Cadomæo. — Venatio Vulpina et Melina. — *Cadomi, typis Claudii Le Blanc*, 1655. — Ens. 2 ouvrages en 1 vol. in-12, mar. bleu, dos orné, dent. sur les plats et dent. int. tr. dor. (*Derome.*)

Curieux et rares poèmes, dont le premier, renfermant un traité sur la chasse du lièvre, se compose de 13 ff. prél. non ch., et 105 pp. Le second, qui traite de la chasse du renard et de la fouine, est paginé de 1 à 15, sans titre.

L'auteur, Jacques-Timent Savary, naquit à Caen en 1607, et y mourut le 21 mars 1670; il est considéré comme un des plus beaux esprits de la province de Normandie au XVIIe siècle.

Bel exemplaire portant la griffe de J.-B. HUZARD, recouvert d'une très fraîche reliure.

292. Régime de ‖ santé pour conserver le ‖ corps humaĩ et vivre lõ ‖ guemẽt, le souverain re ‖ mède cõtre lespidimie, la ‖ cognoissance des urines ‖ corrigé par plusieurs do ‖ cteurs regẽs en medecĩe ‖ regens à Montpeslier. A ‖ vec une recepte pour con ‖ server ꝛ garir de la gros ‖ se verolle. ‖ (A la fin :) ...*Imprimé à Paris, par Alain Lotrian et Denis Janot, demourans en la rue neufve nostre dame a lenseigne de lescu de France, s. d.*, in-4 goth. de 74 ff. non ch. titre avec encadrement sur bois, mar. brun, dos orné, angles dorés, doublé et gardes de vélin blanc, large dent. tr. dor. (*Raparlier.*)

Édition peu commune, parue vers 1532, de cette traduction du célèbre poème d'Arnold de Villeneuve. — Joli encadrement sur bois sur le titre imprimé en rouge et noir. — Marque de l'imprimeur au verso du dernier f. — Voir le n° 202.

Le titre a la marge extérieure rognée.

---

293. Opus Merlini Cocaii Poete Mantuani (Th. Folengo) Macaronicorum, actũ in pristinam formam per Magistrum Acquarium Lodolam optime redactũ, in his infra notatis titulis divisum. Zanitonella, que de amore Tonelli erga Zaninam tractat. Que constat extredecim Sonolegiis, septem Ecclogis ẽ una Strambottolegia. Phantasiæ Macaronicon, divisum in vigintiquinq; Macaronicis, tractans de gestis magnanimi, ẽ prudentissimi Baldi. Moschææ facetus liber in tribus partibus divisus, ẽ tractans de cruento

certamine Muscarũ ẽ Formicarꝫ. Libellus epistolarum, ẽ epigrammatum, ad varias personas directarum... (A la fin, au feuillet 272 :) *Tusculani, apud Lacum Banacensem. Alexander Paganinus, M.D.XXI die* v *januarii* (1521), in-16, nombr. fig. sur bois, mar. r. dos orné, fil. dent. int. tr. dor. (*Hardy.*)

Édition fort rare, et plus complète que celles qui l'ont précédée. Ce volume est aussi une curiosité typographique, en ce sens que c'est un des premiers livres, sinon le premier, sorti des presses établies par Alexandre Paganini dans le village de Toscolano, sur le lac de Garde. C'est pour ce volume que Paganini fit usage de ces caractères gothiques si bizarres inventés par lui. — Cette édition a 272 ff. chiffrés, ornés de nombreuses figures gravées sur bois *à pleine page* (et non *de petites vignettes*, comme l'indique Brunet), plus 8 ff. non chiff. portant la signature MM. et qui manquent presque toujours. L'*Epistola volgare dil auttore di Merlino* et un *Sonnetto* se trouvent au verso du 8ᵉ f.

Bel exemplaire, avec les notes marginales intactes, aux armes du marquis de VILLENEUVE-TRANS.

294. Histoire maccaronique de Merlin Coccaie, prototype de Rablais (Th. Folengo), où est traicté les ruses de Cingar, les tours de Boccal, les adventures de Leonard, les forces de Fracasse, les enchantemens de Gelfore et Pandrague, et les rencontres heureuses de Balde, etc. Plus l'horrible bataille advenuë entre les mousches et les fourmis. *A Paris, chez Toussaincts Du Bray*, 1606, 2 vol. in-12, mar. r. à long grain, dos orné, large dent. *non rog.* (*Motet.*)

Très bel exemplaire, NON ROGNÉ, de la réimpression de 1734, sous la date de 1606 ; il provient de la bibliothèque du Dr DESBARREAUX-BERNARD. — Reliure très fraîche.

295. Magistri Stopini pœtae ponzanensis Capriccia macaronica. *Cremonae, ex typographia Pueroni*, 1675, in-8, mar. br. dos orné, milieu dor. dent. int. tr. dor. (*Hardy-Mennil.*)

L'auteur de ces macaronées estimées, caché sous le masque de Stopini, est César Orsini de Ponzana, secrétaire du cardinal Bevilacqua.

3. POÈTES FRANÇAIS

A. Traité sur la poétique. — Poètes français depuis le XIIe siècle jusqu'à la mort de Clément Marot.

296. Méthode de la versification françoise, ou abrégé de l'art poëtique françois, contenant les règles nécessaires pour faire des vers françois. — Pet. in-4, réglé, mar. r. dos orné, large dent. composée de fleurs, de glands, etc., et milieu doré, doublé de tabis bleu, tr. dor. (*Rel. anc.*)

MANUSCRIT du XVIIIe siècle d'une très belle écriture courante ; il comprend 3 ff. prélim. non ch., 548 pp. et 8 ff. non ch. pour les Tables, et contient de nombreuses pièces de vers servant d'exemples pour tous les genres de poésies. — On y a joint 37 portraits de poètes français par Desrochers et 3 figures de Humblot.

---

297. Choix de Fabliaux mis en vers (par Imbert). *A Genève et se trouve à Paris, chez Prault*, 1788, 2 vol. in-12, mar. bleu, dos orné, fil. et comp. doublé et gardes de moire rose, dent. tr. dor.

Étiquette de *Brudel l'Aîné, successeur du Sr Derome le jeune, son oncle. Rue St-Jaques, hôtel de la Couture n° 65.*

298. Livre Mignard, ou la Fleur des Fabliaux (publié par Charles Malo). *Paris, Louis Janet, s. d.* (1826), in-12, titre-front. et 6 pl. gr. v. brun, dos orné, fil. et comp. tr. dor.

Jolie édition de ce recueil, contenant un excellent choix de Fabliaux destinés aux Dames : Pièces extraites des œuvres de Belleau, Ronsard, Baïf, Clément Marot, St-Gelais, du Bellay, Griselidis, le chevalier à la Trappe, Sémiramis, etc. — Glossaire à la fin.
Exemplaire avec les PLANCHES COLORIÉES.

299. Aucassin et Nicolette, roman de chevalerie provençal-picard, publié avec introduction et traduction par Alfred Delvau. (Tiré d'un manuscrit du XIIIe siècle, appartenant à la Bibliothèque Impériale). *Paris, Bachelin-Deflorenne*, 1866, in-8, pap. vergé, car. goth. musique et lettres ornées tirées en rouge, mar. r. dos orné, fil. dent. int. tr. dor. (*Belz-Niedrée.*)

Très joli volume *tiré à 150 exemplaires*, dont 100 mis dans le commerce.

300. Le Roman de la Rose, *s. d.* :

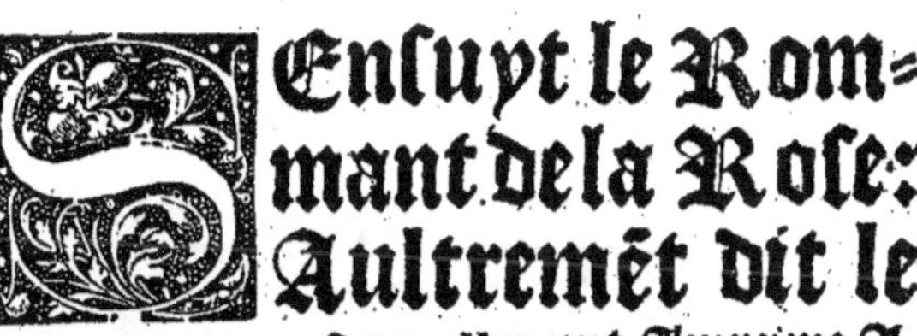
Senſuyt le Rom-
mant dela Roſe:
Aultremēt dit le
ſonge vergier. Nouuellement Imprime A.
Paris. xxx.

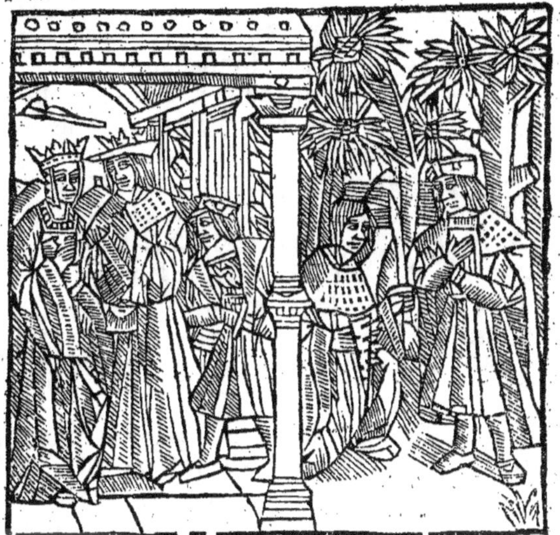

¶ On les vend a Paris en la rue neufue noſtre Dame a lenſeigne de leſcu de France.

(A la fin :) ¶ *Cy finist le Rommant* ‖ *de la Rose nouvellemēt* ‖ *Imprimé à Paris pour Alaĩ Lotrian, demou*‖*rant en la rue neufve nostre Dame à lenseigne* ‖ *de lescu de France.* ‖ *S. d.* in-4, goth. à 2 col. mar. vert, dos orné, fil. dent. int. tr. dor. (*Kœhler.*)

Édition très rare, imprimée vers 1525 (?). Elle se compose de 142 ff. non ch. à 2 col. de 41 lignes et est ornée de deux figures sur bois (sur le titre et à son verso) et de 3 vignettes dans le texte.

Le titre est remonté et raccommodé.

301. Le Roman de la Rose, par Guillaume de Lorris et Jehan de Meung. — In-fol. vélin.

Manuscrit du xve siècle, sur vélin, orné de nombreuses capitales en rouge et bleu et de deux miniatures en couleur, exécutées sur le premier feuillet et mesurant 115 mill. de hauteur sur 78 mill. de largeur.

Il se compose de 153 ff. écrits sur 2 colonnes et débute ainsi :

Maintes gens dient que en songes
Na se non fables et mensonges.

et se termine au verso du dernier f. par ces deux vers :

Explicit le Romant de la Rose
Où lart damours est toute enclose.

Hauteur du volume : 335 mill.

302. Le Roman de la Rose, par Guillaume de Lorris et Jean de Meung, dit Clopinel. Édition faite sur celle de Lenglet Dufresnoy, corrigée avec soin et enrichie de la Dissertation sur les Auteurs de l'ouvrage, de l'analyse, des variantes et du glossaire publiés en 1737, par J. B. Lantin de Damerey. Avec figures. *A Paris, chez J. B. Fournier et P. N. F. Didot, an septième* (1799), 5 vol. gr. in-8, portrait et 3 pl. par Monnet, gr. par Patas, demi-rel. mar. r. à long grain, dos orné, non rog.

Un des 90 exemplaires tirés sur grand papier vélin avec le portrait et 3 figures (sur 4) avant la lettre, la lettre sur papier de soie.

Piqûre de vers aux 4 premiers ff. du tome IV.

303. Vie du Pape Grégoire le Grand, légende française publiée pour la première fois par Victor Luzarche. *Tours, Imprimerie de J. Bouserez* (et *Paris*, *Potier*), 1857, in-16, pap. vergé, fac-similé, mar. brun jans. dent. int. tr. dor. (*Hardy-Mennil.*)

Légende en vers où l'histoire véritable est généralement remplacée par des événements fictifs enfantés par l'imagination du poète. Elle a été publiée d'après un manuscrit du XIIIe siècle conservé à la bibliothèque de Tours et est précédée d'une Introduction et suivie d'un Glossaire.

304. Le Grant testament de Maistre Francoys Villon, *s. d.* :

Le grant testament
Maistre Francoys Villon et le pe
tit Son codicille Auec le iargon &
ses Ballades

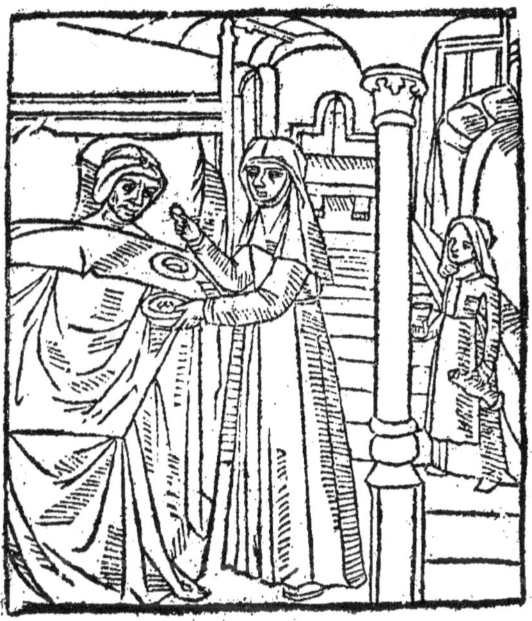

(A la fin :)... *Imprimé à Paris, par la veufve de feu Guillaume Nyverd et Jacques Nyverd, demourãt en la rue de la Juyfrie, à lymage sainct Pierre et à la première porte du Pallays, s. d.* (vers 1521), pet. in-8, goth. ais de bois recouvert de peau de truie moderne estampée à froid, tr. dor.

Édition fort rare, composée de 48 ff. non ch., sign. A-F par 8 ff., et ornée d'une figure sur bois sur le titre.

Exemplaire un peu court de marges; piqûre de ver bouchée aux deux premiers ff.

305. Poésies de Marguerite-Eléonore Clotilde de Vallon-Chalys, depuis Madame de Surville, poète français du xve siècle. Nouvelle édition publiée par Ch. Vanderbourg... Ornée de gravures dans le genre gothique, d'après les dessins de Colin, élève de M. Girodet. — Poésies inédites... publiées par Mrs de Roujoux et Ch. Nodier; ornées de gravures dans le genre gothique, d'après les dessins de Colin, élève de M. Girodet. — *Paris, Nepveu*, 1824-27. — Ens. 2 vol. in-8, fig. mar. vert, dos orné, fil. dorés et encadrem. à fr. grand et beau motif de cathédrale poussé en or sur les plats, encadrem. int. formé de fil. et d'ornem. aux angles, tr. dor. (*Cassassus.*)

Belle édition de ces poésies qui sont une imitation parfaite des poésies du XVe siècle. L'auteur de ce pastiche ingénieux et gracieux serait, paraît-il, le marquis Joseph-Etienne de Surville, qui fut fusillé en 1798.

Très bel exemplaire avec les gravures en noir et *en couleur* et le tirage à part des vignettes, *en couleur*; il est couvert d'une reliure très fraîche, beau et curieux spécimen des reliures de la période romantique dites *à la cathédrale*; voir la reproduction que nous en donnons dans l'*Album*.

306. Le Rebours de Matheolus ‖ (A la fin :) ¶ *Cy finist le résolu en mariage nouvellement imprimé à Paris, par Michel le noir, Libraire... le unziesme iour de may. Lan mil cinq cens et dix huyt.* (1518), in-4, goth. de 60 ff. non ch. fig. sur le titre et au verso du titre, marque de l'imprimeur à la fin, vélin moderne.

Ouvrage fort singulier écrit en faveur du mariage; il est attribué à Jean Le Febvre de Therouane, traducteur du *Livre de Matheolus*.

Réimpression tirée à 25 exemplaires; le nôtre est imprimé sur *feuilles de bois* aussi souples que du papier.

307. G. Alexis. Le Blason de faulses amours, *s. d.* :

Le blason de faulses amours

(En tête du f. aij :) Icy cōmence le blason de faulses ‖ amours compilé par frère Guil‖laume Alexis, prieur de Buzy. ‖ (A la fin :) *Cy fine le blason de faulses a‖mours. Imprimé à Rouen.* ‖ *S. d.* in-8, goth. mar. r. dos orné, fil. dent. int. tr. dor. (*Hardy-Mennil.*)

Petit poème fort rare, dont l'auteur, Guillaume Alexis, surnommé le *Bon Moine*, fut d'abord religieux bénédictin de l'abbaye de Lyre, dans le diocèse d'Evreux, et ensuite prieur du monastère de Bussy, dans le Perche. On le suppose né à La Vieille-Lyre (Eure), mais on ignore le lieu de sa mort.

Notre édition, non citée par Ed. Frère et par Brunet, paraît avoir été imprimée à la fin du XVe, ou dans les toutes premières années du XVIe siècle. Elle se compose de 15 ff. non ch. à 26 ou 27 lignes par page.

308. Le Grant blason de ‖ faulses amours ‖ (A la fin :) *Pour Richard Macé de‖mourāt aux cinq chappe ‖ letz devant nostre dame.* ‖ (*Rouen, s. d.*), pet. in-8, goth. mar. vert à long grain, dos orné, fil. et comp. à la Du Seuil, dent. int. tr. dor. (*Koehler.*)

Édition également fort rare, composée de 16 ff. non ch. à 2 col. de 32 lignes, sign. A-B par 8 ff. Le *Grand Blason* se termine au recto de l'avant-dernier f. et est suivi d'une *Ballade*, en 17 strophes de quatre vers chacune; le verso du dernier f. porte un blason soutenu par deux anges, et renfermant les armes de Rouen, qui nous paraît être la marque d'un imprimeur; cette marque est la même que celle dont nous donnons une reproduction au n° 80, mais sans la lettre D.

Richard Macé, pour lequel ce volume fut imprimé, tenait boutique au portail des Libraires à Rouen, vers 1502.

Exemplaire court de marges, provenant des bibliothèques de Crozet et de Baudelocque. C'est à tort, croyons-nous, que dans le catalogue de la vente de ce dernier amateur il est présenté comme un fragment de volume, car c'est bien un opuscule publié séparément, avec signatures particulières.

309. Le Passetemps des deux alexis freres :

Le passetemps des deux alexis freres: lun religieux noir prieur de Busy. Lautre cordelier.

S. l. n. d. (*Rouen*, vers 1500), pet. in-4, goth. mar. fauve, dos orné, fil. dent. int. tr. dor. (*Trautz-Bauzonnet.*)

Pièce extrêmement rare, comprenant 8 ff. non ch. et dont le fol. 3 porte seul la sign. aii, 29 lignes à la page. Au-dessous du titre dont on voit le fac-similé ci-dessus, figure la même grande marque de Jacques Le Forestier, qui se trouve sur le *De Contemptu mundi* que nous avons décrit au n° 275. Le texte commence immédiatement au v° du titre par ces mots : *Et cōmēce ledit prieur de busy par ‖ lāt a son dit frere...* et se termine au milieu du r° du dernier f.; un peu au-dessous, on lit : *Et fin dudit passetemps.* — C'est par erreur que quelques bibliographes indiquent cette pièce comme étant de format in-8.

Cet exemplaire, *le seul qui ait peut-être passé en vente publique,* est un peu rogné en tête.

310. P. Gringore : Les Faintises du monde, *s. d.* :

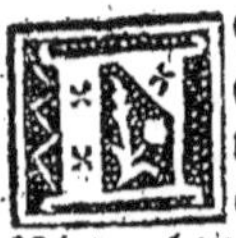

Es faintises du mōde Imprimees a Rouen Pour Jehan mace demourant a Rennes Pour michel angier demourant a caen et pour Richart mace demourāt a Rouen aulx cinq chappeletz deuant nostre dame pres le portail des libraires.

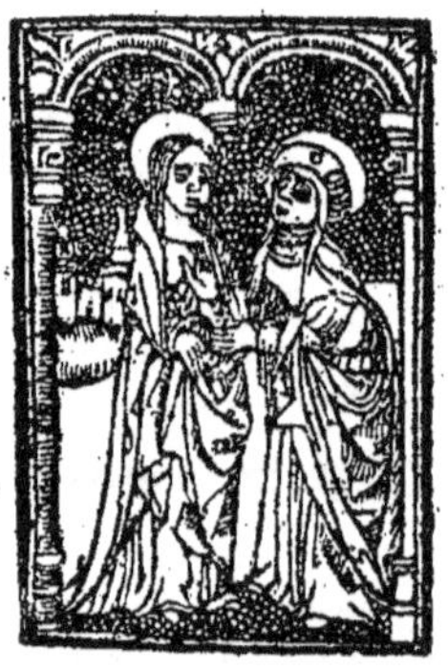

(A la fin :) *Fin des dictes faintises du monde* || *nouvellement imprimées à Rouen, s. d.* (vers 1502), pet. in-8, goth. lettres ornées, mar. r. jans. dent. int. tr. dor. (*Trautz-Bauzonnet.*)

Édition rarissime de ce poème généralement attribué à Pierre Gringore. Elle se compose de 20 ff. non ch. à 24 lignes par page, sign. A-B par 8 et C par 4 ff.

La Normandie et la Lorraine prétendent l'une et l'autre avoir vu naître Pierre Gringore ou Gringoire, mais il paraît être établi aujourd'hui d'une façon certaine que ce poète est né à Caen vers 1475 et mort à Paris vers 1538.

Bel exemplaire des bibliothèques de Ch. Nodier et de E. Baudelocque ; relié à nouveau après la vente du second de ces amateurs, il provient en dernier lieu de la collection du comte de Lignerolles.

311. Sensuyvent les ‖ menus propos ‖ mère Sote nouvellemẽt composee par Pierre Grin‖goire hérault darmes de mõseigneur le duc de Lorrai‖ne. Avec plusieurs addicions nouvelles... ¶ *On les vend à Paris par Philippe le Noir...* (A la fin :)... *Nouvellemẽt imprimé à Paris par Philippe le Noir... demourant en la grant rue sainct Jacques à lenseigne de la Rose blanche couronnée. Et fust achevée le septiesme jour de juillet lan mil cinq cens vingt et huit* (1528), in-8, goth. de 128 ff. non ch. titre r. et noir, v. f. ant. dos orné.

Édition rare, ornée de 38 très curieuses figures gravées sur bois, y compris celle du titre représentant les *trois fols.* — Marque de Philippe le Noir au verso du dernier f.

Exemplaire de Chédeau et de William Martin, rogné dans sa marge extérieure, signature à un f.; quelques petites taches.

312. ¶ Heures de nostre Dame | translatées de latin en ‖ françoys | et mises en ryme | Additionnées de plusieurs chantz ‖ Royaulx figurez et moralisez | sur les mistères miraculeux ‖ de la passion de nostre redempteur Jesu-Christ. | Avec plu‖sieurs belles Oraisons ꝛ Rondeaux cõtẽplatifz | cõpõ ‖ sez par Pierre Gringoire dict Vaudemont... Par le cõmandemẽt de haulte ꝛ noble Princesse ma Dame Regnée de Bourbon, Duchesse de Lorraine... ¶ *On les vend à Paris en la rue Sainct Jacques | en la maison ‖ de Jehan Petit libraire demourãt à lẽseigne de la fleur de lis dor s. d.* — ¶ Chantz Royaulx figurez morallement sur les mi‖stères miraculeux de Nostre saulveur et redẽpteur ‖ Jesuchrist ꝛ sur sa Passion | avec plusieurs dévo‖tes Oraisons ꝛ Rondeaux coutẽplatifz | Cõ‖posez par Pierre Gringoire | dict Vaude‖mõt | herault darmes de Mõseigneur le Duc de Lorraine... *On les vẽd à Paris en la grãt Rue Sainct Jaques en la maison de Jehan Petit, s. d.* — Ens. 2 ouvrages en 1 vol. in-4, goth. fig. sur bois, v. brun ant. fil. et milieu estampé à froid.

Édition fort rare, composée de 8 ff. prél. non ch. et 90 ff. ch. pour les *Heures* et de 32 ff. non ch. pour les *Chants Royaulx*. Le privilège est daté du 15 novembre 1527 et l'almanach est pour seize ans de 1528 à 1543.

Cette édition des *Heures*, imprimée en rouge et noir, est ornée de 13 planches gravées sur bois à pleine page (non compris l'Homme anatomique), dont la dernière représente une scène grotesque de la Passion, où Pierre Gringore, figurant le Christ, est accablé d'injures par des bouffons italiens. — Les *Chants Royaulx* sont imprimés en caractères noirs et sont ornés de 7 planches, parmi lesquelles une scène de la Passion dans laquelle le Christ est représenté dans le costume traditionnel.

Exemplaire dans sa première reliure, un peu fatiguée, portant en lettres d'or sur le premier plat : *Ex dono D. D. A. Lechevallier*. — Mouillures à quelques ff. ; le dernier f. des *Chants Royaulx* manque.

313. Poésies de Jehan d'Auton. — In-4 de 28 ff. demi-rel. mar. violet avec coins, dos orné, fil. (*Niedrée*.)

Précieux manuscrit de la fin du XVe siècle, renfermant des poésies INÉDITES, écrites par le célèbre chroniqueur Jehan d'Auton, né vers 1466 et mort en janvier 1527. Il appartenait à l'ordre de Saint-Benoît et se fit de bonne heure remarquer par son goût pour la poésie, ce qui le mit en rapport avec la reine Anne de Bretagne, qui protégeait les lettres. Il accompagna Louis XII dans ses expéditions en Italie et remplit à la cour les fonctions d'historiographe.

Ce recueil, écrit en lettres rouges et noires, renferme les pièces suivantes : *Epistre envoyée des Champs-Elysées par le trespreux et tres victorieux Hector, esné filz du Roy Priam de Troye, à treschrestien et tresillustre Loys XIIe de ce nom, Roy de France, duc de Millan et de Gennes* (28 pp.). — *Sensuyt une complainte d'amours* (8 pp.). — *Ballades et Rondeaux d'amours* (20 pp.).

314. Les Œuvres de Clément Marot, de Cahors, valet de chambre du Roy, reveuës et augmentées de nouveau. *La Haye, Adrian Moetjens*, 1700, 2 vol. pet. in-12 réglés, mar. vert, dos orné, large dent. à petits fers, doublé de mar. r. dent. tr. dor. (*Padeloup*.)

Jolie édition recherchée.

Exemplaire réglé, du premier tirage, dans une jolie reliure en maroquin doublé.

315. ☙ Le Rabais ‖ du caquet de Fripelippes et de Marot dict ‖ Rat pelé adictioné avec le comment. ‖ ❡ Faict par Mathieu de Boutigni pa‖ge de maistre Francoys de Sagon secré‖taire de Labbé de sainct Eburoult. ‖ *S. l. n. d.* 20 ff. non ch. dont le dernier blanc, fig. sur bois sur le titre. — Le valet ‖ de Marot contre ‖ Sagon, ‖ cum commento. ‖ *On les vend à Paris en la rue sainct Jacques* ‖ *près sainct Benoist, en la bouticque de* ‖ *Jehan Morin près les troys couronnes* ‖ *dargent.* ‖ 1537, ‖ 8 ff. non ch. fig. sur

bois sur le titre. — Ens. 2 pièces en 1 vol. in-8, fig. mar. vert, fil. à froid, dent. int. tr. dor. (*Duru.*)

Ces deux pièces et celles que nous décrivons plus loin (nos 316 à 317 et 319) ont été composées à l'occasion de la querelle de Marot et de Sagon. Cette querelle, à laquelle prirent part presque tous les poètes du temps, intéresse tout particulièrement la Normandie d'abord parce qu'elle eut pour principal théâtre la ville de Rouen, où Sagon était né et où il occupait un rang distingué dans la confrérie des Conards. En outre Marot, dont le père était de Caen, était lui aussi bien connu en Normandie ayant composé dans sa jeunesse un chant royal pour les Palinods de Rouen.

La première pièce, composée par Sagon, et dont nous avons ici l'ÉDITION ORIGINALE, se termine par des épigrammes latines et françaises de Nicolas et François Denisot, Jehan Huguier et François Roussin. — Le titre, imprimé en caractères gothiques, est orné d'une curieuse figure sur bois.

La seconde (également en ÉDITION ORIGINALE) est écrite par Marot, sous le nom de son valet, et est accompagnée de distiques, d'un dizain et d'un *huictain*, par Christophe Richer et Charles Fontaine. — Figure sur bois sur le titre.

Bel exemplaire du marquis de MORANTE.

316. Remonstrance || à Sagon, à La Hu||terie, et au Poè||te Campestre, || par maistre da||luce Locet, Pa||manchoys. || *On la vend au mont sainct* || *Hylaire, devant le col* || *lège de Reims,* || *s. d.*, in-8 de 8 ff. non ch. mar. r. dos orné, fil. dent. int. tr. dor. (*Capé.*)

ÉDITION ORIGINALE de cette pièce composée par Claude Colet, Champenois. Elle est suivie de diverses poésies de Colet, Serhisæus (de Saumur), François Ferrand, Jacques de Mabrée, François Gaucher, etc.

Bel exemplaire.

317. Les Disciples || et amys de Marot con||tre Sagon, la Hueterie, et leurs adherents. || *On les vend à Paris, près le Collège de Reims,* || *à lenseigne du Phœnix* || *S. d.* in-8 de 36 ff. non ch. 2 fig. sur bois, mar. r. dos orné, fil. dent. int. tr. dor. (*Capé.*)

ÉDITION ORIGINALE de ce factum renfermant diverses pièces en français et en latin par Janus Parrhasius (*poeta Senogalliensis*), Nicole Glotelet, Bonaventure Des Periers, Christophe Richer, Ch. Fontaines, Fr. Sagoyn, dit Sagon, etc.

Cette pièce est ornée de 2 figures sur bois; l'une qui se trouve sur le titre représente deux personnages devisant ensemble, l'autre, au recto du f. Fij (refait) nous montre « *une truye qui file et un asnon qui joue du rebec* ».

318. L'AVENTURIER RENDU A DANGIER :

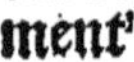
Aueuturier rendu adāgier
conduit par aduis Traictāt
des guerres de bourgongne Et la
Journee de nāci Auec la vie et testament de
Maistre enguerrant de marigny qui fist faire
le Palais de paris et leglise de nostre dame des
coups pres de Rouen & plusieurs aultres cho
ses dignes de memoire. Imprime Nouuellement

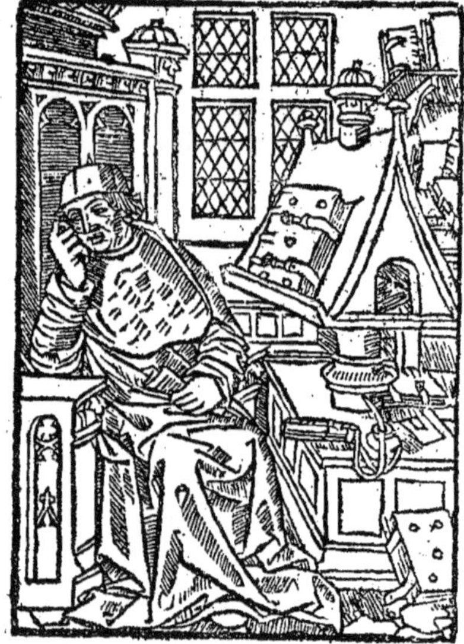

(A la fin.) : *Imprime nou‖vellemēt à Paris,* ‖ *s. d.* (1510), pet. in-4 goth. fig. sur bois, mar. r. dos orné, fil. et bel encadrem. dent. int. tr. dor. (*Niedrée.*)

Poëme d'une rareté insigne dont le titre fait assez connaître l'intérêt qu'il présente et dont on ne connaît guère d'autre exemplaire que celui de la Bibliothèque nationale. Il est orné de 14 figures sur bois non comprise celle du titre et se compose de 31 ff. non ch. à 2 col. de 38 lignes, signat. A, C, D par 4 ff. B et E par

8 ff. et F 3 ff. Le nom de l'auteur, *Jehã de Margny* (Marigny), est indiqué dans son épitaphe, placée à la fin du livre. M. Frère (*Manuel*, I, 282) et d'autres biographes normands ont pensé qu'il s'agissait ici de Jean III de Marigny, frère d'Enguerrand et évêque de Beauvais, puis archevêque de Rouen de 1347 à 1351. C'est une erreur qu'il est facile de reconnaître en examinant le titre et le texte de l'ouvrage :

Et d'abord on lit les vers suivants au v° du titre :

A sy regarder on scaura
Pour q̄ ce livre fait on a...
. . . .
Il fut faict pour ung Bourguignõ,
Le duc Charlo prince de nom.

Or ce duc Charles ne peut être que Charles le Téméraire, le seul duc de Bourgogne du nom de Charles. Comme ce prince était mort alors, l'auteur veut sans doute dire qu'il a fait ce livre à son intention, et que c'est un hommage à sa mémoire. Jean de Marigny était attaché à Charles le Téméraire. Il fait dans son poème le récit des guerres de Bourgogne, et notamment de la Journée de Nancy, à laquelle il assistait.

D'autre part, la date de la composition de l'ouvrage (1510) est exprimée de cette manière au dernier feuillet (recto) :

Prens les quatre piedz dung hetil (M)
Et les quatre fers dung cheval (CCCC)
Et unze signes acomplis (XXXXXXXXXXX)
Que on fait devant les ennemis,
Et vous sçaurés pour verite
Quant ce livre fut compose (1510).

Cette date de 1510 se retrouve au recto du deuxième feuillet, où l'auteur donne son âge :

Soixante ans au monde fut mis,
Jusque lan mil CCCCC et dix.

Ce doit être aussi à peu près l'époque de l'impression du livre.

Il ressort de ce qui précède que les événements qui font l'objet du poème se passant dans la seconde moitié du XVe siècle n'ont pu être racontés par un personnage qui vivait dans la première moitié du XIVe ; mais, quoi qu'il en soit, il est presque certain que l'auteur était un descendant d'Enguerrand de Marigny, seigneur d'Ecouis, de Lyons, etc., qui fut premier ministre de Philippe le Bel, ou de l'un de ses frères.

On trouve à la fin du volume (fol. 27) le *Doctrinal Saulvaige*, en vers de 12 syllabes, qui occupe treize colonnes.

Cet exemplaire, grand de marges, *avec témoins*, est le seul dont parle Brunet (I, 581); il provient des bibliothèques de Bock (1841), baron Pichon (1869), Paradis et Bancel. — Le f. F i qui manquait a été refait à la plume à l'imitation de l'imprimé; très petites piqûres de ver bouchées. — Hauteur : 191 mill.

---

319. Apologie faicte par le grant abbé des Conardz sur les invectives Sagon, Marot, La Hueterie, pages, valetz, braquetz, et cetera, suivie de la respõse à l'abbé des Co-

nardz de Rouen, 12 pp. — La Première leçon des matines ordinaires du grand abbé des Conardz de Rouen, souverain monarcque de lordre : contre la respõse faicte par ung corneur à lapologie dudict abbé, 9 pp. — Les Trèves de Marot et Sagon, suivies du banquet dhonneur, sur la paix faicte entre Clément Marot, Francoys Sagon, Fripelippes Hueterie, et autres de leurs ligues, 24 pp. — *A Paris, de limprimerie de Panckoucke, en* 1848-1854. — Ens. 3 pièces en 1 vol. in-12, mar. r. dos orné, large dent. à petits fers et au pointillé, dent. int. tr. dor. (*Duru.*)

Ces différentes pièces furent écrites à l'occasion de l'intervention de l'abbé, c'est-à-dire le président de la confrérie des Conards, pour rétablir la paix entre ses suppôts.

Très bel exemplaire de cette réimpression tirée à 18 exemplaires; celui-ci est un des deux sur PEAU DE VÉLIN.

---

320. La Contenance de la table :

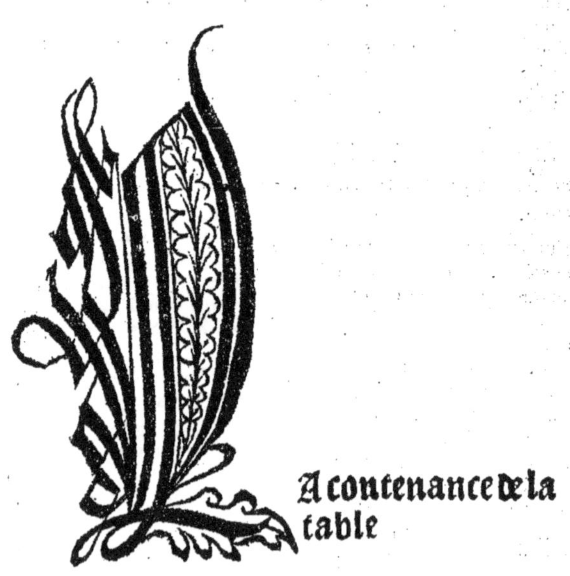

S. l. n. d. (vers 1500), pet. in-4 goth. de 6 ff. non ch., mar. vert, dos orné, fil. et comp. genre Du Seuil, milieu formé de deux sarments enlacés en mosaïque de mar. violet, desquels partent des brindilles, des feuilles et des grappes dorées, dent. int. tr. dor. (*Lortic.*)

Pièce contenant des quatrains moraux à l'usage des enfants, suivis d'une ballade, et qui est considérée comme un des premiers traités de civilité qui aient été publiés en français; elle a été souvent réimprimée au XVIe siècle, mais on ne connaît qu'un très petit nombre d'exemplaires des diverses éditions qui en ont été faites.

L'édition ci-dessus correspond à la première indiquée par Brunet (III, 243), d'après l'exemplaire de Crozet, mais ce doit être par erreur que le Manuel porte *les Contenances* au lieu de *la Contenance*, car c'est ce dernier titre qui est donné au catalogue Crozet.

Bel exemplaire, grand de marges. — Hauteur : 154 mill.

321. ¶ Les Dictz de || Salomon Avecques les res||pōces de marcon fort ioyeu||ses.|| *S. l. n. d.* in-8 goth. de 4 ff. non ch. figure sur bois, mar. La Vall. à long grain, comp. de fil. tête dor. non rog. (*Rel. angl.*)

Réimpression fac-similée d'un opuscule rarissime décrit par Brunet (V, 95).

Exemplaire avec un second titre en fac-similé portant : Les Dictz || de || Salomon || XV exempl. n° 1. || London, MDCCCXXIX. || — La lettre L de ce second titre est historiée.

322. CI COMENCENT LES DICTS MORAULX. (A la fin :) *Explicit les dicts moraulx.* — Petit in-8 carré, bas. ant. jaspée.

Curieux manuscrit sur vélin, exécuté dans la première moitié du XVe siècle, et composé de 16 ff. renfermant 23 maximes morales, exprimées chacune en quatre vers de huit syllabes. Il est orné de huit jolies miniatures à pleine page, peintes en or et en couleur, et de vingt-trois initiales peintes en bleu sur fond or. Les huit miniatures représentent : 1° Un homme en prières dans son oratoire. — 2° Un personnage écrivant, assis dans un fauteuil à dossier élevé, devant un pupitre. — 3° Un seigneur à table, servi par son page. — 4° Une bataille. — 5° Un juge entouré de ses conseillers et écoutant un plaideur. — 6° Un clerc distribuant l'aumône à deux mendiants estropiés. — 7° Un prêtre bénissant deux jeunes époux. — 8° Dieu le Père entouré de ses anges. — On trouvera dans l'*Album* une reproduction de la 6e miniature et de la page en regard.

Ce manuscrit provient de la bibliothèque du comte de Fortia d'Urban.

Hauteur : 106 mill. et demi.

323. Lépitaphe de || frère Olivier Maillard. || *S. l. n. d.* in-16,

goth. de 8 ff. non ch. fig. sur bois au verso du titre, mar. r. jans. dent. int. tr. dor. (*Hardy-Mennil.*)

Réimpression tirée à 62 exemplaires, faite à Paris, chez Lahure, en 1857, par les soins de M. Veinant.

Bel exemplaire, un des six tirés sur PAPIER DE CHINE.

324. LE VARIABLE DISCOURS DE LA VIE HUMAINE, 1545 :

Le Variable

Discours de la vie humaine, nouuellemét traduict, de Latin en Rithme francoyse, par M. Guillaume Haudent.

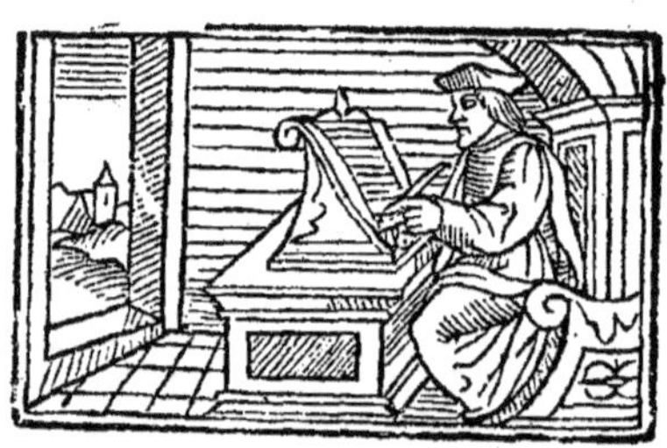

Imprime a Paris par Nicolas Buffet pres le College de Rains.

1 5 4 5

Pet. in-8, fig. sur bois, mar. citron, dos orné, fil. dent. int. tr. dor. (*Trautz-Bauzonnet.*)

Pièce rarissime dont on ne connaît guère que deux ou trois exemplaires. Brunet la cite (*Manuel*, III, 59), mais sans l'avoir vue, car le titre qu'il en donne est loin d'être exact. Elle se compose de 12 ff. non ch., sign. A.-C., par 4 ff., et est ornée d'une vignette sur le titre, répétée au v°, au-dessus d'un *Argument* en dix vers, et de deux autres vignettes occupant entièrement le v° du dernier f. Au v° du f. ciii commence une pièce précédée de ce titre :

Ballade contenant en somme
Les tiltres de la qualite
Dung amour que l'on dict et nomme
Fol amour de charnalite.

A la suite de cette ballade, qui comprend 28 vers, on trouve : *Rondeau sur la devise de Vie aprez Mort* (10 vers). Le titre de cet opuscule est imprimé en caractères ronds et son texte en caractères italiques.

L'auteur, Guillaume Haudent, né à Rouen, prêtre du diocèse de cette ville, était resté, jusqu'à ces dernières années, à peu près ignoré des biographes; le *Manuel du bibliographe normand* de M. Frère n'en fait pas mention. M. Ch. Lormier est le premier qui ait donné une notice un peu étendue sur la vie et les écrits de ce poète, en tête de la réimpression d'un de ses ouvrages : *Trois cent soixante et six Apologues d'Esope, traduicts en rithme françoise, par Maistre Guillaume Haudent.* (Rouen, 1877.) M. Lormier, en composant cette notice, ne possédait pas encore *le Variable Discours*, car il reproduit textuellement le titre inexact qu'en donne Brunet.

Exemplaire réglé et grand de marges, mais avec une petite piqûre de ver bouchée à la marge intérieure des premiers ff.

B. *Poëtes français depuis la mort de Clément Marot jusqu'à celle de Fr. Malherbe.*

325. Œuvres poetiques sur le subject de la conception de la Très-Saincte Vierge Marie mère de Dieu, composez par divers autheurs, recueillies par Adrian Bocage, P. *A Rouen, de l'Imprimerie de Robert Feron, contre S. Maclou,* 1615, in-12, vign. sur le titre, mar. r. dos orné, fil. dent. int. tr. dor.

Petit livre fort rare, qui se rattache à l'histoire des *Palinods de Rouen*. Adrian Bocage était prêtre du diocèse d'Évreux. — Jolie vignette gravée sur le titre représentant la Vierge et l'Enfant Jésus.

Petit trou dans le haut de la page 7.

326. Le Sejour des Muses, ou la Cresme des bons vers, triez du meslange et cabinet des Sieurs de Ronsard, Du Perron, Aubigny (*sic*) père et fils, de Malerbe, de Lingendes, Motin, Maynard, Théophile, de Bellan, et autres bons autheurs. *A Rouen, chez Martin de la Motte,* 1630, in-8, mar. r. dos sans nerfs orné à petits fers, fil. tr. dor. (*Padeloup.*)

Recueil recherché parce qu'il s'y trouve quelques vers qui ne sont pas dans les autres collections du même genre.

Exemplaire court de marges. — La marge inférieure du titre est refaite.

327. Le Miroir d'Éternité, comprenant les Sept aages du monde, les Quatre monarchies, et diversité des règnes d'iceluy, et la fin duquel sont contenus le général Jugement de Dieu, la peine des réprouvez et la gloire des prédestinez, composé par M. Robert Le Rocquez de Carenten, en Normandie. *A Caen, de l'Imprimerie de Pierre Le Chandelier*, 1589, pet. in-8, mar. r. dos orné et milieu doré, dent. int. tr. dor. (*Hardy.*)

Livre fort rare, dont l'auteur, prêtre et docteur en théologie, naquit à Carentan, vers la fin du XVe siècle, et y mourut en 1560. Son recueil ne fut publié que vingt-neuf ans après sa mort par son neveu, Robert Le Rocquez.

Raccommodages au titre, à un f. de texte et à un f. de table.

328. Les Œuvres françoises de Joachim Du Bellay, gentilhomme Angevin, et poëte excellent de ce temps. Reveuës, et de nouveau augmentées de plusieurs poésies non encores auparavant imprimées. *A Rouen, pour George l'Oyselet*, 1592, fort vol. in-12, mar. r. dos orné et milieu à fers azurés, dent. int. tr. dor. (*Allô.*)

Jolie édition imprimée en caractères italiques.

329. Opuscules d'amour, par Heroet, La Borderie, et autres divins poëtes (Ch. Fontaine, Paul Angier et Papillon). *A Lyon, par Jean de Tournes*, 1547, in-8, mar. bleu, dos orné, riches comp. de feuillage aux angles et au milieu des plats, dent. int. tr. dor. (*Thibaron-Joly.*)

Ouvrage fort rare, très bien imprimé en caractères italiques. Il renferme les pièces suivantes : La *Parfaicte amye;* l'*Androgyne de Platon; Complainte d'une dame nouvellement surprinse d'amour*, par Ant. Heroet, dit la Maison Neuve; *Epistre amoureuse*, par I. C.; l'*Amye de Court*, par La Borderie (poète normand); la *Contr'amye de Court*, par Ch. Fontaine, Parisien; l'*Honneste Amant*, par Paul Angier (né à Carentan); le *Nouvel Amour* et le *Discours du voyage de Constantinoble*, par La Borderie.

Très bel exemplaire revêtu d'une riche reliure de Thibaron.

330. Delie, objet de plus haute vertu, poésies amoureuses par Maurice Seve Lyonnais. *Lyon, Scheuring*, 1862, in-8, pap. vergé teinté, portr. et nombr. vign. sur bois, mar. vert, dos orné, fil. dent. int. tr. dor. (*David.*)

Tiré à 205 exemplaires.

331. Emblèmes ou Préceptes moraux, tirez des escrits de feu Gilles Corrozet, non encore imprimez. *A Paris, chez*

Jean Corrozet, 1641, pet. in-8 de 93 pp. mar. vert jans. dent. int. tr. dor. (*Bruyère.*)

Les *Emblèmes ou Préceptes moraux* sont écrits en vers, et occupent 80 pp.; le restant du volume pp. 81 à 93, contient les *Autres œuvres chrestiennes du mesme autheur;* ce sont des quatrains sur *l'Évangile du S. Sacrement, pris du 6e chapitre de S. Jean; Louanges du Sainct Sacrement; Cantique du Sainct Sacrement; Les Béatitudes.* — L'Épître dédicatoire (en vers) est adressée à *Monseigneur le Daufin.*

332. LES EXERCICES DE I. I. (JEAN IVE) D. (DIEPPOIS). Tout par mesure. — In-fol., demi-rel. v. vert, dos orné.

MANUSCRIT INÉDIT D'UN POÈTE FRANÇAIS DU XVIe SIÈCLE, d'une très belle écriture, imitant les divers genres de calligraphie en usage à l'époque, comme on pourra le voir par la reproduction réduite d'une de ses pages, que nous donnons ci-contre. Il se compose de 360 pp. et renferme un nombre considérable de pièces divisées en quatre livres. Le premier contient des poésies morales, philosophiques, des traductions, des pièces adressées à des personnages contemporains, etc.; le second, des poésies amoureuses; le troisième, des distiques, des épigrammes, des épitaphes, des sonnets, un poème sur les misères de la France, etc., et le quatrième, des poésies religieuses.

Le nom de l'auteur, Jean Ive, se trouve écrit deux fois sur le titre du volume, d'abord dans un monogramme, puis en toutes lettres dans la bordure de la rosace qui encadre ce monogramme. « Quant à l'initiale D. (lisons-nous sur une note imprimée, fixée sur un feuillet de garde) elle indique certainement la patrie de l'auteur. Cette patrie, quelle est-elle ? Peut-être Dieppe. Cette ville était assez littéraire pour avoir un de ces concours poétiques connus sous le nom de Puy, comme on le voit par une pièce de vers qu'Ive adresse à un Lefèvre, avocat, qui avait gagné le prix de l'ode au puy de D... En tout cas, s'il n'est Dieppois, notre poète est certainement Normand. Le seul paysage qu'il chante c'est celui de la vallée de l'Eure, avec son beau château, où il paraît avoir séjourné dans la famille de Quiévremont. Il serait étonnant qu'un poète dieppois, si étranger qu'on le suppose à la marine, ne nommât point la mer. Ive en parle en effet, à propos d'un de ses plus intimes amis, Philippe de Thienbronne. »

De plus ce qui prouve que notre auteur est sûrement Normand c'est que presque toutes ses pièces de vers sont dédiées à des personnes dont les noms sont bien normands, tels que : MM. Lefèvre, Eude, Heudreville-Quiévremont, Mlles Du Mesnil, d'Yémanville, Crény, Basqueville, Bournonville, Cuverville, etc., etc. Il appartenait peut-être à la religion Réformée, car, dans le livre des poésies religieuses qui occupe plus de 90 pages, il ne fait pas une seule fois allusion à la Sainte Vierge et une des pièces du premier livre

D'vn cœur ingrat, lasche, et vilain,
De noire tristesse tout plein,
Tout plein d'infernale auarice,
appellés, Il fit conuenir en justice
Le moissonneur pour essayer
De luy faire rendre et payer
Du lien coupé le dommage,
bienfaict, Ainsi le bien-fait en nul aage
âge, Ne pourroit conuertir en bien
Vn Naturel qui ne vaut rien,

De la femme,

ne, Le Vent, la plume, ni la paille,
Le vent, et la plume, et la paille Ne pesent tous trois vne maille, Ne pesent ensemble vne maille,
Mais moins que paille, plume, ou vent,
La femme pese bien souuent,

Que cest que la vie des Hômes,

Toy qui ne sçais que c'est de nostre viure,
Escoute icy, si tu le veus sçauoir,
C'est vn passage à la Mort, c'est auoir
L'efaix d'Hercul, & ses labeurs a suiure,

A Phoebus de Daphné fuyante,

tes traicts, Cache ton arc, laisse tes trais,
En poursuiuant ceste pucelle,
attraicts, Elle ni fuit point tes attrais,
Elle craint ta fleche cruelle,

Ou ainsi,

Jette ton arc, Phœbus, cache tes trais,
Pour arrester Celle que tu appelles,
ne, Elle ne fuit ni toy, ni tes attrais,
Mais elle craint tes sagettes cruelles,

du haut en bas, Vulcan jetté du haut du Ciel,

Donques du Ciel ma laide face
M'a debouté sans nulle grace,

est traduite du latin de Philippe Melanchton, le célèbre réformateur allemand.

Enfin ce qui rend ce manuscrit particulièrement précieux, C'EST QU'IL EST AUTOGRAPHE, car Jean Ive (f° 52) sollicite l'indulgence de ses lecteurs en disant que souvent il a transcrit et mis au net son ouvrage pendant la nuit. Il dit en outre (f° 50) qu'il n'a pu mettre la dernière main à ses ouvrages, et qu'il s'est contenté d'en former ce recueil sans les rendre publics.

Pour terminer voici un échantillon des vers de ce poète, pris dans son *Adieu à la valée d'Eure :*

O gentil fleuve, adieu, dont les ondes frisées
Peuvent estre un miroir des clartez plus prisées,
Qui nous vas invitant par l'attrait gracieus
D'un beau cours qui contente et l'oreille et les yeus,
A monter hardyment sur ta coulante eschine,
Et récréer nos cœurs de ta frescheur bénigne,
Avec un tel plaisir, qu'on ne se peut saouler
De te veoir, de te prendre et sur toy se rouler.
. . . .

333. Les Premières (et les secondes). Œuvres de Mesdames Des Roches de Poitiers, mère et fille, corrigees et augmentees de six dialogues. Avec une tragicomédie de Tobie et autres œuvres poetiques. Troisiesme édition. *A Rouen, chez Adrian Morront*, 1604, 2 parties en 1 vol. in-12, dos orné, couronne de feuillages à petits fers, dent. int. tr. dor. (*Trautz-Bauzonnet.*)

Édition rare, plus complète que celles qui l'ont précédée. La

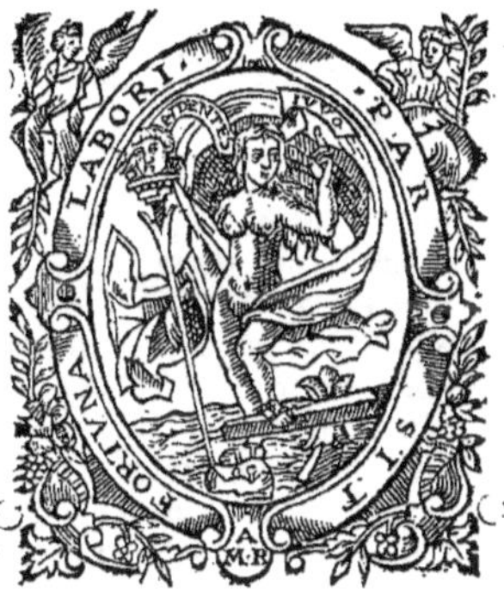

première partie a 191 pp. et la seconde 72 ff. ch. — Les titres portent la marque de Morront, marque reproduite ci-dessus et qui ne figure pas dans le recueil de Silvestre.

Bel exemplaire.

334. Les Œuvres poétiques et chrestiennes de G. de Saluste, S^r Du Bartas, prince des poètes françois. *A Genève, par*

Gabriel Cartier, 1608, in-24, titre avec encadrement gravé sur bois, mar. r. fil. à froid, dent. int. tr. dor.

Jolie édition imprimée en caractères microscopiques. Exemplaire court de marges. Titre remmargé dans le bas.

335. Les Œuvres de G. de Saluste, Sr Du Bartas, reveües, corrigees, augmentees de nouveaux... Embellies de figures sur tous les jours de la sepmaine. Plus a este adiousté la premiere et seconde partie de la suitte, avecq l'argument general et amples sommaires au commencement de chacun livre par S. G. S. (Simon Goulart, senlisien). Dernière édition. *A Paris, chez Claude Rigaud*, 1611, 2 tomes en 1 vol. in-fol. 1 titre-front. et 7 fig. gr. par M. de Vos, Eli van Bosc Thomas de Leu, Ed. Charpy, mar. r. dos orné, fil. tr. dor. (*Rel. anc.*)

Bonne édition.

Ex-libris-étiquette de L. S. Auger, critique et littérateur né à Paris, en 1772, mort en 1829, avec sa SIGNATURE AUTOGRAPHE sur l'un des ff. de garde. — Raccommodage au dernier f.

336. Le Tombeau de feu noble homme Maistre Richard Le Gras de Roüen, en son vivant docteur en médecine, 2 ff. prél. et 51 pp. — Les Besongnes et les jours d'Hesiode Ascraean, mis en Francois par Jaques Le Gras de Rouen, 52 pp. — *A Paris, chez Estienne Preuosteau*, 1586. — Ens. 2 ouvrages en 1 vol. in-12, mar. r. jans. dent. int. tr. dor. (*Thibaron.*)

Jaques Legras, avocat au Parlement de Normandie, naquit à Rouen vers le milieu du XVIe siècle et mourut en 1600. La Croix du Maine dit que *c'étoit un homme fort docte ès-langues et un poète françois très excellent.* Il était fils de Richard Legras, savant médecin, né à Rouen en 1526, mort dans la même ville en 1584. En dehors de la traduction d'Hésiode en vers alexandrins, décrite ci-dessus et que l'abbé Goujet affirme être la meilleure qui ait été publiée jusque-là, J. Legras composa sans doute d'autres pièces de vers qui doivent figurer dans des recueils de l'époque. Brunet n'a pas cru devoir faire une mention spéciale de ce poète dans son *Manuel*, mais il cite les deux ouvrages que nous annonçons à son article sur Hésiode (III, 144).

« Le premier volume est un recueil de sonnets, odes, distiques, etc., en vers latins et français de différents poètes et ayant tous rapport à la mort du médecin Richard le Gras. Nous donnons ci-après les noms des poètes dont les vers ont été recueillis par le fils du défunt, Jacques le Gras. »

« Les recueils de poésies dans ce genre sont des plus intéressants, car ils nous montrent avec quelle ardeur les personnages d'une même localité rivalisaient de zèle pour composer des poésies sur un sujet donné. On peut considérer ce petit volume comme un des derniers efforts tentés pour relever l'institution des Palinods de Rouen, institution qui fut si florissante dans ce pays à la fin du XVe siècle et au commencement du XVIe siècle. C'étaient du reste, pour la plupart, des habitudes conservées dans les familles que ces concours poétiques. Nous retrouvons en effet des poètes appartenant aux mêmes familles que ceux que nous citons ci-après, qui, quelques années auparavant, avaient pris part aux palinods... »

« Le f. de titre porte au v° les armes de R. Le Gras, le 2e ff. non chiffré est occupé au r° par l'épitaphe de Richard Le Gras... et au v° par un sonnet de Jacques Le Gras. »

« Voici les noms des poètes ayant pris part à ce volume : Alf. Quint, Nicolas Papillon, Laur. Godefroid, Jean Doublet, Jacq. Le Gras, Pierre Le Prévost, N. Michael, Jean du Pont, Saint-Pierre, Marin le Pigny, Claude Courant, Ch. Beroalde, Jacques de la Porte, François Viger, N. Papillon, Robert Belin, Jacques Denyot, Guillaume de Fondimare, Claude Février, Pierre Christian, Denis Dutot, Jean Genevré, Baptiste le Normand, Jessé Hermier, Philippe Breart, Mathieu le Halleur, Louis Martel, etc. »

« Le 2e volume est précédé d'une dédicace à maistre Richard Le Gras, de son fils, datée de Rouen, ce dernier jour de l'an 1582, 2 ff. sont occupés par des anciens épigrammes grecs sur Hésiode. Les *Besongnes* est un poème de 1 068 vers suivi d'un sonnet sur la mort de Richard Le Gras par Jacques Le Gras, d'une *Table* et d'un errata... »

« Cet exemplaire a appartenu à l'un des poètes qui ont fourni des vers au *Tombeau*, à Guillaume de Fondimarre qui a ajouté quelques pièces de vers mss. pp. 13, 22 et 51 du premier ouvrage. » (*Bulletin de la librairie Morgand*, III, n° 8407.)

337. Les Omonimes, satire des mœurs corrompues de ce siècle, par Antoine Du Verdier, homme d'armes de la compagnie de monsieur le Sénéchal de Lyon. *A Lyon, par Antoine Gryphius*, 1572, in-4 de 2 ff. prél. non ch. et 12 ff. ch. portr. mar. r. dos orné, fil et comp. à la Du Seuil, dent. int. tr. dor. (*Hardy-Mennil.*)

Cette pièce de vers est fort remarquable par ses rimes qui présentent toujours un jeu de mots ou calembour opposé au mot pris dans son sens naturel; elle est d'ailleurs très rare (*Brunet*). — 1 f. pour le titre avec la marque de Gryphe, 1 f. contenant au recto un beau portrait gravé sur bois avec encadrement et au verso un sonnet de Buguyon; 12 ff. chiff., sauf le premier, qui contient la dédicace au comte de Sanzay, avec une jolie lettre ornée.

338. Les Ballieurs des ordures du monde. Nouvellement imprimé pour la premiere fois, par le commandement de

nostre puissant économe. *A Rouen, chez David Ferrand, rüe aux Juifs au coein de la ruë du Bec, s. d.* pet. in-8 de 16 pp. fig. sur bois sur le titre, mar. vert, dos orné, fil. dent. int. tr. dor. (*E. Niedrée.*)

Édition non citée de cette satire en vers de la plus grande rareté. Exemplaire court de marges provenant de la bibliothèque P. Desq.

339. Les Premières Œuvres de Philippes Des-Portes. Dernière édition reveüe et augmentée. *A Paris, par Mamert Patisson, Imprimeur du Roy,* 1600, in-8, mar. r. dos orné à petits fers, fil. dent. int. tr. dor. (*Padeloup.*)

Une des plus belles éditions des Œuvres de ce poète, surnommé par ses contemporains *le Tibulle français,* qui mourut en 1606 dans l'Abbaye de Bonport (diocèse d'Évreux) où il s'était retiré.

Bel et précieux exemplaire, réglé, entièrement couvert d'annotations manuscrites de la main de Saint-Marc, copiées par lui sur un exemplaire des Œuvres de Desportes, de la même édition, annoté par Malherbe.

Dans le cours du xixe siècle, ce précieux volume a successivement appartenu à Charles Nodier, Pixerécourt, Turquety et Thomas Powell.

Une longue note manuscrite de Saint-Marc, datée de novembre 1752, qui occupe le v° du titre, nous apprend que l'exemplaire contenant les remarques de Malherbe, fidèlement copiées ici, a appartenu à Guez de Balzac qui écrit à Conrart, à son sujet, qu'il est *marqué de la main de Malherbe et corrigé d'une terrible manière. Toutes les marges sont bordées de ses observations critiques.* Saint-Marc ajoute que ce précieux monument lui a été communiqué par M. de Bourbonne qui le tenait de son beau-père, M. Bouhier, Président à mortier au Parlement de Dijon. D'autre part, Charles Nodier a écrit la note suivante sur un f. de garde : « Copie des notes de Malherbe, écrite de la main de Saint-Marc, et dont il s'est servi pour le *Discours sur les services que Malherbe a rendus à la langue,* dans sa belle édition de ce poëte, Paris, 1757, in-8. L'original de Malherbe est dans la Bibliothèque du Roi. — *Ch. Nodier.* » Enfin, dans d'autres notes également placées sur des ff. de gardes et qui doivent être de la main de M. Turquety, nous lisons que, contrairement à l'assertion de Nodier, l'original de Malherbe ne se trouve pas à la Bibliothèque du Roi et que les Conservateurs pensent même que ce volume n'y est jamais entré. On en a donc absolument perdu la trace, ce qui donne une grande valeur à notre exemplaire. Ce livre étant d'une grande importance pour l'histoire de la poésie française, il serait à souhaiter qu'on publiât en entier le Desportes, ainsi commenté, l'extrait qu'en a imprimé Saint-Marc, dans sa belle édition de Malherbe, n'étant pas suffisant.

340. Les Œuvres poetiques de Mr Bertaut, evesque de Sees abbé d'Aunay, premier aumosnier de la Royne. Derniere

edition. Augmentees de plus de moitié outre les precedentes impressions. *A Paris, chez Toussainct Du Bray*, 1620, in-8, mar. r. dos orné, fil. dent. int. tr. dor. (*Allô.*)

Première édition des *Œuvres complètes* du poète Jean Bertaut, né à Caen en 1552, mort à Séez en 1611. — 8 ff. prélim. non ch., 672 pp., 4 ff. non ch. pour la Table.

Exemplaire un peu court de marges portant sur un feuillet de garde le nom *De La Curne* qui doit être la signature autographe du savant La Curne de Sainte-Palaye.

341. Les Satyres, et autres Œuvres du sieur Regnier, augmentées de diverses pièces cy-devant imprimées. *A Leiden, chez Jean et Daniel Elsevier*, 1652, in-12, mar. r. dos orné, fil. dent. int. tr. dor. (*Rel. anc.*)

Seconde édition elzevirienne plus complète que celle de 1642 et la plus recherchée. M. Willems (*Les Elzevier*, n° 715) consacre une notice intéressante à ce joli petit livre. — Hauteur : 125 mill.

342. Les Satyres et autres œuvres du sieur Régnier, augmentez de diverses pièces cy-devant non imprimées. *A Rouen, et se vendent à Paris, chez Louis Billaine*, 1667, in-12, v. f. dos orné, fil. dent. int. tr. dor. (*Petit, succr. de Simier.*)

Jolie édition imprimée à Rouen, par L. Maurry.
Titre remmargé extérieurement.

343. Satyre Menippée sur les poignantes traverses et incommoditez du mariage. Avec la Thimethelie ou censure des femmes, par Thomas Sonnet, docteur en médecine gentil-homme Virois. Troisième édition reveuë de nouveau par l'autheur et augmentée d'une deffence apologétique, contre les censeurs de sa satyre du mariage. *A Paris, chez Jean Millot*, 1609-1610, 3 parties. — Responce à la contre-satyre par l'autheur des satyres du mariage, et Thimethelie (Thomas Sonnet). *Imprimé à Paris*, 1609. — Ens. 4 parties en 1 vol. in-8, portr. mar. r. dos orné à petits fers et au pointillé, fil. dent. int. tr. dor. (*Lortic.*)

Édition très rare de ces satires en vers de Thomas Sonnet, sieur de Courval, médecin et poète, né à Vire (Calvados) en 1577, mort en 1627. Elle est peu connue et n'a jamais été complètement décrite. La première partie, datée de 1610, a 12 ff. prélim. non ch. comprenant le titre, un Avis au lecteur, 3 pièces de vers dont 2 en italien, une épître à Jules de Gouvets et 13 pièces de vers ; 73 pp. signat. A-Ev. Le premier f. (pp. 1 et 2, non ch.), blanc au r°, contient au v° un beau portrait de Courval Sonnet, âgé de 33 ans, par Léonard Gaultier, au dessous duquel se trouve le quatrain souvent cité : *Vire fut mon berceau, ma nourrisse et mon laict...* — La seconde partie, datée de 1609, comprend 2 ff. non ch. et 38 pp. signat. Evi-Hij. Elle est ainsi intitulée : *Thimethelie ou Censure des femmes. Satyre seconde. En laquelle sont amplement descrites les Maladies qui arrivent ordinairement à ceux qui vont trop souvent à l'escarmouche soubs la Cornette de Venus...* Ce titre occupe le premier f. non ch., le second contient une épître à M. Du Criont. Les pp. 1 à 5 ont 2 Stances et une Ode, la p. 22 une pièce de vers, et les pp. 23 à 38 : *Six Epitaphes ou Tombeaux.* — La troisième partie, *Deffence apologétique*, datée de 1610, se compose de 42 pp. et 1 f. blanc, signat. Hiij-K ; les premières pp. sont mal ch., la dernière n'est pas ch. — La quatrième partie a 28 pp. y compris le titre donné plus haut, signat. A-D ; elle est en prose comme la troisième partie.

Bel exemplaire *avec témoins* aux derniers ff. — Petite tache d'encre sur le premier plat de la reliure.

344. Les Satyres du sieur de Courval, contre les abus et désordres de la France. Dédiées à la Reine mère du Roy. Plus est adiousté les exercices (et la suitte des exercices) de ce temps d'une très belle et gentille invention. *A Rouen, chez Guillaume de La Haye*, 1626-1627, 3 parties en 1 vol. in-8, mar. bleu, dos orné, fil. dent. int. tr. dor.

Édition très rare et la seule complète, les *Exercices de ce temps* ne se trouvant pas dans les éditions précédentes.

La première partie, *Satyres contre les abus et désordres de la France*, 1627, contient 5 satires énoncées au v° du titre : 1, *Contre les Simoniaques*, portée dans l'ouvrage sous le titre de *Des Pervers ecclesiastiques*, est sur les mœurs déréglées du clergé et sur la simonie ; 2. *Contre les sacrileges* (*de la noblesse layque*) ; 3, *Contre les Custodinos* (*et Confidenteres*) ; 4, *Contre la corruption des justiciers* ; 5, *Contre le larrecin des financiers.* — 14 ff. non ch. et 116 pp.

La deuxième partie, *Les Exercices de ce temps, contenant plusieurs Satyres contre les mauvaises mœurs... Quatriesme édition*, 1626, se compose de douze satires, souvent un peu obscènes mais très curieuses au point de vue des mœurs : 1, *Le Bal ;* 2, *la Mortification ;* 3, *la Foire de village* ; 4, *le Pelerinage ;* 5, *la Pourmenade ;* 6, *le Cousinage ;* 7, *Lucine ou la femme en couche ;* 8, *l'Affligé ;* 9, *le Débauché ;* 10, *l'Ignorant ;* 11, *le Gentilhomme ;* 12, *le Poëte.* — 115 pp. y compris le titre contenant au v° un sixain et la table des satires ; 1 f. blanc.

La troisième partie, *Suitte des exercices de ce temps, contenant plusieurs Satyres contre le Joug nuptial et fascheuses traverses du mariage. Par le S. D. C. V.*, 1627, contient 7 nouvelles pièces, savoir : 1, *Contre le joug nuptial ;* 2, *Contre-affection et diversité des humeurs et temperamens des mariez ;* 3, *le Hazard des cornes espousans belle femme ;* 4, *le Dégoust, espousans laide femme ;* 5, *la Riche et superbe ;* 6, *la Pauvre et souffreteuse ;* 7, *Censure des femmes.* — 1 f. pour le titre avec la table au v° et 47 ff. paginés 117 à 209 : les signatures des cahiers sont la continuation de celles de la deuxième partie.

Frère (*Manuel du bibliographe normand*, II, 538) attribue *les Exercices de ce temps* à Robert Angot, sieur de l'Esperonnière, poète, né à Caen en 1581.

Exemplaire un peu court de marges.

345. Les Œuvres de Théophile, divisées en trois parties. La première partie contenant l'immortalité de l'âme, avec plusieurs autres pièces. La seconde, les tragédies et la troisième, les pièces qu'il a faites pendant sa prison, dédiées aux beaux esprits de ce temps. Dernière édition. *A Paris, chez Antoine de Sommaville*, 1661, 2 tomes ou 3 parties en 1 vol. in-12, mar. r. jans. dent. int. tr. dor. (*Belz-Niedrée.*)

Édition recherchée.

346. Les Œuvres de Théophile, divisées en trois parties. Première partie, contenant l'immortalité de l'âme, avec plusieurs autres pièces. La seconde, la tragédie de Pirame et Thisbé, et autres meslanges et la troisiesme, les pièces qu'il a faites pendant sa prison, dédiées aux beaux esprits de ce temps. Reveuës et corrigées en cette dernière édition de plusieurs fautes notables. *A Paris, chez Nicolas Pepingué*, 1662, 2 tomes ou 3 parties en 1 vol. in-12, mar. r. fil. à froid, dent. int. tr. dor (*Duru.*)

Jolie édition, estimée.

Exemplaire aux armes du comte de Lagondie.

347. Poésies de Malherbe, rangées par ordre chronologique, avec un discours sur les obligations que la langue et la poésie françoise ont à Malherbe, et quelques remarques historiques et critiques (par C. H. Le Fèvre de Saint Marc). *Paris, Barbou*, 1757, in-8, portr. gr. cuir de R. dos orné, fil. dor. dent. à froid, dent. int. tr. dor. (*Thouvenin.*)

Bel exemplaire sur papier de Hollande de cette excellente édition, ornée d'un joli portrait gravé par Fessard.

François de Malherbe naquit à Caen en 1628.

348. Poésies de Malherbe, rangées par ordre chronologique. *Genève* (*Paris, Cazin*), 1777, in-18, portr. gr. par de Launay, mar. r. dos orné, fil. tr. dor. (*Rel. anc.*)

Exemplaire aux armes de J.-B.-A. Colbert, marquis de Seignelay, colonel du régiment de Champagne.

Poètes français, depuis 1628 jusqu'à nos jours.

a. Poésies de divers genres.

349. L'Eslite des bouts-rimez de ce temps. Première partie contenant ceux de Monsieur de Boisrobert, de Monsieur de Benserade, de Monsieur de Calprenede, de Monsieur Tristan, de Monsieur Sarazin, de Monsieur l'abbé de Laffemas, de Monsieur de Montreüil, de feu Monsieur Gillet, de Monsieur Desmarets, de Monsieur de Sainct Julien et de plusieurs autres. *Imprimé à Paris, et se vend au Palais*, 1649, pet. in-8 carré de 8 ff. prél. 93 pp. et 1 f. pour le privilège, mar. r. fil. à froid, dent. int. tr. dor. (*Niedrée.*)

Seule partie publiée de ce recueil non cité par Brunet, dont la dédicace, adressée à l'abbé Fouquet, est signée de Saint-Julien. — Plusieurs auteurs nommés sur le titre : Boisrobert, Sarazin, etc. sont des poètes normands.

Exemplaire d'Armand Bertin.

350. Recueil de poësies de divers autheurs, contenant : la Métamorphose des yeux de Philis changez en astres; la Métamorphose de Ceyx et d'Alcioné; le Temple de la mort et la suite; le Temple de la gloire; la Belle gueuse; la Belle aveugle; la Belle sourde... et autres pièces nouvelles. *A Paris, chez Estienne Loyson*, 1661, 2 tomes en 1 vol. in-12, mar. r. dos orné, fil. comp. à petits fers au centre et aux angles des plats, dent. int. tr. dor. (*Allô.*)

Recueil rare contenant des Poésies gaillardes et burlesques, des Madrigaux, Stances, Épitres, Epigrammes, Rondeaux, Sonnets, etc. etc. On y trouve, au tome II (pp. 91 à 113), *les Poésies de M. de Chandeville*, poète normand parent de Malherbe, né à Brucourt (Calvados) en 1611. Le tome I a 6 ff. prélim. non ch. pour le titre, la dédicace au comte de Saint Aignan, signée L. C. (Louis Chamhoudry, libraire à Paris) et la Table des 2 volumes; 166 pp. dont la dernière est non ch. Le tome II a 1 f. pour le titre et 168 pp. — Le Privilège, qui occupe la dernière page du premier volume, est accordé à Jean Conart, l'un des maistres d'hôtel ordinaire du Roi, et daté du 6 mars 1651.

Brunet indique sommairement cet ouvrage sous la date de 1670 au tome IV, col. 1154 et 1155 de son *Manuel*, mais il ne s'est pas aperçu que ce recueil est le même que celui qu'il décrit un peu plus haut, col. 1146 du même volume, sous le titre de *Recueil de diverses poésies des plus célèbres autheurs de ce temps, contenant :...*

Ce livre a eû plusieurs éditions, toutes devenues rares, mais la présente, qui est fort peu connue, est plus complète que celles qui l'ont précédée car on lit dans l'épître dédicatoire qu'il a été *augmenté à cette nouvelle édition de plusieurs choses capables de luy donner un nouveau lustre.*

351. Les Œuvres sainctes du Sr Auvray. *A Rouen, chez David Ferrand*, 1626, in-8, fig. mar. bleu, fleurons sur le dos et aux angles des plats, dent. int. tr. dor. (*Trautz-Bauzonnet.*)

PREMIÈRE ÉDITION des Œuvres pieuses de Jean Auvray, né à Basly (Calvados) vers 1580, mort à Rouen en 1633 suivant les biographes, mais le libraire David Ferrand dans l'épitre dédicatoire et l'Ode qui figurent en tête de l'ouvrage donne à entendre que l'auteur venait de mourir quand le livre a paru, en 1626. Auvray était avocat au Parlement de Normandie et fut plusieurs fois lauréat des Palinods de Rouen.

L'ouvrage est divisé en trois parties. La première se compose de 4 ff. prélim. non ch. pour le titre, orné d'une vignette, une lettre dédicace du libraire à M. A. de Faucon, premier président en la Cour de Parlement de Normandie, un sonnet et une ode adressés à l'auteur; 168 pp. très mal chiff. (la dernière est cotée par erreur 160), parmi lesquelles quatre paraissent avoir été ajoutées après coup, car les 2 ff. qu'elles forment ont une signature à part (d); ces 4 pp. placées entre les sign. D et E et les pp. 32 et 33 contiennent un *Chant royal*, pièce qui devait avoir été oubliée, la première p. est cotée 33, les 3 autres n'ont pas de pagination. — La deuxième partie, *la Pourmenade de l'ame devote en calvaire*, a 96 pp. ch. de 1 à 88 et de 81 à 88, signat. A-K, *G* et *L* par 4 ff.; vignette sur bois à la fin. — La troisième partie, *le Triomphe de la croix*, se compose de 8 ff. non ch. dont un pour le titre orné d'un grand bois et le dernier est blanc; signat. M et N par 4 ff.

Bel exemplaire, réglé et grand de marges (*nombreux témoins*); il provient de la bibliothèque du comte d'AUFFAY. — Hauteur : 167 mill.

352. Recueil des vers de M[r]. de Marbeuf, chevalier, sieur de Sahurs. *A Rouen, de l'imprimerie de David du Petit Val*, 1628, in-8, mar. vert, dos orné, fil. dent. int. tr. dor. (*Thibaron-Joly.*)

Pierre de Marbeuf, poète normand, naquit aux environs de Pont-de-l'Arche (Eure) en 1596, et mourut vers 1640. Ses œuvres sont devenues très rares. — Le volume ci-dessus se compose de 4 ff. prélim. non ch. dont le dernier est blanc, et 252 pp.

Bel exemplaire.

353. Les Œuvres poétiques et chrétiennes du sieur de Jangaston. *A Orthez, par Jaques Rouyer, imprimeur ordinaire*

du Roy en Béarn, 1635, 2 parties en 1 vol. pet. in-4, mar. r. fil à fr., dent. int. tr. dor. (*Arnaud.*)

Première édition des œuvres d'un poète peu connu dont il n'est pas fait mention dans les biographies générales et qui n'est cité ni par Brunet, ni par Viollet-le-Duc. Au catalogue Turquety, n° 415, figure une édition de 1639 de ce livre où l'auteur est désigné sous le nom de Jean Gaston et qui porte comme références : *Orthez, par Jacques Rouyer, et se vendent à Rouen, chez Jacques Cailloüé.*

La présente édition comprend : 13 pp. pour le titre contenant une vignette représentant Adam et Ève, la dédicace au Maréchal J. Nompar de Caumont, marquis de la Force, et une Préface, *l'Autheur à son livre;* 1 p. et 5 ff. non ch. contenant des pièces de vers en français et en latin adressées à l'auteur par divers poètes; 507 pp. pour un grand ouvrage en vers portant pour titre *La Loy de l'Éternel*; 1 p. d'erratas; 1 f. non ch. contenant au r° un Avis de l'Imprimeur; 58 pp. pour les pièces suivantes, également en vers : *Méditation sur la mort et Passion de Nostre Seigneur Jésus-Christ. — Paraphrase sur l'histoire de la femme pécheresse. — Paraphrase sur l'Oraison de Manassé, captif en Babylone. — Les Larmes de l'auteur sur la mort de Daniel son fils.*

Hauteur : 163 mill. — Note manuscrite au bas du titre.

354. Les Epistres en vers et autres Œuvres poetiques de Mr. de Bois-Robert-Metel, conseiller d'Estat ordinaire, abbé de Chastillon sur Seine. *A Paris, chez Augustin Courbé*, 1659, in-8, mar. r. fil. à fr. dent. int. tr. dor.

L'abbé François Le Métel de Bois-Robert, qui fut pendant longtemps le poète favori de Richelieu, naquit à Caen vers 1592 et mourut à Paris en 1662. C'est à lui qu'est due, paraît-il, l'idée de la fondation de l'Académie française, dont il fut l'un des premiers membres. — Ce volume comprend 10 ff. prélim. non ch. 307 pp. 1 f. non ch. pour la fin du privilège et 1 f. blanc.

Au v° du titre on trouve collée une petite étiquette portant : *Ex-libris P. Duputel.*

355. Les Amours de feu Mr. Tristan (François l'Hermite), et autres pièces très curieuses. *A Paris, chez Gabriel Quinet*, 1662, in-12, front. gr. vign. sur le titre, mar. vert à long grain, dos orné et fil. dor. comp. à froid, dent. int. tr. dor. (*Rel. anc.*)

Titre doublé.

356. La Vie et Miracles de Ste Clotilde, premiere Reyne chrestienne de France, Patronne d'Andely. Mise en vers françois, et dediee à la tres-Auguste Reyne de France et de Navarre, Anne d'Austriche, par M. N. Piedevant P.

C. de Forest en Vexin. *A Rouen, par Laurens Maurry,* 1639, in-8, mar. grenat, dos orné, fil. dent. int. tr. dor. (*Hardy.*)

Ouvrage très rare comprenant 1 f. pour le titre et 109 pp. — Nicolas Piédevant, poète peu connu et qui ne manquait pas de talent, naquit à Acquigny (Eure) dans les premières années du XVIIe siècle; il était curé de Forest-en Vexin, aujourd'hui Forêt-la-Folie (Eure).

357. Les Estrenes Du Lys, au Dauphin de France, par Me N. Piedevant Curé de Forest, 24 pp. — L'Apologie de M. N. Piedevant C. de Forest, contre les enuieux du bien de son Eglise, et les ennemis de son repos, 24 pp. — Requeste de M. N. Piedevant C. de Forest, contre M. les P. et Religieux de S. Vvandrille, pour la dixme des Nouales, pour le Chancel de l'Église et pour l'aumosne aux pauvres de la dite Parroisse, 8 ff. non ch. — Requeste charitable de M. N. Piedevant Prestre, Curé de la Paroisse de Forest, pour la subvention des pauvres de sa Paroisse. Contre Messieurs les P. et RR. de Saint Vvandrille. Seconde édition, 4 ff. non ch. — *A Rouen, de l'Impr. de L. Maurry,* 1661-1662. — Ens. 4 pièces en 1 vol. in-8, mar. bleu, dos et angles des plats fleurdelisés, dent. int. tr. dor. (*Capé.*)

Pièces en vers, très rares.

Bel exemplaire provenant de la vente WILLIAM MARTIN (avril 1869).

358. Le Combat spirituel, ou de la Perfection de la vie chrestienne, traduction faite en vers, par J. Desmarets (seigneur de Saint-Sorlin). *Imprimé au chasteau de Richelieu. A Paris, chez Pierre le Petit et chez Henry Le Gras,* 1654, pet. in-8 de 4 ff. prél. non ch. 57 pp. mar. bleu, dos orné, fil. tr. dor. (*Thomson.*)

« Le cardinal de Richelieu fit les frais de l'établissement d'une imprimerie qu'il installa, dit-on, au château de Richelieu... Les caractères employés dans cette typographie princière sont d'une netteté et d'une délicatesse si extraordinaires, qu'ils ont été longtemps connus sous le nom de *caractères d'argent.* On croit aujourd'hui qu'ils provenaient de Jeannon, le célèbre fondeur et imprimeur de Sedan, sur lequel le cardinal, très entendu en typographie, n'avait pas dédaigné d'étendre sa main victorieuse, en 1642. » (Deschamps. *Dictionnaire de géographie.*)

Desmarets de Saint-Sorlin, le traducteur du livre ci-dessus, était l'intendant du duc de Richelieu, chez lequel il mourut en 1678.

Légère déchirure dans la marge intérieure du 4e f. prél.

359. Recueil d'apophtegmes ou bons mots anciens et modernes mis en vers françois (par le P. Michel Mourgues, jésuite), dédié à Monseigneur le Duc de Bourgogne. *Suivant la Copie à Toulouse, chez J. Boude,* 1695, pet. in-8, front. gr. mar. r. fil. à froid, dent. int. tr. dor.

360. Les Véritez plaisantes, ou le monde au naturel. *A Rouen, chez Maurry* (*à la Sphère*), 1702, gr. in-12, v. f. dos orné à petits fers, fil. dent. int. tr. dor. (*Hardy.*)

Recueil peu commun de poésies attribuées à un avocat du Parlement de Normandie, du nom de Dutuit. Quelques bibliographes ont aussi désigné David Ferrand comme l'auteur probable de ce recueil; mais cette assertion est fausse, car une des pièces a été composée sur la mort du peintre Letellier qui survint en 1690, alors que l'auteur de la *Muse Normande* était mort depuis 1660.
Bel exemplaire.

361. Satires du Sieur D*** (Boileau-Despréaux). Seconde édition. *A Paris, chez Claude Barbin,* 1667, in-12, mar. r. fil. à froid, dent. int. tr. dor. (*Capé.*)

SECONDE ÉDITION ORIGINALE qui, selon Brunet, est plus rare que la première.
Hauteur : 139 mil. — Raccommodage au titre et à plusieurs ff.

362. Satires du sieur D*** (Boileau-Despréaux). *A Paris, chez Louis Billaine, Denys Thierry, Frédéric Léonard et Claude Barbin,* 1669, in-12, front. gr. mar. r. jans. dent. int. tr. dor. (*Thompson.*)

QUATRIÈME ÉDITION ORIGINALE.
Le dernier f. est remmargé dans le bas.

363. Œuvres diverses du Sieur D*** (Nic. Boileau-Despréaux) avec le Traité du sublime ou du merveilleux dans le discours, traduit du grec de Longin. Nouvelle édition, reveuë et augmentée. *A Paris, chez Denys Thierry,* 1683, 2 parties en 1 vol. in-12, front. et fig. gr. mar. r. fil. à fr. dent. int. tr. dor. (*Capé.*)

DEUXIÈME ÉDITION ORIGINALE sous le titre d'*Œuvres;* elle est plus rare et plus complète que la première de 1674 et que les réimpressions qui en ont été faites de 1674 à 1680.
Bel exemplaire. — Hauteur : 163 mill.

364. Œuvres diverses du sieur D*** (Boileau-Despréaux), avec le Traité du Sublime ou du Merveilleux dans le Discours, traduit du grec de Longin... Nouvelle édition.

A Paris, chez Denys Thierry, 1694 (*pour le tome I*) et *à Paris, chez Claude Barbin*, 1694 (*pour le tome II*), 2 vol. in-12, 1 front. et 6 fig. gr. mar. r. fil. à froid, dent. int. tr. dor.

Exemplaire ainsi composé : Tome I : 8 ff. prél. non ch. 306 pp. et 1 f. pour l'Extrait du Privilège. — Tome II : titre et 87 pp. pour l'*Art Poëtique;* 131 pp. pour le *Traité du Sublime...*; 88 pp. cotées 61 à 84 et 157 à 218 pour les *Réflexions critiques sur Longin;* 60 pp. pour les *Remarques sur Longin;* 24 pp. cotées 61 à 84, pour *Ode in expugnationem N. Amurcæ, ex gallica ode N. B. D. in latinam conversa, autore Carolo Rollin;* et 8 ff. non ch. pour la Table.

365. Œuvres de M. Boileau Despréaux. *Paris, David l'aîné et Durand*, 1745, 2 vol. in-12, portr. et 6 pl. gr. mar. vert, dos orné, fil. tr. dor. (*Rel. anc.*)

Exemplaire aux armes de Madame Victoire de France, fille de Louis XV.

366. Œuvres de Chaulieu, d'après les manuscrits de l'auteur (publiées par Fouquet). *A La Haye, chez Gosse junior*, 1777, 2 vol. in-18, portr. gr. mar. r. dos orné, fil. tr. dor. (*Rel. anc.*)

Édition Cazin.

L'abbé Guillaume-Amfrye de Chaulieu, né en 1639 au Château de Beauregard, commune de Fontenay (Eure), mourut à Paris en 1720.

367. Les Loisirs des bords du Loing (et Supplément), ou Recueil de pièces fugitives, (par M. J. H. Pelée de Varennes, publié par P. A. Léorier-Delisle). *S. l.* (*Montargis*), 1784, 2 parties en 1 vol. in-12, mar. vert, dos orné, fil. tr. dor. (*Rel. anc.*)

Un des 50 exemplaires rares et curieux imprimés sur divers papiers de couleurs, fabriqués avec des herbes, par le procédé dont Léorier de l'Isle est l'inventeur.

368. Les Bijoux des neuf-sœurs. *A Paris, chez Defer de Maisonneuve*, 1790, 2 vol. in-12, 2 front. et 4 pl. par Le Barbier, gr. par Gaucher, mar. vert, dos orné, fil. tr. dor. (*Rel. anc.*)

Recueil de poésies de Piron, Piis, Chaulieu, Voltaire et autres, recherché pour les charmantes petites figures dont il est orné.

Exemplaire avec les figures avant la lettre.

b. Poèmes. — Fables et Idylles.

369. La Pucelle ou la France délivrée, poème héroique par M. Chapelain. Seconde édition reveuë & retouchée. *A Paris, chez Augustin Courbé,* 1656, in-12, front. et 12 fig. gr. par Campion, mar. r. dos orné, fil. angles dor. dent. int. tr. dor. (*Thompson.*)

370. Jeanne d'Arc, ou la France sauvée, poème en douze chants, par Pierre Dumesnil. *Paris, Cordier,* 1818, in-8, mar. r. à long grain, dos orné et fleurdelisé, large dent. doublé et gardes de moire verte, dent. tr. dor. (*Rel. de l'époque.*)

L'auteur de ce poème, descendant d'une ancienne famille d'imprimeurs et imprimeur lui-même, naquit à Rouen en 1775 et y mourut en 1834.

Bel EXEMPLAIRE DE DÉDICACE, sur GRAND PAPIER VÉLIN, aux armes du roi LOUIS XVIII. — Reliure très fraîche.

371. Poëme sur les Victoires du Roy traduit de latin (du P. de La Rue) en françois par P. Corneille. *A Paris, chez Guillaume de Luyne,* 1667, in-8 de 38 pp. et 1 f. pour le privilège, mar. r. dos orné, fil. dent. int. tr. dor. (*Allô.*)

Volume rare, bien décrit par M. Picot (*Bibliogr. Cornélienne,* n° 151).

372. POEME SUR LA GRACE, par M. Racine, 1720. — In-fol. de 52 ff. v. f. ant. dos orné, fil.

PRÉCIEUX MANUSCRIT AUTOGRAPHE de Louis RACINE, avec quelques corrections également de la main de l'auteur.

Le poème est précédé d'une préface de 11 pages et suivi d'un *Avertissement* sur la poésie sacrée et la poésie dramatique, d'une *Épître à M. de Valincourt,* en 218 vers, et d'une *Ode* à la louange du chancelier d'Aguesseau, en 68 vers.

En tête du volume on a placé une LETTRE AUTOGRAPHE de RACINE (Marseille, 20 décembre 1722, 3 pp. in-4), adressée au cardinal DUBOIS, pour le remercier d'avoir autorisé la publication de son poème, d'abord interdit à cause des discussions ecclésiastiques qui troublaient alors les esprits, et auxquelles cet ouvrage semblait devoir donner un nouvel aliment.

La reliure qui recouvre ce manuscrit est aux armes et au chiffre de DU BUTAY (Anjou). — Éraflure sur le second plat.

373. L'Agriculture, poëme (par De Rosset). *A Paris, de l'Imprimerie Royale,* 1774, in-4, 2 front. par Saint-Quen-

tin, gr. par Le Gouaz; fleuron sur le titre et 2 petites vign. dessinés et gr. par Marillier, 6 pl. par Loutherbourg et 6 vign. par Saint-Quentin, gr. par de Ghendt, Leveau, Ponce, etc., v. ant. éc. dos orné, fil. tr. dor.

Ouvrage recherché pour les belles illustrations dont il est orné. Bel exemplaire.

374. Les Saisons, poème (par Saint-Lambert). Cinquième édition, revue et corrigée. *A Amsterdam*, 1773, 2 parties en 1 vol. in-8, front. et 4 pl. par Le Prince et Gravelot, gr. par Delaunay, Prévost, Rousseau, Saint-Aubin et Watelet, 1 fleuron sur le titre et 4 vign. à l'eau-forte par Choffard, mar. vert, dos orné, fil. et fleuron aux angles, doublé et gardes de pap. doré, dent. tr. dor. (*Rel. anc.*)

375. Les Saisons, poëme (par Saint-Lambert). Septième édition. *A Amsterdam*, 1775, in-8, 7 pl. par Moreau, fleuron et 4 vign. par Choffard, v. ant. éc. dos orné, fil. tr. dor.

376. L'Homme des champs, ou les Géorgiques françoises, par Jacques Delille. Nouvelle édition augmentée, avec figures. *A Paris, de l'Impr. de P. Didot l'aîné, chez Levrault, Schoell et Cie*, 1805, gr. in-8, 5 pl. et 8 vign. par Catel, gr. par Buchorn, Guttenberg, Halderwang et Mayer, mar. r. à long grain, dos orné à petits fers et au pointillé mosaïque de mar. bleu, encadrement sur les plats, doublé et gardes de moire verte, dent. tr. dor. (*P. Lefebvre.*)

Très bel exemplaire sur PAPIER VÉLIN avec les figures et les vignettes AVANT LA LETTRE et soigneusement COLORIÉES.

377. LES BAISERS, précédés du Mois de Mai, poëme (par Dorat). *A La Haye et se trouve a Pàris, chez Lambert et Delalain*, 1770, in-8, titre en rouge et noir, front. fleuron, 1 pl. 22 vign. et 22 culs-de-lampe gr. d'après Eisen et Marillier, v. ant. marb. fil. tr. r.

Chef d'œuvre du XVIIIe siècle.
Exemplaire sur GRAND PAPIER DE HOLLANDE. — Hauteur : 199 mill.

378. Guerre comique, dédiée à Madame Lyonne. *A Paris*,

chez Claude Barbin, 1668, in-12 de 2 ff. prél. et 139 pp., mar. r. fil. à froid. dent. int. tr. dor.

Poème en trois chants; la dédicace à Madame de Lyonne est signée Cl. Barbin; c'est peut-être le même livre que celui publié en 1654, sous le titre de *La Guerre comique ou Défense de l'École des Femmes* (par Pierre de La Croix)? — Raccommodage à la page 5.

---

379. Labyrinte de Versailles (avec l'explication en prose par Ch. Perrault et trente-neuf fables en vers par Benserade). *A Paris, de l'Imprimerie Royale*, 1679, in-8, 41 fig. par Sébastien Le Clerc, mar. r. dos orné, fil. et comp. à la Du Seuil, tr. dor. (*Rel. anc.*)

Exemplaire un peu fatigué, aux armes et aux chiffres de Louis XIV.

La traduction des Fables d'Esope, en quatrains français, qui accompagne ce volume, est de Isaac de Benserade qui passe généralement pour être né en Normandie. — Voir n° 268.

380. Fables ou Histoires allégoriques, dédiées au Roy, par Madame de Villedieu. *A Paris, chez Claude Barbin*, 1670, in-12 de 6 ff. prél. et 104 pp. mar. orange, dos orné, fil. dent. int. tr. dor. (*Allô.*)

Édition originale.

Marie-Catherine-Hortense des Jardins, dame de Villedieu, née à Alençon en 1632, mourut en 1692.

381. FABLES CHOISIES MISES EN VERS, par M. de La Fontaine, et par luy revuës, corrigées & augmentées. *A Paris, chez Denys Thierry et Claude Barbin*, 1678-1679, 4 vol. — Fables choisies mises en vers par M. de La Fontaine. Cinquième partie. *A Paris, chez Claude Barbin*, 1694, 1 vol. — Ens. 5 vol. in-12, vignettes de Chauveau aux tomes I-IV et non signées au tome V, mar. r. dos orné, fil. dent. int. tr. dor. (*Duru*, 1856.)

Première édition complète des Fables de La Fontaine, la seule qui ait été imprimée sous les yeux de l'auteur.

Les tomes III et IV sont de premier tirage; les tomes I, II et V sont de deuxième état. En voici la collation :

Tome premier, 1678 : 32 ff. prél. non ch. pour le Titre (*sans les armoiries du Dauphin*), l'Epître, la Préface, la Vie d'Esope, et 2 Privilèges, le premier *daté du 29 juillet 1677* et accordé à Denys Thierry et Claude Barbin, le deuxième *daté du 18 septembre 1692* et accordé à Pierre Trabouillet; 216 pp. 3 ff. non ch. pour la Table; 1 f. blanc complétant le dernier cahier; et 1 f. pour l'Errata qui *manque souvent.*

Tome second, 1678 : 232 pp. 2 ff. non ch. pour la Table; et 2 ff. non ch. pour le Privilège *daté du 18 septembre 1692.* — On a relié à la suite de la p. 48, les pp. 47 et 48 en premier état.

Troisième partie, 1678 : 1 f. non ch. pour le faux-titre qui *manque souvent;* 220 pp. y compris le titre, 1 f. pour l'Avertissement et l'Errata, et 1 f. pour la Table. — Le f. contenant l'Avertissement et l'Errata porte la sign. A et est certainement indépendant du premier cahier, c'est un *carton* imprimé après coup qu'on a paginé 3 et 4, ce qui était d'autant plus facile que le titre qui régulièrement devrait représenter ces 2 pp. n'était, naturellement, pas chiffré; on lit ici, au 2ᵉ vers de la p. 10, *enrichir un jour l'Achéron* au lieu de *en un jour*; les pp. 101 et 102 sont en double, c'est-à-dire qu'on a ajouté à ce volume un f. réimprimé ou *carton*, portant dans le bas, en plus de la sign. Iiij, la mention : *Tome III*, et contenant les modifications suivantes : P. 101, 4ᵉ vers, *amène* au lieu de *ameine;* le 7ᵉ vers *Il s'entremêle certains jours* est remplacé par les deux vers suivants : (*Et, sans cela nos gains seroient assez honnestes*). *Le mal est que dans l'an s'entremeslent des jours*; au 10ᵉ vers de la p. 102, le mot *quita* est rectifié *quitta* dans le *carton.*

Quatrième partie, 1679 : 221 pp. et 3 pp. non ch. pour la Table, l'Errata et l'Extrait du Privilège. — On trouve ici les pp. 19 et 20 en double, soit 2 ff. dont l'un, *le carton,* porte au bas de la p. 19, et non 20 comme il est dit au catalogue Rochebilière, en dehors de la sign. B ij, la mention *Tome IV* et à la p. 20, dernier vers, on lit : *n'ont que l'habit pour tous talens,* au lieu de : *Bigarrez en dehors, ne sont rien en dedans,* du texte original. — Les pp. 115 et 116 sont également en double, c'est-à-dire qu'on a ajouté à ce volume 1 f. réimprimé ou *carton* portant dans le bas, en plus de la sign. K ij, la mention *Tomo IV* (*sic*) et contenant les modifications suivantes : au 7ᵉ vers de la p. 115 on voit le mot *joüir* au lieu de *jolly* dans le 1ᵉʳ tirage; et au 9ᵉ vers de la même page *Apprend* au lieu de *appren* dans le 1ᵉʳ tirage.

Cinquième partie, 1694 : 4 ff. prél. non ch. pour le Titre (*sans le chiffre entrelacé de Claude Barbin*), l'Epître et un Extrait de Privilège *daté du 28 décembre 1692* ; 230 pp. *ch. 1 à 230* ; et 1 f. non ch. pour la Table. — Hauteur : 151 mill. 1/2.

382. FABLES CHOISIES, MISES EN VERS, par J. de La Fontaine. *A Paris, chez Desaint & Saillant & Durand,* 1755-59, 4 vol. in-fol. frontispice par Oudry, terminé par Dupuis et gr. par Cochin, portrait d'Oudry d'après Largillière gr. par Tardieu, et 275 pl. par Oudry, culs-de-lampe gravés sur bois, mar. r. dos orné, fil. tr. dor. (*Rel. anc.*)

Exemplaire sur grand papier, dit impérial, avec le texte encadré d'un filet rouge et les figures et les culs-de-lampe soigneusement coloriés.

Piqûre de ver aux derniers ff. du tome IV.

383. Fables de La Fontaine. *A Paris, de l'imprimerie de Didot l'aîné*, 1782, 2 vol. in-18, pap. vélin, portr. et fig. mar. orange, dos orné, large dent. à la Derome, dent. int. tr. dor. (*David.*)

Charmante édition faisant partie de la collection dite du *Comte d'Artois*.

Exemplaire sans les armes sur les titres, auquel on a ajouté : 27 figures de la suite de Simon et Coiny, d'après Vivier, épreuves *avant les numéros*, et deux portraits de La Fontaine, par d'Elvaux d'après Rigault et par A. Jehotte d'après Devéria.

384. Fables de J. de La Fontaine. *Paris, Fonderie Laurent et Deberny* (*imprimé par Plon*), 1850, in-64, chag. r. dos orné, fil. et comp. dent. int. tr. r.

Édition miniature, imprimée en caractères microscopiques.

385. Fables causides de La Fontaine en bers gascouns. *A Bayoune, de l'Imprimerie de Paul Fauvet Duhard*, 1776, in-8, front. et titre par Moreau, gr. par Le Mire, mar. r. dos orné, fil. dent. int. tr. dor. (*Rel. anc.*)

Le graveur des deux belles planches qui se trouvent en tête de cet ouvrage, Noël Lemire, naquit à Rouen en 1724 et mourut à Paris en 1801.

386. Idylles, par M. Berquin. (A la fin :) *De l'impr. de Guillau*, 1775 (*Paris, Ruault*, 1775), in-12, 12 pl. d'une grâce ravissante par Marillier, gr. très finement par Gaucher, de Ghendt, Delaunay, etc., mar. r. dos orné, fil. dent. tr. dor. (*Rel. anc.*)

Second recueil avec les figures AVANT LES NUMÉROS.

Léger grattage à la fig. de l'Idylle VIII. — Tache d'huile à quelques ff.

c. Odes, Élégies, Satires, Madrigaux, etc. — Poésies burlesques.

387. Poésies diverses de Monsieur F.... (Floriot, avocat au Parlement de Rouen). *A Paris, chez François Mauger*, 1664, in-12, de 107 pp. v. f. dos orné à petits fers, fil. dent. int. tr. dor. (*Hardy.*)

Livre fort rare, non cité par Brunet, d'un poète rouennais du XVIIe siècle. Il renferme des élégies, des sonnets, des madrigaux, des épigrammes, des satires, etc. Une des pièces, intitulée *Vœu à la Vierge*, a été écrite du fond d'une prison où l'auteur avait été jeté à la suite de la disgrâce de Fouquet, sous l'administration duquel il remplissait une charge importante.

Bel exemplaire.

388. La Salade du mois de may, composée de différentes petites herbes ou celui qui l'a amassée en a fourni quelques unes de son jardin. *S. l.* 1709, in-8, mar. vert, dos orné, fil. et comp. à la Du Seuil, dent. int. tr. dor. (*Duru et Chambolle, 1863.*)

Superbe exemplaire d'un recueil, très rare et non cité, de poésies galantes et satiriques. Il se compose de 2 ff. prél. 153 pp. (les 4 dernières ch. par erreur 145 à 148), et 2 ff. pour la Table et l'Errata. — Page 118, on trouve une pièce intitulée : *Plaintes des statues du Palais Mazarin.*

389. Odes sacrées, dediées à Monseigneur le Dauphin, par M. de Bologne, de l'Amérique... et poésies diverses du mesme auteur. Nouvelle édition, revuë, corrigée et considérablement augmentée. *A Paris, chez la veuve Thiboust*, 1758, in-12, mar. olive, dos orné, comp. sur les plats, doublé et gardes de papier doré et historié, tr. dor. (*Dubuisson.*)

390. La Muse Normande. *A Cologne, chez Pierre Marteau, s. d.* in-12 de 1 f. pour le titre et 25 pp. mar. r. dos orné, fil. dent. int. tr. dor. (*Hardy-Mennil.*)

Opuscule rare qui ne doit pas être confondu avec la *Muse Normande* de David Ferrand (Voir les nos 404 à 407). — C'est un recueil d'odes et de bouquets anacréontiques, imprimé à Caen, vers 1760. Une de ces pièces est adressée à l'abbé Ygou, sous-prieur de l'abbaye de Troarn et membre de l'Académie de Caen.

391. Poésies diverses de société, par Monsieur de L*** (De Launay). *A Londres, par la Compagnie*, 1767, in-12, front. gr. mar. r. dos orné, fil. tr. dor.

Bel exemplaire aux armes de Jean-François Joly de Fleury, conseiller d'État et ministre des finances. — Note autographe d'Arthur Dinaux sur un f. de garde.

392. Hommages poétiques à Leurs Majestés Impériales et Royales sur la naissance de S. M. le Roi de Rome, recueillis et publiés par J. J. Lucet et Eckard. *Paris, Imprimerie de Prudhomme fils*, 1811, 2 vol. in-8, papier vélin, frontispices, mar. r. à long grain, dos orné, dent. doublé et gardes de moire bleue, dent. tr. dor. (*Lalande.*)

Recueil des meilleures pièces de vers, qui ont été inspirées par la Naissance du Roi de Rome, aux poètes français, latins, italiens, espagnols, portugais, allemands, etc. Il est précédé d'un *Précis historique des Cérémonies et fêtes qui ont eu lieu à Paris, à l'occasion de la Naissance de S. M. le Roi de Rome.* On remarque dans ces deux volumes, ornés chacun d'un joli frontispice de Blanchard, des pièces de vers de Baour-Lormian, Casimir Delavigne, Pierrugues, Viennet, Willems d'Anvers, Etienne, Viollet-le-Duc, etc., etc.

Exemplaire de présent portant au centre et aux angles des plats de la reliure *l'Aigle impériale*, et avec les deux frontispices AVANT LA LETTRE, la lettre sur papier de soie. — On y a ajouté : le portrait de Napoléon I, gravé par Lefèvre. publié par Blaisot; un fac-similé ; le portrait de l'impératrice Joséphine, publié par Potrelle.

---

393. Le Faut-mourir et les excuses inutiles qu'on apporte à cette nécessité, par Mre Jaques Jaques, chanoine créé de l'Eglise Métropolitaine d'Ambrun, augmenté de l'Avocat nouvellement marié, et des pensées sur l'Éternité. Le tout en vers burlesques. *A Lyon, chez Pierre Thened,* 1707, in-12, front. gr. mar. bleu, fil. à froid, dent. int. tr. dor. (*Niedrée.*)

Poème plein d'originalité, écrit en vers burlesques sur le même sujet que la *Danse Macabre.*

394. Description de la ville d'Amsterdam en vers burlesques. Selon la visite de six jours d'une semaine. Par Pierre Le Jolle. *A Amsterdam, chés Jaques Le Curieux, l'an* 1666, pet. in-12, front., gr., mar. r., comp. sur le dos et les plats, tr. dor. et ciselée. (*Rel. anc.*)

Cet amusant ouvrage, dédié aux *boüeurs et cureurs des canaux d'Amsterdam*, sort des presses d'Abr. Wolfgang (Voir : Berghman, *Suppl. aux Elzevier*, nº 464) et s'annexe à la collection elzevirienne. M. Willems (*les Elzevier*, nº 1756) nous apprend que Pierre Le Jolle n'est pas un personnage imaginaire comme on le croyait généralement : « *Il naquit à Dieppe, en Normandie*, en 1630. Forcé de s'expatrier à cause de ses croyances religieuses, il vint s'établir à Amsterdam, où il se livra au commerce, et épousa, le 1er janvier 1658, Hélène van Drielenburg... » — Les biographes normands sont muets sur cet imitateur de Scarron.

Exemplaire dans sa reliure originale, exécutée en Hollande, et dont le dos et les plats sont couverts de dorures.

395. Histoire des Amours et des Infortunes d'Abélard et d'Éloise, mise en vers satiri-comi-burlesques, par Mr***** (Armand). *A Cologne, chez Pierre Marteau*, 1724, in-12,

mar. brun, dos orné, fil. et comp. à froid, angles et milieu dorés, dent. int. tr. dor. (*E. Thomas.*)

L'Histoire d'Abélard et d'Éloise comprend 6 ff. prél. et 163 pp. ; elle est précédée de deux opuscules de 36 pp. en vers burlesques, intitulés : *Avanture tragi-comique arrivée sur le Mont-Parnasse, au commencement de l'année 1715. — Vers burlesques contre une jeune Bâtarde...*

Tache à la marge extérieure du 5e f. prél. — Légère mouillure.

d. Chansons et Noëls. — Poésies patoises.

396. Le Romancero françois. Histoire de quelques anciens trouvères, et choix de leurs chansons, le tout nouvellement recueilli, par M. Paulin Paris. *Paris, Techener,* 1833, in-12, pap. vergé, mar. r. dos orné, encadrement de 5 fil. dor. tr. dor. (*Ottmann Duplanil.*)

Romances et poésies de Audefroy-le-Bastard, Guesner de Béthune, le Vidame de Chartres, Charles, roi de Sicile et comte d'Anjou, le roi Jean de Brienne, Hue de La Ferté, etc.

397. ❡ Les Chansons de Messire Raoul de Ferrieres, tres ancien Poete Normant nouvellement imprimees a Caen. ❡ *Et sont a vendre en la Froide Rue.* (A la fin :) ❡ *Cy finissent les Chansons de messire Raoul de Ferrieres imprimees pour la première fois a Caen, chez F. Poisson et fils par les soins et aux despens de G. S. Trebutien, du Cinglais. Et fut acheve le vj^e iour de Fevrier Mil.* DCCC. *et* XLVij (1847), in-16 tiré pet. in-4, goth. de 12 ff. non ch. vign. sur le titre, mar. bleu, dos orné, fil. dent. int. tr. dor. (*Chambolle-Duru,* 1866.)

Exemplaire sur PEAU DE VÉLIN d'un opuscule tiré à petit nombre (120 ex.).

On présume que Raoul de Ferrières naquit à Ferrières (Orne), vers la fin du XIIe siècle ; ses chansons sont écrites dans le genre érotique.

398. Chansons normandes du xve siècle publiées pour la 1ere fois sur les Manuscrits de Bayeux et de Vire, avec introduction et notes de A. Gasté. *Caen, Le Gost-Clérisse,* 1866, pet. in-8, titre lithog. mar. r. dos orné à petits fers, fil. dent. int. tr. dor. (*Hardy.*)

Belle publication tirée seulement à 200 exemplaires et ornée d'un encadrement au titre reproduisant en fac-similé deux des bordures du manuscrit de Bayeux, aujourd'hui à la Bibliothèque nationale; on y trouve en outre des en-têtes, culs-de-lampe et lettres ornées composés spécialement pour ce volume. M. Vicaire ayant omis de mentionner cet ouvrage dans son *Manuel*, nous en donnons la collation : 4 ff. XLIII et 146 pp.; 1 f. et 28 pp. — L'éditeur, M. Armand-Edouard Gasté, professeur à la Faculté des lettres de Caen, est né à Vire (Calvados) en 1838.

Un des cinq exemplaires sur PEAU DE VEAU VÉLIN portant la mention suivante imprimée sur un f. placé à la suite du titre : *Cet exemplaire a été tiré pour* M. A. DURAND.

399. Concert des enfans de Bacchus, assemblez avec ses bacchantes pour raisonner, au son des pots et des verres, les plus beaux airs et chansons à sa louange, composés par les meilleurs beuveurs et sacrificateurs de Bacchus (et recueillis par Charles Hulpeau), dédié a leurs rouges trongnes. Deuxiesme édition. *A Paris, chez Charles Hulpeau*, 1628, in-12, mar. vert, dos orné, fil. et comp. à la Du Seuil, dent. int. tr. dor. (*Smeers.*)

Réimpression faite à *Bruxelles*, par *A. Mertens*, en 1864, et tirée à *cent exemplaires* numérotés (n° 69).

400. CHANSONS NOUVELLES DE M. DE PIIS, écuyer, secrétaire-interprète de Mgr Comte d'Artois, dédiées à Monseigneur Comte d'Artois. *A Paris, de l'Imprimerie de Ph. D. Pierres*, 1785, in-18, front. par Choffard, 12 pl. numérotées dessinées par Le Barbier, gravées par Gaucher, et 21 pp. de musique gr. broché, non rogné, couverture papier bleu marbré.

Exemplaire BROCHÉ, NON ROGNÉ, de ce charmant volume recherché à cause des ravissantes figures dont il est orné. — 2 ff. pour le faux-titre et le titre : 4 pp. contenant la liste des Auteurs de la musique et les airs des douze pièces contenues dans le volume; 48 pp. de texte pour les douze chansons; 2 ff. pour l'approbation et le Privilège; 21 pp. de musique gravée. — Une dédicace (frontispice) gravée et 12 planches.

Petit trou dans le faux-titre; petites taches d'humidité à quelques planches.

401. Esprit et sentiment, ou l'Année bien employée; gravé par Huët l'aîné. *Paris, Marcilly, s. d.* (1804), in-32, titre-front. et fig. gr. mar. r. à long grain, dos orné, fil. tr. dor. (*Rel. de l'époque.*)

Titre-frontispice et 12 figures de Huët l'aîné.

Le texte, choix de romances sentimentales, est précédé d'un

calendrier et suivi de feuilles de « perte et gain » avec les jours et les mois suivant le calendrier républicain et de nombreux ff. de papier blanc. — Stylet de l'époque conservé.

402. Noelz, par le conte d'Alsinoys (Nicolas Denisot). Autres noelz sur les chants de plusieurs belles chansons. *On les vend au Mans, chez A. Lanier*, 1847, pet. in-8, pap. de Holl. mar. vert, fil. à froid, dent. int. tr. dor.

Imprimé à *cinquante* exemplaires par les soins de M. de Clinchamp.

---

403. Recueil d'opuscules et de fragmens en vers patois, extraits d'ouvrages devenus fort rares (par Gustave Brunet). *Paris, Gayet et Lebrun*, 1839, in-16 carré, mar. r. dos et plats ornés de beaux comp. à petits fers et au pointillé, doublé et gardes de moire brune, dent. int. tr. dor.

404. Inventaire général de la Muse Normande, divisée en XXVIII parties, où sont descrites plusieurs batailles, assauts, prises de villes, guerres estrangères, victoires de la France, histoires comiques, esmotions populaires, grabuges et choses remarquables arrivées à Roüen depuis quarante ans, par David Ferrand. *Et se vendent à Rouen, chez l'auteur, ruë du Bec, à l'enseigne de l'Imprimerie*, 1655, in-8, mar. r. dos orné, fil. et comp. à la Du Seuil, dent. int. tr. dor. (*Hardy-Mennil.*)

Recueil des plus intéressants renfermant de nombreux détails sur les mœurs des Rouennais et sur les principaux événements arrivés en leur ville. Plusieurs pièces sont écrites en *langue purinique* (patois normand).

L'auteur de cet ouvrage, David Ferrand, poète et imprimeur libraire à Rouen, naquit dans cette ville vers la fin du XVIe siècle et y mourut en 1660. — Son livre se compose de 16 pp. prél. et de 484 pp. avec une lacune dans la numérotation de 434 à 453. Entre les pp. 62 et 65 il y a un second titre avec la date de 1654, pour les première, deuxième et troisième parties.

Bel exemplaire à la suite duquel on a ajouté : les *Adieux de la Muse Normade aux Palinots* et autres pièces, 31 pp. et le *Cant Rial* (*Jansenius au rang des hérétiques*), 2 ff. paginés 63 à 66, qui ne figurent pas dans le tirage de 1654 et ne se trouvent que dans celui de 1666.

405. — Le même ouvrage, même édition; in-8, mar. olive à long grain, dos orné, fil. et encadrement de dent. à fr. tr. dor. (*Smith.*)

Cet exemplaire comprend le même nombre de pages, possède le second titre entre les pp. 62 et 65 et la même lacune de 20 pp. que le précédent. Mais l'impression et les ornements typographiques des trois premières parties (pp. 1 à 62) diffèrent entièrement.

Le premier titre est doublé; le titre courant des deux derniers ff. est légèrement atteint.

406. La I, II et III partie de la Muse Normande, ou Recueil de plusieurs ouvrages facécieux, en langue purinique, ou gros normand (par David Ferrand). *A Rouen, chez Jean Oursel, ruë Ecuyère, à l'Imprimerie du Levant, s. d.* in-12 de 24 pp. mar. r. dos orné, fil, dent. int. tr. dor. (*Niedrée.*)

Cette édition est ornée à la page 9 d'une figure sur bois grossièrement gravée.

407. Les Evretins de la Muse Normande, ou les Discours plaisants et récréatifs tenus ces jours gras chez une nouvelle accouchée. *A Rouen, chez David Ferrand, ruë du Bec*, 1657, in-4 de 10 ff. mar. vert, dos orné, fil. encadrement de 5 fil. à l'int. tr. dor. (*Bertault.*)

Copie fac-similée, très bien exécutée à la plume, d'une pièce fort rare s'ajoutant à la *Muse Normande* de David Ferrand.

408. Le Coup d'œil purin, augmenté par son auteur de plus de 700 vers, enrichi de beaucoup de notes nécessaires et très-intéressantes, avec un précis des actions héroïques de Messieurs de Miromesnil dans la magistrature. Ou abrégé de l'histoire mémorable à la postérité, de la conduite, des caractères et des faits iniques de ceux qui composent le Conseil Supérieur de Rouen, à commencer du jour que ces instrus se sont installés au Palais le 17 décembre 1771, quoique déclarés parjures par Arrêt du Parlement du 15 avril de la même année. Enfin la notice des crimes énormes commis par Perchel, Avocat, et soi disant Procureur Général, de ces violateurs des loix. *A Tote, chez le Grand-Père de Fiquet, dit vil Normand, hôtelier, à lenseigne de la valise d'un milord escamotée. A Rouen, Perchel, en son hôtel d'argent-court, et de Prefelne son associé, à la trahison*, 1773, in-8, texte

encadré, mar. r. dos orné, fil. et comp. à la Du Seuil, dent. int. tr. dor. (*David.*)

Violente satire en vers, en patois normand, devenue très rare, attribuée à M. Dommey, greffier en chef à la chambre des comptes pour la partie des aydes.

409. Coup d'œil purin, de Gervais et Gambolin, dédié aux commeres, par M. C***. *S. l. n. d.* in-12 de 11 pp. mar. r. jans. dent. int. tr. dor. (*Hardy.*)

Cette pièce en vers, sous forme de dialogue, est un pamphlet révolutionnaire qui n'a rien de commun avec l'ouvrage précédent. Elle doit, avoir été publiée à Rouen vers 1793 et son auteur s'est certainement inspiré de la satire décrite plus haut, car non seulement il lui a emprunté son titre mais encore le nom des deux interlocuteurs, Gervais et Gambolin, dont l'entretien occupe les pages 35 à 64 du livre précité, sous le titre de *Suite du Coup d'œil purin.* Ces deux personnages parlent plutôt ici le langage des faubourgs que le patois normand.

410. Recueil des poëtes gascons, contenant : Las obros de Pierre Goudelin, augmentados de forço pessos, é le Dicciounari sur la lengo Moundino; les Folies du sieur Le Sage de Montpellier; L'Embarras de la Fieiro de Beaucaire, en vers burlesques vulgaris, par Jean Michel de Nismes. *A Amsterdam, par Daniel Pain*, 1700, 3 parties en 1 fort vol. pet. in-8, 2 pl. dessinées et gr. par L. Scherm, v. f. dos orné, fil. dent. int. tr. dor. (*Petit, succ*[r] *de Simier.*)

La première partie est incomplète de la figure.

4. POÈTES ÉTRANGERS

411. Le Rime del Petrarca. *Londra, G. Pickering*, 1822, in-48, titre gravé, portr. gr. mar. bleu, dos orné, fil. et milieu dor. dent. int. tr. dor. (*Tripon.*)

Jolie édition imprimée en caractères microscopiques.

412. Stanze in lode della menta (alle belle et cortesi donne). *S. l. n. d.* pet. in-8, mar. r. dos orné, fil. dent. int. tr. dor. (*Ganard.*)

Pièce rare attribuée au poète L. Tansillo. — 16 ff. non ch., dont un blanc, imprimés en caractères italiques, sign. A-D par 4 ff. Taches d'encre sur un des plats de la reliure.

413. Il Laberinto de'mal maritati. Doue si mostrano gli affanni, i stenti, i pianti, i sospiri, i travagli, le tribulationi, ch'essi patiscono; e si scuopre il modo di pigliar moglie, et appresso si narra gl'inganni, i tradimenti, le furbarie, assassinamenti, falsitā, et malitie, ch'usano le peruerse donne. Ottave di Francesco Draghetti Bolognese. *In Bologna, per Nicoló Tebaldini*, 1621, pet. in-8. de 4 ff. non ch. chag. r. fil. à fr. dent. int. (*Delaunay.*)

Exemplaire un peu court de marges et avec quelques raccommodages, d'une pièce très rare.

414. I Rifiuti di Pindo, poésie d'Aurelia Fedeli comica Italiana, dedicate al Re. *A Parigi, presso Carlo Chenault*, 1666, in-12, mar. r. dos orné, tr. dor. (*Rel. anc.*)

Exemplaire aux armes de Louis XIV, des poésies d'une comédienne italienne qui fut en grande réputation tant en Italie qu'en France, durant le XVIIe siècle. — Ce recueil, dédié à Louis XIV, contient des pièces de vers adressées au Roi, à la Reine, aux princes, princesses, grands seigneurs, à Corneille, Molière, Racine, etc.

415. Le Paradis (l'Enfer et le Purgatoire) de Dante Alighieri, traduits en français par M. le chevalier A. F. Artaud. Deuxième édition. *Paris, de l'impr. de A. Firmin-Didot*, 1828-1830, 9 vol. in-18, 3 pl. pliées, mar. bleu, rouge et vert, dos orné, fil. dent. int. tr. dor. (*Bauzonnet-Trautz.*)

Jolie édition avec le texte en regard.

Bel exemplaire sur PAPIERS DE couleurs; *le Paradis* sur papier bleu, *l'Enfer* sur papier rose, le *Purgatoire* sur papier vert.

ENVOI AUTOGRAPHE, signé du chevalier Artaud, à Benjamin Duprat, en tête du premier ouvrage.

416. Jérusalem délivrée, poëme du Tasse. Nouvelle traduction (par Lebrun). *Paris, Musier, fils*, 1774, 2 vol. in-8, 2 titres avec fleurons gr. par Drouët, 2 front. avec portr. du Tasse et de Gravelot en médaillons, 20 pl. 20 vign. et 28 culs-de-lampe dont 12 à pleine page, le tout par Gravelot, mar. vert, dos orné, fil. dent. int. tr. dor. (*Alló.*)

Le traducteur de ce poème est Normand. — Voir le N° 247.

417. L'Amadigi del S. Bernardo Tasso. A l'invitissimo e catolico Re Philippo. Nuovamente ristampato, et dalla prima impressione da molti errori espurgato. *In Venetia, appresso Fabio, et Agostino Zoppini fratelli*, 1583, in-4 à 2 col. car. ital. titre avec encadrement, mar. bleu,

fil. à fr. doublé de mar. r. dent. et bel encadrem. avec fleurons aux angles, tr. dor. (*Niedrée.*)

Poème en cent chants divisés en octaves.

Petits raccommodages et quelques taches.

418. Le Seau enlevé, poëme héroï-comique, imité du Tassoni, par Auguste C*** (Aug. C. Creuzé), suivi d'un choix des stances les plus intéressantes de l'auteur italien et de quelques poésies. *Paris*, *Didot l'aîné*, 1796, in-18, pap. vélin, mar. r. dos orné, fil. dent. int. tr. dor. (*Capé.*)

Tiré à 250 exemplaires.

419. Poésies de M. de Haller. (Texte allemand et traduction française de B. Tscharner.) *Zurich, Heidegger*, 1762, in-8, vign. gr. sur le titre, mar. r. dos orné, fil. dent. int. tr. dor. (*Derome.*)

Exemplaire aux armes de Anne-Robert-Jacques Turgot, baron de l'Aulne, ministre des finances.

Reliure un peu écornée; tache d'encre lavée sur un des plats.

420. Idée de la Poësie angloise, ou Traduction des meilleurs poëtes anglois qui n'ont point encore paru dans notre langue, avec un jugement sur leurs ouvrages... par Monsieur l'abbé Yart, de l'Académie Royale des Belles-lettres, Sciences & Arts de Roüen. *A Paris, chez Claude Briasson*, 1749, 2 vol. in-12, mar. r. dos orné, fil. tr. dor. (*Rel. anc.*)

Tomes I et II.

Antoine Yart, curé de Saint-Martin-du-Vivier, puis de Saussay-la-Vache, membre fondateur de l'Académie de Rouen, etc., naquit à Rouen en 1710 et mourut à Saussay-la-Vache (Eure) en 1791.

Ex-libris ancien, gravé et armorié, de *Anne Nicolas Robert* de Caze, conseiller du roi, trésorier des postes et fermier général, à chaque volume.

421. Les Saisons, poème traduit de l'anglais de Thompson. *S. l. n. d.* (*Paris, Cazin,*) in-18, titre-front. et 4 pl. gr. mar. r. dos orné, fil. tr. dor. (*Rel. anc.*)

Jolies figures, réductions de celles d'Eisen qui ornent l'édition de 1759.

422. The Loves of the Angels, a poem by Thomas Moore. With embellishments. *Paris, printed for Ant. Aug. Renouard, and Jules Didot, senior*, 1823, in-8 de 4 ff. prél.

et 134 pp. cuir de R. dos orné, fil. et comp. dent. int. non rog. (*Purgold.*)

Un des deux exemplaires sur PEAU DE VÉLIN. — Les 3 vignettes gr. sur bois, *hors texte*, sont tirées sur papier vélin.

III. — POÉSIE DRAMATIQUE

1. POÈTES DRAMATIQUES FRANÇAIS

A. *Depuis les Mystères jusqu'à 1630*

423. Le Mistère de la Cõcep‖tiõ : nativité : maria‖ge : ꝑ annonciation de la benoiste Vierge Marie. Avec ‖ la nativité de Jésuchrist et son enfance. Contenãt plusieurs belles ‖ matières, dont les noms sont en la table de ce présent livre. ‖ 1539. ‖ ¶ *On les vend a Paris en la rue neufve nostre dame* ‖ *a lenseigne de lèscu de France, par Alain Lotrian.* ‖ (A la fin :)... *Imprimé nouvellement à Paris, par Alain Lotrian. Demourãt en la rue neufve nostre Dame, à lenseigne de lescu de France*, (1539), in-4, goth. de 94 ff. ch. à 2 col. fig. sur bois, mar. r. dos orné, fil. doublé de mar. bleu, riches comp. d'entrelacs, arabesques et feuillage à fers azurés, tr. dor. (*Chambolle-Duru; Marius Michel, doreur.*)

Bonne édition du texte revu par Jean Michel. Elle est ornée de 3 figures gravées sur bois et porte au verso du dernier f. la marque de l'imprimeur.

Exemplaire réglé, recouvert d'une riche reliure, aux armes du baron Seillière, avec de *nombreux témoins*, mais avec des raccommodages au titre et aux deux premiers ff.

424. Miracle de monseigneur Sainct Nicolas : dung iuif qui presta cent escus a ung crestien. A xviii, personnaiges. (*A la fin* :) *Cy fine le present livre nouvellemẽt imprime a paris par la veufve feu Jehan treperel* et *Jehan iehannot*... *s. d.* in-12, de 48 ff. non ch. car. goth. vignette sur le titre et figure gr. sur bois et répétées 2 fois, mar. br. dos orné, fil. dent. int. non rog. (*Masson-Debonnelle.*)

Réimpression faite en 1868 par Six-Horemans, imprimeur à Lille, pour Baillieu, libraire à Paris.

Un des deux exemplaires sur PEAU DE VÉLIN.

Ex-libris Am. Berton.

425. Moralité des blasphémateurs de Dieu, à dix-sept personnages. *Paris*, *Silvestre*, 1831, in-fol. goth. format d'agenda, vignettes, mar. r. dos orné, fil. dent. int. tr. dor. (*Thibaron.*)

Réimpression en fac-similé faite sur l'exemplaire unique de l'édition de Pierre Sergent qui se trouve à la Bibliothèque nationale; elle a été tirée à 90 exemplaires numérotés.
Un des 4 exemmplaires sur PEAU DE VÉLIN (n° 4).

426. ❡ Le Ieu du prince des sots. Et || mere sotte. || ❡ Joue aux halles de paris le mardy || gras. Lan mil cinq ceus unze. || (A la fin :) ❡ *Fin du cry, sottie, moralite et farce || cõposez par Pierre gringoire dit mere Sotte || et imprime pour ycelluy.* || *S. l. n. d.*, in-8 goth. de 44 ff. non ch. fig. sur le titre, mar. vert, dos orné, large dent. doublé et gardes de moire cerise, dent. tr. dor. (*Rel. anc.*)

Copie manuscrite en fac-similé, exécutée sans doute par Fyot, du plus rare des ouvrages de Gringore. Cette copie paraît avoir été faite sur la première des deux éditions décrites par Brunet (II, 1749), laquelle, comme la suivante, ne doit figurer dans aucune bibliothèque particulière. — Voir, au sujet de Pierre Gringore, les numéros 312 à 310.
Ex-libris de M. Victor Foucher. — La doublure et les gardes du volume sont modernes.

427. La Medée, tragédie et autres diverses poësies, par Jean de La Péruse. *A Rouen*, *de l'Imprimerie de Raphaël du petit Val*, *s. d.* in-12 de 48 pp. mar. vert, dos orné, fil. tr. dor. (*Rel. anc.*)

428. Les Tragédies de Robert Garnier, Conseiller du Roy, lieutenant général criminel au siège presidial et seneschaussée du Maine. Au Roy de France et de Polongne. *A Rouen*, *de l'Imprimerie de Raphaël du Petit Val*, 1599, in-12, mar. r. jans. dent. int. tr. dor. (*Masson-Debonnelle.*)

Édition rare comprenant 646 pp. dont les dernières contiennent l'*Élégie sur le trespas de Ronsard* (pp. 639 à 646).
Exemplaire un peu court de marges.

429. Tragi-Comédie plaisante et facécieuse intitulée la subtilité de Fanfreluche et Gaudichon, et comme il fut emporté par le diable. *A Rouen, chez Abraham Cousturier, tenant sa boutique au bas de la rue Escuyère*, *s. d.*, in-8

de 32 pp. fig. sur le titre, mar. bleu à long grain, fil. dor. dent. à froid, doublé et gardes de moire rose, tr. dor. (*Bradel.*)

Pièce fort plaisante dont le sujet est à peu près celui de la célèbre comédie de Polichinelle, que Fanfreluche remplace ici. — Figure grotesque sur le titre.

Copie figurée habilement exécutée sur vélin par Fyot; elle provient des bibliothèque de Soleinne et de P. Desq.

430. La Farce des Quiolards, tirée de cet ancien proverbe normand : *y ressemble à la Quiole, y fait dé gestes :* lequel se met ordinairement en usage, quand on voit une personne, qui par ses actions, par ses paroles, et par ses habits, croit cacher la bassesse de sa naissance, la pauvreté de sa cuisine, ou les imperfections de son esprit. Pour le divertissement des mélancoliques et de ceux qui sont en parfaite santé, par P. D. S. I. L. *A Rouen, chez Jean Oursel l'aîné, s. d.*, in-12, mar. r. dos orné, fil. dent. int. tr. dor. (*Niedrée.*)

La présente édition doit être la première de cette comédie en patois normand, dirigée contre les parvenus; elle a été publiée vers 1600 et est de toute rareté. — 24 pp. en tout, la dernière non ch.

Exemplaire court de marges.

431. Tragi-Comédie des enfans de Turlupin, mal-heureux de nature. Où l'on void les fortunes dudit Turlupin, le mariage d'entre luy et la Boulonnoise, et autres mille plaisantes joyeusetez qui trompent la morne oisiveté. *A Rouen, chez Abraham Cousturier, s. d.*, in-8 de 24 pp. fig. sur le titre, mar. violet à long grain, fil. doré, dent. à froid, doublé et gardes de moire rose, tr. dor. (*Bradel.*)

Curieuse pièce en vers ornée sur le titre d'une figure grotesque.

Copie figurée habilement exécutée sur vélin par Fyot; elle provient des bibliothèques de Soleinne et de P. Desq.

432. La Madonte du Sr Auvray. Tragi-comédie, dédiée à la Reine. *A Paris, chez Augustin Courbé*, 1631, 14 ff. prél. y compris le front. gr. et 143 pp. — Autres Œuvres poëtiques du Sr Auvray. *A Paris, chez Antoine de Sommaville*, 1631, 82 pp. et 1 f. pour l'errata et le privilège. — Ens. 2 ouvrages en 1 vol. in-8, front. gr. mar. r. jans. dent. int. tr. dor. (*Trautz-Bauzonnet.*)

Voir, pour les œuvres de ce poète normand, le n° 351.

433. La Comédie des Comédies, traduicte d'italien en langage de l'orateur françois par le sieur Du Pechier. *A Lyon, chez Claude Larjot, Imprimeur ordinaire du Roy*, 1630, in-12 de 132 pp. mar. r. dos orné, fil. tr. dor. (*Rel. anc.*)

Cette pièce est une critique du style employé par Balzac dans ses lettres.

B. *De 1630 à la fin du XVIIe siècle.*

a. Pierre et Thomas Corneille.

434. Œuvres de Corneille. Première partie. *A Paris, chez Antoine de Sommaville et Augustin Courbé*, 1644, in-12, front. et portrait, vélin.

Première édition collective des *Œuvres* de P. Corneille. Elle contient : *Mélite, Clitandre, la Veuve, la Galerie du Palais, la Suivante, la Place Royale, Médée* et *l'Illusion comique*, et est ornée d'un frontispice daté de 1645 et d'un joli portrait de Corneille gr. par Michel Lasne (Picot, *Bibliographie Cornélienne* n° 98).

Exemplaire grand de marges, avec le frontispice et le portrait un peu plus courts et détachés du volume.

Hauteur : 138 mill.

435. Œuvres de Corneille. *Imprimé à Roüen, et se vend à Paris, chez Antoine de Sommaville* (*Toussainct Quinet*, au tome II), 1648, 2 vol. in-12, portr. gr. mar. r. jans. dent. int. tr. dor. (*Chambolle-Duru.*)

Deuxième édition collective dont on ne connaît qu'un très petit nombre d'exemplaires. — M. Picot (*Bibliogr. Cornél.* n° 100) indique par erreur 1 f. blanc à la fin du tome I; ce volume se termine par un Privilège qui commence au bas de la p. 654 et se développe sur les 2 pp. d'un f. non ch.

Exemplaire sans le frontispice gravé. — Hauteur : 129 mill.

436. Œuvres de Corneille. *Imprimé à Rouen* (*par Laurens Maurry*), *et se vend à Paris, chez Augustin Courbé*, 1652, 3 vol. in-12, front. gr. daté de 1645, et portr. gr. par Michel Lasne daté de 1644, mar. r. jans. dent. int. tr. dor. (*Trautz-Bauzonnet.*)

Troisième édition collective, que l'on trouve très rarement complète. Le contenu des deux premiers volumes est le même que celui de l'édition de 1648; le tome III renferme : *Théodore, Rodogune* et *Héraclius*.

Exemplaire bien conforme à la description de la *Bibliogr. Cornél.*

(n° 101). — On a relié à la suite du tome III : Andromède, 1651 (*édition originale*, in-12); D. Sanche d'Arragon, 1653 (2e *éd. originale*, in-12); Nicomède, 1653 (2e *éd. orig.*, in-12).

Un timbre de bibliothèque au v° du titre des deux premiers volumes. — Hauteur : 131 et 132 mill.

437. Œuvres de Corneille. Troisième partie. *Imprimé à Rouën, et se vend à Paris, chez Antoine de Sommaville,* 1652, pet. in-12, mar. r. jans. dent. int. tr. dor. (*Bretault.*)

Troisième volume seul de l'édition précédente.

On a relié à la suite de ce volume les trois mêmes pièces que dans l'exemplaire décrit plus haut, ce sont également les mêmes éditions, sauf *Nicomède* qui est de 1652.

Mouillure et petites taches à quelques ff.

438. Le Théâtre de P. Corneille, reveu et corrigé par l'autheur. *Imprimé à Rouen, et se vend à Paris, chez Louis Billaine,* 1664, 2 vol. in-fol. front. et portr. gr. vélin, fil. et milieu à froid.

Édition recherchée que Corneille revit avec soin et où il se soumit aux jugements de l'Académie. La plupart de ses pièces diffèrent beaucoup de ce qu'elles sont dans les éditions primitives; de plus, Corneille y adopte une orthographe toute nouvelle dont il rend compte dans un curieux avis au lecteur. Elle est ornée d'un frontispice et d'un joli portrait de l'auteur gravés par Guillaume Vallet.

Exemplaire dans sa reliure originale, conforme à la description donnée par M. Picot (*Bibliogr. Cornél.* n° 108). — Très légère détérioration au bord intérieur du frontispice.

439. Le Théatre de P. Corneille reveu et corrigé par l'autheur, 4 parties. — Poèmes dramatiques de T. Corneille, 3 parties. — *A Rouen, et se vendent à Paris, chez Guillaume de Luyne* (ou *Thomas Jolly*), 1664-1666. — Ens. 7 tomes en 6 vol. in-8, front. et fig. mar. r. dos orné, fil. et encadrement composé de filets droits et courbes avec fleurons, doublé de mar. bleu, semis de fleurs de lis, dent. tr. dor. (*Belz, suc. Niedrée.*)

Première édition du théâtre de P. Corneille, publiée dans le format in-8, offrant le texte, revu par l'auteur, de l'édition précédente, texte qui a été généralement suivi depuis par les éditeurs.

Thomas Corneille, frère de Pierre, dont on trouve ici les Œuvres, né à Rouen en 1625 mourut aux Andelys en 1709. Les deux frères épousèrent les deux sœurs, eurent le même nombre d'enfants, vécurent dans la même maison et toujours dans la plus parfaite union. Après plus de 25 ans de mariage, Pierre et Thomas n'avaient pas encore songé à faire le partage des biens de leurs femmes, biens situés en Normandie dont elles étaient originaires comme eux ; ce partage ne fut fait que par une nécessité indispensable à la mort de Pierre (De Boze. *Éloge de Th. Corneille*).

Bel exemplaire, conforme à la description de M. Picot (*Bibliogr. Cornél.* n° 109), sauf à la 3e partie des *Poëmes dramatiques* de T. Corneille, où la tragédie *Camma* se trouve ici sans figure. On sait que les trois figures de la 4e partie du *Théâtre* de P. Corneille sont extrêmement rares, M. Picot dit même que de tous les exemplaires qui lui ont passé sous les yeux quatre seulement les possédaient; elles se trouvent dans le présent exemplaire, lequel, comme cela a lieu généralement, a la 3e partie des *Poëmes* de Thomas reliée à la suite de la 4e partie du *Théâtre* de Pierre.

440. Le Théatre de P. Corneille, reveu et corrigé, et augmenté de diverses pièces nouvelles. *Suivant la Copie imprimée à Paris*, 1664, 5 vol. portr. 4 front. et 32 fig. — Les Tragédies et Comédies de Th. Corneille, reveues et corrigées, et augmentées de diverses pieces nouvelles. *Suivant la Copie imprimée à Paris*, 1665-78, 5 vol., 5 front. et 30 fig. — Ens. 10 vol. in-12, portr. front. et fig. mar. r. dos orné, fil. dent. int. tr. dor. (*Duru*, 1861.)

Charmante édition recherchée tant pour la beauté de l'impression que pour les jolies figures dont elle est ornée. Elle sort des presses d'Abraham Wolfgang à Amsterdam et s'annexe à la Collection elzevirienne, il est fort difficile d'en trouver des exemplaires complets.

Le présent exemplaire est conforme à la description de la *Bibliogr. Cornél.* (n° 381), sauf les quelques rectifications suivantes :

Pierre Corneille. — Tome II. M. Picot signale 1 f. blanc à la suite de *Pompée* (n° 316 de la *Bibliogr. Cornél.*), il en faut 3. — T. III. A la suite des *Examens* nous avons 2 ff. blancs, nécessaires pour équilibrer le cahier, au lieu de un. *Don Sanche* fait ici partie de l'édition elzevirienne de 1656 (Willems, n° 783; Picot, n° 351) avec *la sphère* sur le titre au lieu de la marque *Quaerendo* qui figure sur toutes les autres pièces publiées par Wolfgang, mais comme le frontispice publié par cet éditeur s'y trouve (l'éd. de 1656 n'en a pas), il semble en résulter que Wolfgang avait en magasin un certain nombre d'exemplaires des pièces de Corneille publiées par les Elzevier et qu'il ne les réimprimait qu'au fur et à mesure des besoins de sa vente. *Théodore* (337), que M. Picot indique par erreur comme devant figurer dans ce volume, fait partie du tome II; par contre, *Œdipe* (361), qu'il mentionne au tome IV, se trouve au tome III. — T. IV. *La Toison d'or* (n° 363) a ici 5 ff. prélim. au lieu de 6 et il paraît cependant ne rien manquer; le f. blanc de la fin ne s'y trouve pas. M. Picot a omis d'inscrire le n° 368 (*Sophonisbe*) dans la nomenclature qu'il donne des pièces contenues dans ce volume.

Le Cid (Tome II) se trouve ici en première édition sous cette date

(Voir : Rahir. *Catal. d'une collection d'Elzevier*, 1896, p. 248). — *Agesilas* qui doit faire partie du tome V est reliée à la suite du tome IV et il y manque le f. blanc de la fin.

THOMAS CORNEILLE. — Les volumes sont datés de 1665 à 1678 et non 1668 comme le dit par erreur M. Picot. — Tome III. Les deux ff. blancs qui doivent se trouver à la fin de *Pyrrhus*, manquent. — T. IV. A la fin de *la Comtesse d'Orgueil* se trouvent 2 ff. blancs non signalés dans la *Bibliogr. Cornél.* — T. V. Ce volume a, comme les autres, un frontispice gravé, contrairement à ce que dit M. Picot, il débute donc par 2 ff. prélim. comprenant le frontispice et le titre. Il nous manque 1 f. blanc à la fin d'*Ariane* et 2 ff. blancs à la fin de *Circé*.

La collation de cet ouvrage, donnée par M. Willems (*les Elzevier*, n° 1727) diffère en quelques points de celle donnée par M. Picot, mais nous croyons que cette dernière, complétée par les quelques rectifications qui précèdent, est la bonne.

Exemplaire de M. THOMAS POWELL. — Raccommodage au coin de la marge supérieure de la p. 47 de *Mélite* (T. I de P. Corneille). — Hauteur : 129 mill.

441. Le Théâtre de P. Corneille. Reveu et corrigé par l'autheur. *A Rouen, et se vend à Paris, chez Guillaume de Luyne*, 1668, 4 vol. — Poëmes dramatiques de T. Corneille. *A Rouen, et se vendent à Paris, chez Guillaume de Luyne*, 1669, 3 vol. (tomes I à III). — Ens. 7 vol. in-12, mar. r. fil. à fr. fleurons dorés sur le dos, au milieu et aux angles des plats, dent. int. tr. dor. (*Tripon.*)

D'après la collation donnée par M. Picot (*Bibliogr. Cornél.* n° 110), il manquerait au présent exemplaire : 2 ff. pour le Privilège et 1 f. blanc au tome I; 2 ff. blancs au tome II; 2 ff. pour le Privilège et 1 f. blanc, remplacé ici par le f. contenant les deux dernières pp. qui est en double, au tome III; 1 f. blanc en tête et 2 ff. pour le Pivilège, au tome IV. — Le tome I de Thomas se compose de 1 f. pour le titre, 592 pp. y compris le titre des *Engagements du hazard* et 2 ff. pour le Privilège, et non 592 pp. y compris le titre général, comme le dit M. Picot. Les tomes IV et V de Thomas que l'on trouve quelquefois joints à cette édition sont des recueils factices composés de pièces séparées.

On trouve des exemplaires de cette édition avec des frontispices en tête de chaque volume, mais M. Picot pense qu'on les y a ajoutés.

Hauteur : 142 mill.

442. Le Théâtre de P. Corneille. Reveu et corrigé par l'autheur. *A Paris, chez Guillaume de Luyne*, 1682, 4 vol. in-12, mar. r. jans. dent. int. tr. dor. (*Hardy-Mennil.*)

« Cette édition, la dernière qu'ait publié Corneille, nous donne le texte définitif adopté par lui. Elle a, par cela même, une grande importance et mérite d'être recherchée peut-être plus encore que toutes les précédentes. » (Picot, *Bibliogr. Cornél.* n° 113.)

Exemplaire sans le portrait et les frontispices ; l'extrait du Privilège du tome II est au v° de la p. 597. — Raccommodage à l'avant-dernier f. du tome I.

Hauteur : 151 mill.

443. Le Théâtre de T. Corneille. Nouvelle édition, revuë, corrigée et augmentée, enrichie de figures en taille-douce. *Amsterdam, Chatelain,* 1733, 5 vol. 12, portr. et 32 fig. par B. Picart, mar. bleu, dos orné à petits fers, fil. doublé et gardes de papier doré à ramages, tr. dor. (*Padeloup.*)

444. Œuvres de T. Corneille. *A Paris, chez Le Clerc,* 1758, 9 vol. in-12, mar. r. dos orné, fil. tr. dor. (*Rel. anc.*)

Bel exemplaire portant sur le premier plat de la reliure de chaque volume le nom, frappé en or, de Racine Demonville.

445. Chefs-d'œuvre de T. Corneille. Édition stéréotype. *A Paris, de l'Imprimerie de P. Didot l'aîné, an VIII* (1800), in-8, cart. non rog.

Exemplaire sur PEAU DE VÉLIN.

446. La Galerie du Palais, ou l'Amie rivale. Comédie (par P. Corneille). *A Paris, chez François Targa,* 1637, in-4 de 4 ff. prél. non ch. et 143 pp. cart. bradel demi-perc. bleue. (*Lemardeley.*)

Édition originale. (Picot. *Bibliogr. Cornél.* n° 4.)

Un des très rares exemplaires tirés au nom de *Targa.* — Légère mouillure à la marge supérieure des premiers ff.

Hauteur : 221 mill.

447. La Suivante. Comédie (par P. Corneille). *A Paris, chez Augustin Courbé,* 1637, in-4 de 5 ff. prél. non ch. et 128 pp. cart. bradel demi-perc. verte. (*Lemardeley.*)

Édition originale. (*Bibliogr. Cornél.* n° 5.)

Exemplaire grand de marges (nombreux témoins; hauteur : 226 mill.). — Léger raccommodage au dernier f.

448. Médée. Tragédie (par P. Corneille). *A Paris, chez François Targa,* 1639, in-4 de 4 ff. prél. non ch. et 95 pp. cart. bradel demi-perc. grise.

Édition originale. (*Bibliogr. Cornél.* n° 7.)

Exemplaire grand de marges (hauteur : 233 mill.). — Cassure raccommodée, p. 23.

449. MÉLITE, OU LES FAUSSES LETTRES (par P. Corneille) :

MELITE, OV LES FAVSSES LETTRES

Piece Comique.

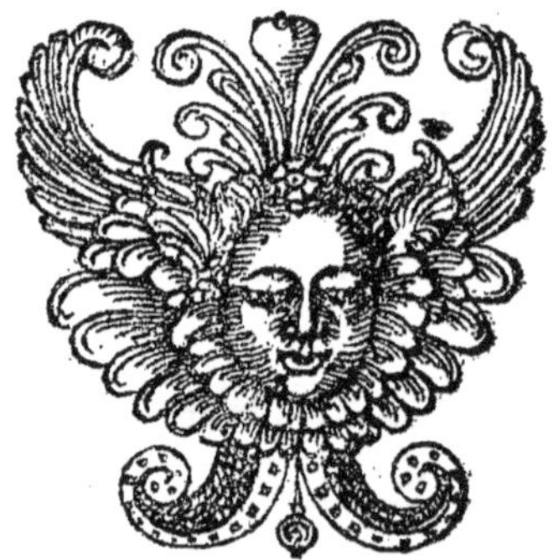

A PARIS,
Par Iaques de Loge, à l'Enſeigne du Mauuais Temps.

M. DC. XXXIII.

Auec permiſſion.

In-8, mar. r. dos orné, fil. dent. int. tr. dor. (*Chambolle-Duru*, 1864.)

Édition de la plus grande rareté, décrite d'après le présent exemplaire dans la *Bibliogr. Cornél.* n° 260 : « Nous avons cherché longtemps cette édition, dit M. Picot... Nous avons parcouru toutes les bibliothèques de Paris, sans pouvoir la rencontrer; nos visites chez les amateurs n'ont pas été plus fructueuses, enfin... M. Lormier, de Rouen, a bien voulu nous communiquer son exemplaire... » Suivent des détails intéressants sur cette édition qui comprend 4 ff. prélim. non ch. et 135 pp.

Raccommodages aux marges supérieures de quelques ff. — Hauteur : 168 mill.

450. Le Cid, tragicomédie (par Pierre Corneille). *A Paris, chez François Targa* (et) *Augustin Courbé, s. d.* (1637), pet. in-12 de 4 ff. prél. y compris le titre-front. gravé par Michel Lasne, et 88 pp. mar. citron, dos orné, fil. dent. int. tr. dor.

PREMIÈRE ÉDITION in-12 imprimée en très petits caractères ; très rare. (*Bibliogr. Cornél.* n° 10.)

Hauteur : 112 mill.

451. HORACE. Tragédie (par P. Corneille). *A Paris, chez Augustin Courbé*, 1641, in-4 de 6 ff. prél. non ch. y compris le front. et 103 pp. gr. mar. r. jans. dent. int. tr. dor. (*Duru.*)

ÉDITION ORIGINALE.

Bel exemplaire de M. EUGÈNE PAILLET, conforme à l'édition B, décrite par M. Picot (*Bibliogr. Cornél.* n° 16.)

Hauteur : 225 mill.

452. Horace, tragédie (par Pierre Corneille). *Jouxte la copie imprimée. A Paris, chez Augustin Courbé*, 1641, pet. in-8, mar. r. jans. dent. int. tr. dor. (*Trautz-Bauzonnet.*)

Édition très rare, publiée sans doute dans une ville de province sous la même date que l'édition originale ; elle est peu connue et a été mal décrite. Imprimée en caractères italiques sur papier fort, elle se compose de 4 ff. prélim. non ch. dont un blanc, de 76 pp., 1 f. non ch. pour le Privilège et 1 f. blanc. Les mots *Jouxte la copie imprimée* se lisent dans le bas d'un assemblage de fleurons typographiques formant un grand carré sur le titre. M. Picot, la cite (*Bibliogr. Cornél.* n° 289) d'après un exemplaire qui figurait, en 1858, dans un catalogue de Techener où elle était faussement indiquée comme étant de format pet. in-12 ; c'est par erreur que l'éminent bibliographe lui donne la date de 1640, le catalogue Techener cité porte bien 1641.

Bel exemplaire. — Hauteur : 144 1/2 mill.

453. CINNA, ou la Clémence d'Auguste, tragédie (par Pierre Corneille). *Imprimé à Roüen aux despens de l'autheur,*

et se vendent à Paris, chez Toussainct Quinet, 1643, in-4 de 8 ff. prél. non ch. y compris le front. 110 pp. et 1 f. blanc, mar. r. jans. dent. int. tr. dor. (*Thibaron-Joly*.)

Édition originale. (*Bibliogr. Cornél.* n° 20)

Bel exemplaire de M. Eugène Paillet, avec sa *signature autographe*. — Hauteur : 230 mill.

454. Polyeucte martyr, tragédie (par Pierre Corneille). *A Paris, chez Antoine de Sommaville et Augustin Courbé*, 1643, in-4 de 8 ff. prél. non ch. y compris le front. 121 pp. et 1 f. non ch. pour la fin du privilège, mar. r. jans. dent. int. tr. dor.

Édition originale. — (*Bibliogr. Cornél.* n° 26.)

Exemplaire avec le frontispice remmargé et des raccommodages au titre et à quelques ff. — Hauteur : 223 mill.

455. Polyeucte martyr, tragédie de Monsr Corneille. *Suivant la copie imprimée à Paris* (*à la Sphère*), 1656, pet. in-12 de 93 pp. et 1 f. blanc, mar. r. fil à froid, dent. int. tr. dor.

Quatrième et dernière édition donnée par les Elzevier (Willems, n° 781.)

Exemplaire du comte de Lambilly, avec son *ex-libris*.

Hauteur : 118 mill.

456. Polyeucte martyr. Tragédie chrétienne en cinq actes, par Pierre Corneille. *Tours, Mame*, 1889, gr. in-4, portr. de Corneille, gr. par Burney, 5 eaux-fortes d'après Albert Maignan, gr. par Boilvin, Bracquemond, Le Couteux et Waltner et fig. sur bois dans le texte, br. couverture.

Un des 100 exemplaires numérotés sur papier du Japon (n° 60), avec le portrait et les eaux-fortes en double état avant la lettre : *avec* et *sans les remarques*.

457. La Mort de Pompée, tragédie (par Pierre Corneille). *A Paris, chez Antoine de Sommaville et Augustin Courbé*, 1644, in-4 de 8 ff. prél. non ch. y compris le front. et 100 pp. mar. r. dos orné, fil. dent. int. tr. dor. (*David*.)

Édition originale. (*Bibliogr. Cornél.* n° 32.)

Exemplaire avec un petit raccommodage au frontispice ; le titre est un peu plus étroit que les autres ff. — Hauteur : 227 mill.

458. **LE MENTEUR**, comédie par (Pierre Corneille). *Imprimé à Roüen, et se vend à Paris, chez Antoine de Sommaville et Augustin Courbé*, 1645, 4 ff. prél. non ch.

130 pp. et 1 f. non ch. pour la fin du privilège. — La suite du Menteur, comédie (par le même). *Imprimé à Roüen, et se vend à Paris, chez Antoine de Sommaville et Augustin Courbé*, 1645, 6 ff. prél. non ch. et 136 pp. — Ens. 2 ouvrages en 1 vol. in-4, mar. r. jans. dent. int. tr. dor. (*Duru*, 1859.)

ÉDITIONS ORIGINALES de ces deux pièces. (*Bibliogr. Cornél.* nos 35 et 40.) — Par suite d'une erreur typographique, M. Picot indique 136 pp. pour *le Menteur*, au lieu de 130.

Bel exemplaire de M. EUGÈNE PAILLET avec sa *signature autographe.* — Hauteur: 215 mill.

459. Rodogune, Princesse des Partes. Tragédie (par P. Corneille). *Imprimé à Rouen, et se vend à Paris, chez Augustin Courbé*, 1647, in-4 de 9 ff. prél. non ch. y compris le front. de Le Brun et 115 pp. cart. bradel demi-perc. bleue (*Lemardeley*.)

ÉDITION ORIGINALE. (*Bibliogr. Cornél.*, n° 44.)

Hauteur : 223 mill.

460. RODOGUNE, PRINCESSE DES PARTHES. Tragédie de Pierre Corneille. *Au Nord*, 1760, in-4, texte encadré, front. mar. olive, dos orné, dent. tr. dor. (*Rel. anc.*)

Édition rare et recherchée, imprimée au château de Versailles, sous les yeux et par les soins de Madame de Pompadour, qui avait voulu apprendre le métier de typographe. Elle est ornée d'un joli frontispice dessiné par Boucher, gravé à l'eau-forte par la marquise elle-même et achevé par Cochin.

Cette édition n'aurait été tirée qu'à un très petit nombre d'exemplaires (vingt ou trente).

Bel exemplaire.

461. Andromède. Tragédie (par P. Corneille), représentée avec les machines sur le Théâtre-Royal de Bourbon. *A Rouen, chez Laurens Maurry, et se vendent à Paris chez Charles de Sercy*, 1651, in-4 de 6 ff. prél. non ch. y compris le front. 123 pp. et 6 pl. pliées, demi-rel. v. f. avec coins, dos orné, fil.

ÉDITION ORIGINALE in-4. (*Bibliogr. Cornél.*, n° 56.)

Cette tragédie qui peut être considérée comme le premier essai des pièces à machines est ornée d'un frontispice et de 6 grandes planches qui se déplient, gravés par F. Chauveau, d'après les dessins de l'italien Jacques Torelli, auteur des décorations et machines d'*Andromède*.

Exemplaire bien complet, la plupart de ceux que l'on rencontre ne possédant, comme le déclare M. Picot, que quatre ou cinq planches. — Comme toujours la marge inférieure de ces figures a été atteinte par le couteau du relieur qui a fait disparaître les chiffres renvoyant aux pages de l'édition.

462. Desseins de la Toison d'or (par P. Corneille) :

DESSEINS
DE LA
TOISON D'OR.
TRAGEDIE.

Repreſentée par la Troupe Royale du Mareſts, chez M^R le Marquis de Sourdeac, en ſon Chaſteau du Neufbourg, pour réjoüiſſance publique du Mariage du Roy, & de la Paix auec l'Eſpagne, & en ſuite ſur le Theatre Royal du Mareſts.

Imprimée à ROVEN, Et ſe vend
A PARIS,
Chez { Avgvstin Covrbé, au Palais, en la Gallerie des Merciers, à la Palme. Et Gvillavme de Lvyne, Libraire Iuré, dans la meſme Gallerie, à la Iuſtice.

M. DC. LXI.
AVEC PRIVILEGE DV ROY.

In-4 de 26 pp. demi-rel. mar. r.

Édition originale, de la plus grande rareté, de ce programme qui fut distribué aux spectateurs le jour de la première représentation de la *Toison d'or*.

«Les seuls exemplaires des *Desseins* qui aient été cités jusqu'ici, dit M. Picot (*Bibliogr. Cornél.* n° 75), sont celui de la Bibliothèque nationale et deux autres exemplaires contenus dans des recueils de la Bibliothèque de Pont de Veyle. » — Le présent exemplaire doit être un de ces derniers.

Hauteur: 219 mill.

463. D. Sanche d'Arragon. Comédie héroïque (par P. Corneille). *Imprimé à Rouen, et se vend à Paris, chez Augustin Courbé*, 1650, in-4 de 8 ff. prél. non ch. et 116 pp. cart. bradel demi-perc. blanche. (*Lemardeley.*)

Edition originale. (*Bibliogr. Cornél.* n° 60.)

Légère mouillure à la marge supérieure des premiers ff.

464. Nicomède, tragédie (par Pierre Corneille). *A Rouen, chez Laurens Maurry, et se vend à Paris, chez Charles de Sercy*, 1651, in-4 de 4 ff. prél. non ch. et 124 pp. mar. r. dos orné au pointillé, fil. dent. int. tr. dor. (*Chambolle-Duru.*)

Édition originale. (*Bibliogr. Cornél.* n° 65.)

Bel exemplaire. — Hauteur: 216 mill.

465. Agesilas, tragédie en vers libres rimez, par P. Corneille. *A Rouen, et se vend à Paris, chez Guillaume de Luyne*, 1666, in-12 de 2 ff. prél. 88 pp. et 1 f. pour le privilège, mar. r. dos orné, fil. dent. int. tr. dor. (*Hardy-Mennil.*)

Édition originale. (*Bibliogr. Cornél.* n° 85).

Exemplaire grand de marges (143 mill.) mais sans le feuillet blanc de la fin.

Voir pour les autres ouvrages de P. Corneille les n°s 110 à 114, 116, 117, 371 et 466 à 468.

b. Les Cinq auteurs, Molière, Racine, etc.

466. La Comédie des Tuilleries, par les cinq autheurs. *A Paris, chez Augustin Courbé*, 1638, in-4 de 10 ff. prél. non ch. et 140 pp. v. f. ant. dos orné, fil et comp. à la Du Seuil, tr. dor.

Édition originale. (*Bibliogr. Cornél.* n° 91.)

Cette comédie est l'œuvre collective des cinq auteurs que Richelieu avait entrepris de faire travailler sous sa direction: Boisrobert (*poète normand.* Voir les n°s 349, 354 et 467), Colletet, Corneille, L'Estoile et Rotrou. Ces auteurs se répartirent les actes de la pièce dont le cardinal avait fait le plan, et le troisième aurait été écrit par Corneille.

Exemplaire grand de marges (hauteur: 233 mill.); il provient de la collection du Roi Louis-Philippe et porte le timbre de la Bibliothèque du Palais Royal sur le titre.

467. L'Aveugle de Smyrne. Tragi-comédie par les cinq autheurs (P. Corneille, Boisrobert, Colletet, l'Estoile et Rotrou). *A Paris, chez Augustin Courbé*, 1638, in-4 de 4 ff. prél. non ch. et 146 pp. vélin.

ÉDITION ORIGINALE. (*Bibliogr. Cornél.* n° 92.)
Hauteur : 234 mill.

468. Le Trompeur puny, ou l'Histoire Septentrionale, tragicomédie (et autres œuvres) par Monsieur de Scudery. *A Paris, chez Antoine de Sommaville*, 1634, in-8, mar. bleu foncé, dos orné, fil. dent. int. tr. dor. (*Niedrée*.)

Au recto du dixième f. prél. se trouve un madrigal de dix vers adressé par Corneille à l'auteur. — Georges de Scudéry, né au Havre en 1601, mourut à Paris en 1667.
Légers raccommodages en marges de quelques ff.

469. LES ŒUVRES DE MONSIEUR DE MOLIERE. Reveuës, corrigées et augmentées. Enrichies de figures en taille-douce. *A Paris, chez Denys Thierry, Claude Barbin et chez Pierre Trabouillet*, 1682, 8 vol. in-12, 30 pl. par Brissart, gr. par Sauvé et non signées, mar. r. dos orné, fil. dent. int. tr. dor. (*Trautz-Bauzonnet.*)

PREMIÈRE ÉDITION complète, publiée par le comédien Charles Varlet de La Grange, l'un des plus intimes camarades de Molière et le secrétaire de sa troupe, et un autre de ses amis nommé Vinot. Elle renferme 6 pièces en ÉDITIONS ORIGINALES et, pour la première fois, est ornée de figures très intéressantes pour les costumes et la mise en scène, dont plusieurs contiennent le véritable portrait de Molière dans ses principaux rôles.
Hauteur variant entre 160 et 162 mill.

470. La Troupe de Molière et les deux Corneille à Rouen en 1658, par F. Bouquet. *Paris, Claudin*, 1880, in-16, fig. mar. r. dos orné, fil. dent. int. tr. dor. (*Masson-Debonnelle*.)

Joli petit volume tiré à petit nombre et orné de trois charmantes eaux-fortes dont un frontispice, par Jules Adeline, né à Rouen en 1847, et d'une planche contenant des signatures parmi lesquelles figure celle de Molière. — L'auteur, François-Valentin Bouquet, professeur au lycée de Rouen, est né dans cette ville en 1815.
Un des 6 exemplaires sur PARCHEMIN-VÉLIN (n° 3) avec les eaux-fortes en 3 états : avec la lettre et *avant la lettre* en noir et en bistre.

471. Le Théâtre de Mr Quinault. Nouvelle édition augmentée, et enrichie de figures en taille-douce. *A Amster-*

dam, chez Antoine Schelte (*au Quærendo*, 1697), 2 vol. in-12, 2 front. et 16 fig. gr. mar. r. dos orné, fil. dent. int. tr. dor. (*Brany.*)

Recueil renfermant *seize pièces* avec titre spécial, une figure et pagination séparée pour chaque pièce.

472. ŒUVRES DE RACINE. *Paris, Denys Thierry*, 1697, 2 vol. in-12, 2 front. et 12 fig., mar. brun, dos orné, fil. comp. à la Du Seuil et milieu à petits fers, dent. int. tr. dor. (*Capé.*)

DERNIÈRE ÉDITION ORIGINALE, revue par Racine, et la PREMIÈRE COMPLÈTE ; elle est augmentée de deux pièces, *Esther* et *Athalie*, et de quatre *Cantiques*.

Exemplaire grand de marges. — Hauteur : 162 mill.

473. ŒUVRES COMPLÈTES DE J. RACINE, avec les notes de tous les commentateurs. Édition publiée par L. Aimé-Martin. *Paris, Lefèvre*, 1820, 6 vol. in-8, front. par Prudhon et 12 fig. par Desenne, Gérard, Girodet, etc. mar. vert à long grain, dos orné, dent. tr. dor. (*Simier.*)

Bel exemplaire aux armes du Roi LOUIS XVIII.

474. Bérénice, tragédie. Par M. Racine. *A Paris, chez Claude Barbin*, 1671, in-12 de 10 ff. prél. non ch. et 88 pp. mar. r. dos orné, fil. dent. int. tr. dor. (*Hardy-Mennil.*)

EDITION ORIGINALE.

Hauteur : 149 mill.

475. Esther, tragédie tirée de l'Escriture Sainte (par Racine). *A Paris, chez Denys Thierry*, 1689, in-4, réglé car. ital. front. par C. Le Brun gr. par S. Le Clerc, mar. r. dos orné, fil. dent. int. tr. dor. (*Hardy.*)

EDITION ORIGINALE.

Raccommodages à plusieurs ff. — Hauteur : 245 mill.

476. Esther. Tragédie tirée de l'Escriture Sainte (par J. Racine). *A Paris, chez Denys Thierry*, 1689, in-12, front. gr. mar. r. dos orné, fil. dent. int. tr. dor. (*L. Brand.*)

EDITION ORIGINALE in-12.

477. Intermèdes en musique de la tragédie d'Esther, propres pour les dames religieuses & toutes autres personnes, par Monsieur Moreau, maistre de musique & pensionnaire de Sa Majesté. *A Paris, chez Christophe Ballard*,

1696, in-4 de 1 f. pour le titre, et 96 pp. de musique, vélin jaspé.

Exemplaire portant l'*ex-libris* de SAINT-CYR (Croix de Saint-Cyr avec les initiales M. G.) et la mention manuscrite suivante : ***Maîtresse générale.***

478. Athalie, tragédie tirée de l'Ecriture Sainte (par Racine). *A Paris, chez Denys Thierry*, 1691, in-4, réglé, car. ital. front. par J. B. Corneille gr. par J. Mariette, mar. r. dos orné, fil. dent. int. tr. dor. (*Hardy.*)

ÉDITION ORIGINALE.
Hauteur : 254 mill. et demi.

479. Jephté. Tragédie, par M. Boyer, de l'Académie Françoise. *Paris, Veuve Coignard*, 1692, in-4, front. par L. Chéron, gr. par J. Mariette, mar. olive, dos orné. (*Rel. anc.*)

Curieux exemplaire portant de nombreuses corrections, additions et changements manuscrits, qui paraissent être DE LA MAIN DE L'AUTEUR. Il a servi à la représentation de cette tragédie dans la MAISON DE SAINT-CYR, *dont il porte la croix fleurdelisée* sur les plats de la reliure. — Il provient de la bibliothèque de SOLEINNE.
Reliure restaurée.

480. Jonathas, tragédie tirée de l'Écriture Sainte (par Duché de Vancy). *Paris, Ballard*, 1700, in-4, mar. r. dos orné et fleurdelisé, fil. tr. dor. (*Rel. anc.*)

ÉDITION ORIGINALE.
EXEMPLAIRE DE DÉDICACE, SUR PAPIER FORT, aux armes de LOUIS XIV.

C. *Du XVIIIe siècle à nos jours. — Opéras, Ballets, etc.*

481. Le Légataire universel, comédie (par J. F. Regnard). *A Paris, chez Pierre Ribou*, 1708, in-12, vignette sur le titre et front. gr. mar. r. dos orné, fil. dent. int. tr. dor. (*Duru.*)

ÉDITION ORIGINALE.
Exemplaire de M. ARMAND BERTIN contenant à la fin un catalogue des *Livres nouveaux imprimez chez Pierre Ribou*, 3 ff. non ch.
Hauteur : 162 mill.

482. Le Théâtre de Monsieur Baron, augmenté de deux pièces qui n'avoient point encore été imprimées, & de diverses poësies du même auteur. *A Paris, par la Compa-*

gnie des Libraires associés, 1742, 2 vol. in-12, mar. r. dos orné, fil. tr. dor. (*Rel. anc.*)

Le second f. du privilège à la fin du tome II manque et à sa place se trouve le faux titre des *Œuvres de Poisson*.

483. Œuvres de théâtre de M. de la Noue. *A Paris, chez Duchesne*, 1765-1785, 2 parties en 1 vol. in-12, portrait par Monnet, mar. r. dos orné, fil. tr. dor. (*Rel. anc.*)

Seule édition complète des Œuvres de J.-B. Sauvé, dit La Noue, comédien et littérateur, qui dirigea pendant cinq années le théâtre de Rouen.

484. Le Somnambule, comédie représentée pour la première fois par les comédiens François, le 19 février 1739. Nouvelle édition, telle qu'elle se joue sur le Théâtre. *Paris, veuve Duchesne*, 1768, in-8 de 56 pp. v. ant. jaspé, dos orné, fil.

Pièce due à la collaboration du comte de Caylus, de Sallé et de Pont de Veyle.

Exemplaire aux armes de la reine MARIE-ANTOINETTE.

Reliure légèrement restaurée.

485. Les Deux Reines, drame héroïque en cinq actes et en prose, suivi de Sylvie et Moléshoff, imitation libre de l'anglois (par Cl. Jos. Dorat). *A Paris, chez Sébastien Jorry*, 1770, in-8, planche dessinée et gr. par L. Parizeau, mar. r. dos orné, fil. tr. dor. (*Rel. anc.*)

Ex-libris de S. G. Schweighäuser, professeur, collé au bas du titre, et un autre *ex-libris* ancien, gravé et armorié (*un coq*), collé à l'intérieur de la reliure.

486. L'Honnête criminel, ou l'Amour filial, drame en cinq actes et en vers, par M. Fenouillot de Falbaire. Seconde édition, revue, corrigée, et augmentée de l'histoire du héros de la pièce. *Paris, Merlin*, 1768, in-8, 5 pl. par Gravelot, gr. par Binet, Delaunay, Levasseur et Simonet, mar. r. dos orné, fil. tr. dor. (*Rel. anc.*)

Exemplaire aux armes de Charles-Just, prince de Beauvau, maréchal de France.

487. La Corbeille et la Flûte enlevées, ou la Fête de Palémon, pastorale en un acte et en vers, mêlée d'ariettes. Représentée le 30 juin 1782, dans le jardin et à l'occasion de la fête de M. Poissonnier, Conseiller d'État, par M. de Bonnecarrere, 1782. (A la fin :) *Écrit à la plume par moi,*

F. F. Fyot, écrivain à Paris, 1782. In-16 de 12 ff. mar. r. dos orné, fil. tr. dor. (*Rel. anc.*)

CHARMANT MANUSCRIT SUR VÉLIN admirablement exécuté par FYOT, l'habile calligraphe, émule de Jarry. Il est décoré de jolis petits ornements.

488. Proverbes dramatiques (par N. Carmontelle). *Paris, Merlin*, 1768, 4 parties en 2 vol. in-8, mar. r. dos orné, fil. tr. dor. (*Rel. anc.*)

Tomes I et II renfermant les quatre premières parties.
Bel exemplaire aux armes du chancelier de MAUPEOU.

489. Les Étourdis, ou le Mort supposé, comédie en trois actes, en vers, représentée sur le théâtre de la Cour, le lundi 24 juin 1816, à l'occasion du mariage de S. A. R. Mgr le Duc de Berry (par F.-G.-J.-S. Andrieux). *A Paris, chez Vente*, 1816, in-8 de 2 ff. prél. et 82 pp. mar. r. à long grain, dos orné, fil. et bordure de fleurs de lis, dent. int. tr. dor. (*Rel. anc.*)

Bel exemplaire aux armes de LOUIS XVIII.

490. Les Bourbons, ou le Triomphe de la légitimité, et Naissance de S. A. R. Mgr le duc de Bordeaux. *Paris*, 1822, 2 parties en 1 vol. in-8, mar. vert, à long grain, dos orné et fleurdelisé, large dent. dor. et à froid, tr. dor. (*Simier*).

Exemplaire aux armes du COMTE D'ARTOIS, plus tard roi sous le nom de Charles X.
Raccommodage à un f.

---

491. Amadis, tragédie, représentée pour la première fois par l'Académie Royale de musique, le 16 janvier 1684... (le poème est de Quinault, la musique est de Lulli). *Paris, de Lormel*, 1771, in-4, mar. r. dos orné, dent. fleurdelisée, doublé et gardes de moire rose, tr. dor. (*Rel. anc.*)

Exemplaire aux armes de la COMTESSE DE PROVENCE, femme de Louis XVIII.

492. Iphis et Iante, du Ballet de la Paix. Ouverture de M. Martin, 52 ff. — Philémon et Baucis, seconde entrée du Ballet de la Paix. Ouverture de M. Martin, 62 ff. — Ens. 2 parties en 1 vol. in-fol. mar. vert, dos orné, large

dent. et milieu dor. doublé et gardes de papier étoilé d'or, dent. tr. dor. (*Padeloup.*)

BEAU MANUSCRIT, exécuté vers 1750, renfermant la musique et les paroles du *Ballet de la Paix*. Il est orné de quatorze jolis cartouches DESSINÉS EN CAMAÏEU BLEU et agrémentés de fleurettes roses. — Riche reliure de Padeloup.

493. Le Réveil de l'Harmonie. Prologue composé par Mr. Martin; les paroles sont de Mr. Gaubier; 51 ff. — Thémire et Daphnis, intermède en 3 actes représenté à Versailles devant Leurs Majesté, par Mr. Jeliote, réduit en un acte par Mr. ***; les paroles sont de Mr. de la Noüe, de la Comédie Françoise; 30 ff. — Ens. 2 ouvrages en 1 vol. in-fol. mar. r. dos orné, large dent. et milieu dor. dent. int. tr. dor. (*Padeloup.*)

BEAU MANUSCRIT, exécuté vers 1750, renfermant la musique et les paroles des deux intermèdes nommés plus haut. Il est orné de deux encadrements sur les titres et de cinq jolis cartouches DESSINÉS A LA PLUME par A. BARRAL. — Riche reliure de Padeloup.

494. Æglé, ballet en un acte, par Mr. de Lagarde, de la Musique du Roy; le divertissement est de Mr. Martin; les paroles sont de Mr. Laujon. — In-fol. mar. r. dos orné, large dent. doublé et gardes de papier à ramages or et vert, dent. tr. dor. (*Padeloup.*)

BEAU MANUSCRIT, exécuté vers 1751, composé de 69 ff. de musique notée, avec paroles. Il est orné d'un encadrement sur le titre et de sept jolis cartouches DESSINÉS A LA PLUME par A. BARRAL. — Riche reliure de Padeloup, avec larges dentelles couvrant presque les plats.

495. Les Surprises de l'Amour, ballet, composé de trois actes séparés. L'Enlèvement d'Adonis. La lyre enchantée. Anacréon. Représenté pour la première fois par l'Académie Royale de musique, le mardi trente-un Mai 1757 (les paroles de M. Bernard, la musique de M. Rameau). *Paris, Vve Delormel et fils*, 1757, 3 parties en 1 vol. in-4, mar. vert, dos orné, dent. fleurdelisée, doublé et gardes de moire bleue, tr. dor. (*Rel. anc.*)

Exemplaire aux armes du DUC DE BERRY, plus tard roi sous le nom de Louis XVI, armoiries très rares.

496. Les Fêtes d'Euterpe, ballet, représenté pour la première fois par l'Académie Royale de musique, le mardi

8 août 1758. *Paris, Vve Delormel et fils*, 1758, in-4, mar. vert, dos orné, dent. fleurdelisée, doublé et gardes de moire bleue, tr. dor. (*Rel. anc.*)

Exemplaire aux armes du COMTE DE PROVENCE, plus tard roi sous le nom de Louis XVIII.

497. Azolan, ou le Serment indiscret, ballet héroïque en trois actes, représenté, pour la première fois, par l'Académie Royale de musique, le mardi 15 novembre 1774. *Paris, Delormel*, 1774, in-4, mar. vert, dos orné, dent. fleurdelisée, doublé et gardes de moire bleue, tr. dor. (*Rel. anc.*)

Exemplaire aux armes de LOUIS XVI, monté sur le trône l'année même (10 mai 1774).

498. Panurge dans l'isle des lanternes, comédie-lyrique en trois actes, représentée pour la première fois, par l'Académie Royale de musique le mardi 25 janvier 1785. (Les paroles sont de M. M*** Étienne Morel, de Chédeville. La musique est de M. Grétry). *Paris, P. de Lormel*, 1785, in-4, mar. r. dos orné, large dent. fleurdelisée, doublé et gardes de tabis rose, tr. dor. (*Rel. anc.*)

Bel exemplaire aux armes de MARIE-ADÉLAÏDE DE FRANCE, fille aînée de Louis XV.

2. POÈTES DRAMATIQUES ÉTRANGERS.

499. Marci Accii Plauti Comœdiæ quæ supersunt. *Parisiis, typis Barbou*, 1759, 3 vol. in-12, 3 front. et 3 vign. par Eisen, gr. par Lempereur et Aliamet, mar. r. dos orné, fil. tr. dor. (*Rel. anc.*)

Jolie édition, recherchée.

---

500. CANACE, TRAGEDIA DEL SIG. SPERONE SPERONI. Alla quale sono aggiunte alcune altre sue compositioni, et una apologia et alcune lettioni in defesa della tragedia. *In Venetia, presso Giovanni Alberti*, 1597, pet. in-4, mar. r. dos et plats couverts de dorures, tr. dor. (*Rel. anc.*)

Très bel exemplaire de la meilleure édition de cette tragédie, couvert d'une ravissante reliure de la fin du XVIe siècle, dont on trouvera une reproduction dans l'*Album*. Le dos et les plats sont ornés de riches compartiments à petits fers composés d'entrelacs, de rinceaux, de palmettes, de branchages feuillus, de fleurs, etc. avec un écu *à la bande cintrée chargée de trois fleurs de lis d'or*, figurant au centre de chacun des plats. Cet écu paraît avoir été appliqué ici après coup.

On sait que les jolies reliures que l'on trouve ainsi décorées passent pour avoir été exécutées par Clovis Ève pour MARGUERITE DE VALOIS (*la Reine Margot*), première femme de Henri IV.

Ce joli livre, qui sauf une légère restauration à la reliure, est d'une conservation parfaite, provient en dernier lieu de la bibliothèque CHARLES COUSIN.

501. Aminta, favola boscareccia di Torquato Tasso. *In Leida, presso Giovanni Elsevier*, 1656, in-12, mar. r. dos orné, fil. et comp. à la Du Seuil, dent. int. tr. dor. (*Thompson.*)

Cette édition fort bien imprimée est rare (Willems. *Les Elzevier*, n° 795.)

Hauteur : 132 mill.

502. Pomponio Torelli. Tragedie : Il Tancredi. — La Galatea. — La Merope. — Il Polidoro. — La Vittoria. — *Parma, Erasmo Viotti*, 1597-1605. — Ens. 5 pièces en 1 vol. pet. in-4, mar. vert, dos orné, fil. tr. dor. (*Rel. anc.*)

Exemplaire aux armes du comte Joseph TORELLI, descendant de l'auteur.

503. Il Femia sentenziato favola di Messer Stucco (P.-J. Martello) a Messer Cattabrighe. (A la fin :) *In Cagliari, presso Francesco Anselmo l'anno del Signore MDCCXXIV* (1724), gr. in-8 de 64 pp. mar. r. fil. dent. int. (*Kœhler.*)

« Pièce satirique, où le marquis de Maffei a été mis en scène sous le nom de Femia. Quoiqu'elle porte *Cagliari*, l'édition a été faite à Milan; et comme les exemplaires en ont été supprimés, elle est devenue fort rare. » (*Brunet*, III, 1478.)

Exemplaire de CH. NODIER, entièrement NON ROGNÉ.

504. La Reconnaissance de Sakountala, drame en sept actes de Kalidasa, traduit du sanskrit par P. E. Foucaux. *Paris, E. Picard*, 1867, in-16, mar. r. dos orné, fil. et milieu dor. dent. int. tr. dor. (*Amand.*)

Exemplaire sur PAPIER DE CHINE.

IV. FABLES, ROMANS ET CONTES

1. FABLES. — ROMANS GRECS ET LATINS

505. Les Fables et la vie d'Esope, latines et françoises, avec trois amples indices. *S. l.* (*Lyon*), *par Jean de Tournes*, 1607, in-16 à 2 col. nombr. fig. sur bois, mar. brun jans. dent. int. tr. dor. (*Thivet.*)

Édition ornée de jolies vignettes gravées sur bois par Salomon Bernard. Le texte est imprimé à 2 colonnes; le latin en caractères ordinaires et la traduction française (en prose) en caractères de *civilité*.

506. Esope en belle humeur, ou dernière traduxion et augmentacion (*sic*) de ses Fables, en prose et en vers (par Jean Chrisostome Bruslé de Montpleinchamp). *A Amsterdam, chez Antoine Michils, libraire, à la Sphère*, 1690, in-12, front. gr. et nombr. vignettes, mar. vert, dos orné, fil. doublé de mar. r. dent. tr. dor. (*Boyet.*)

PREMIÈRE ÉDITION.

Exemplaire réglé, couvert d'une excellente reliure, mais avec des gardes modernes.

507. Fables de Loqman, surnommé le Sage; traduites de l'arabe, et précédées d'une notice sur ce célèbre fabuliste, par J. J. Marcel. Seconde édition, augmentée de quatre Fables inédites. *A Paris, de l'Impr. de la République, an XI*-1803, in-18, mar. r. à long grain, dos orné, large dent. dor. et comp. à froid, doublé et gardes de moire verte, tr. dor.

---

508. Les Affections des divers Amans, faictes et rassemblées par Parthenius de Nicée, ancien auteur grec, et nouvellement mises en françoys (par Jehan Fornier ou Fournier). *S. l.* (*Paris, Coustelier*), 1743, pet. in-8, mar. vert, dos orné, fil. tr. dor. (*Rel. anc.*)

Exemplaire sur GRAND PAPIER.

509. **LES AMOURS PASTORALES de Daphnis et Chloé** (traduites du grec de Longus par Amyot), *S. l.* (*Paris*), 1745, pet. in-8,

front. par Coypel, fig. par Ph. d'Orléans, gr. par Audran et culs-de-lampe par Cochin, mar. r. dos orné, large dent. doublé et gardes de tabis bleu, tr. dor. (*Rel. anc.*)

Édition ornée des mêmes figures hors texte que celle de 1718, dite *du Régent*, y compris celle des *Petits pieds*.
Bel exemplaire.

510. Les Amours pastorales de Daphnis et de Chloé, traduites (du grec de Longus), par Jacques Amyot, texte de 1559, suivies de la traduction revue par Paul-Louis Courier, précédées d'une notice par Étienne Charavay. *Paris, Alphonse Lemerre*, 1872, in-16, pap. vergé, portrait en 2 états et 6 pl. gr. à l'eau-forte par Boilvin, d'après Prud'hon, mar. r. dos orné, fil. et comp. à froid, fleurons aux angles et milieu à entrelacs dorés et fers azurés, dent. int. tr. dor. (*Smeers.*)

511. Les Amours d'Ismène et d'Isménias (trad. du grec d'Eustathius, par Godard de Beauchamps). *A la Haye*, (*Paris, Coustelier*), 1743, pet. in-8, front. fleuron sur le titre et 3 pl. gr. et non signées, mar. r. dos orné, fil. tr. dor. (*Rel. anc.*)

512. Les Métamorphoses, ou l'Ane d'or d'Apulée, philosophe Platonicien. Nouvelle édition (trad. par l'abbé Compain de Saint-Martin), ornée de figures en taille-douce. *Paris, Bastien*, 1787, 2 vol. in-8, texte latin et français, portr. gr. et 16 pl. d'après Crispin de Pas, v. f. dos orné, fil. et comp. peints et dorés, tr. dor. (*Rel. anc.*)

Curieuse reliure du commencement du XIXe siècle avec compartiments peints en brun et vert foncé, encadrement de têtes de satyres dorées et de fleurons à froid, et, au centre des plats, une lyre d'or entourée de rayons jaspés en noir sur fond fauve.

2. ROMANS FRANÇAIS

A. *Romans de chevalerie. — Romans en prose poétique.*

513. La Comtesse de Ponthieu, roman de chevalerie inédit publié avec introduction et traduction par Alfred Delvau (tiré d'un manuscrit du XIIIe siècle appartenant à la Bibliothèque impériale). *Paris, Bachelin-Deflorenne*, 1865, in-8,

goth. mar. bleu, dos orné, fil. dent. int. tr. dor. (*Belz-Niedrée.*)

Tiré à 150 exemplaires numérotés (n° 115).

514. La Terrible et merveilleuse vie de Robert le Diable, *s. d.* (vers 1550) :

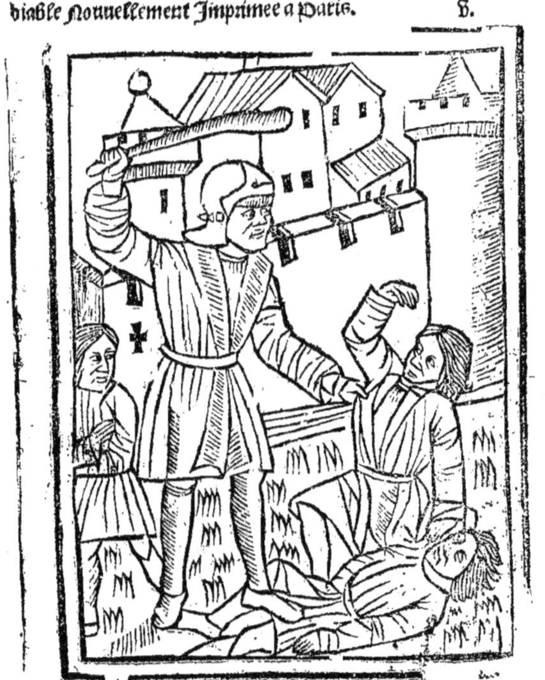

La terrible et merueilleuse vie de Robert le diable Nouuellement Imprimee a Paris. S.

Imprime a Paris par Claude Blihart: Demourant en la Rue de la Iuifrie : a lenseigne de Lescu de France.

In-4, goth. mar. vert, dos orné, fil. tr. dor. (*Rel. anc.*)

Édition rare de ce roman de chevalerie dont le héros serait soit Robert *le Magnifique*, père de Guillaume le Conquérant, soit le fils de ce dernier, Robert *Courte-Heuse* ou *Courte-Cuisse*.— 20 ff. non ch. imprimés sur 2 col. de 39 lignes, sign. A, 8 ff. et B-D par 4 ff. Le titre est orné d'un grand bois représentant Robert, une massue à la main, assommant des hommes. Le texte commence au v° du prem. f. et se termine au r° du dernier : ¶ *Cy fine la vie de Robert le diable*, etc.; le v° de ce dernier f. est entièrement occupé par la marque de Claude Blihart, restée inconnue à Silvestre.

Exemplaire court de marges, provenant des bibliothèques Heber et Gaisford.

515. Histoire du Petit Jehan de Saintré, par M. le Cte de Tressan, par ordre de Mgr le Comte d'Artois. *A Paris, de l'Imprimerie de Didot l'aîné*, 1780, in-18, mar. olive, dos orné, fil. large dent. croix de Lorraine couronnée aux angles des plats, doublé et gardes de moire rose, dent. tr. dor. (*Rel. anc.*)

Cet exemplaire a sans doute appartenu à Charles-Alexandre de Lorraine, gouverneur général des Pays-Bas, né en 1712, mort le 4 juillet 1780.

516. Gérard de Roussillon. S'ensuyt l'hystoire de Monseigneur Gérard de Roussillon, jadis duc et conte de Bourgongne et d'Acquitaine. *Lyon, par Louis Perrin*, 1856, in-8, pap. vergé, titre avec encadr., 2 pl. dont 1 gr. sur bois, mar. br. dos orné, fil. et comp. à fr., angles et milieu dorés, dent. int. tr. dor. (*David.*)

Belle édition donnée par M. A. de Terrebasse, qui y a joint des *préliminaires historiques et bibliographiques* d'un grand intérêt. C'est une copie fidèle de l'édition originale dont l'unique exemplaire se trouve à la Bibliothèque de Grenoble.

---

517. Les Aventures de Télémaque, fils d'Ulysse, par feu Messire François de Salignac de La Mothe Fénelon. Nouvelle édition conforme au manuscrit original. *A Amsterdam, chez J. Wetstein & G. Smith, & Zacharie Chatelain; et à Rotterdam, chez Jean Hofhout*, 1734, in-4, front. par B. Picart, fleuron sur le titre par L. F. D. B. (Dubourg), portrait de Fénelon gr. par Drevet d'après Vivien; 24 pl. 24 vign. et 19 culs-de-lampe par Debrie, Dubourg et B. Picart., v. f. ant. dos orné, fil. et dent. de feuillage, tr. dor.

Belle édition soigneusement illustrée. — Les pp. 419 à 424 sont occupées par une *Ode* en vers qui, ayant été supprimée par ordre de la Cour, manque souvent.

518. Les Aventures de Télémaque, fils d'Ulysse, par M. de Fénelon. Imprimé par ordre du Roi, pour l'éducation de Monseigneur le Dauphin. *A Paris, de l'Imprimerie de Franç. Ambr. Didot l'aîné*, 1783, 2 vol. in-4, pap. vélin, mar. r. dos orné, fil. dent. int. tr. dor. (*Bradel.*)

Bel exemplaire de cette jolie édition *tirée à 200 exemplaires.* — On y a intercalé la suite des 72 figures (sans frontispice) par Monnet, gravées par J.-B. Tilliard, et les 24 planches avec le texte, des sommaires des chants gravés et ornés de culs-de-lampe.

Étiquette de *Bradel l'aîné, successeur du Sr Derome le jeune, son oncle, rue S^t. Jacques, Hôtel de la Couture n° 65.*

519. LE TEMPLE DE GNIDE. Nouvelle édition, avec figures, gravées par N. Le Mire d'après les dessins de Ch. Eisen, le texte gravé par Drouët. *A Paris, chez Le Mire, graveur*, 1772, in-8, titre, gr. front. renfermant le portrait de Montesquieu en médaillon, 9 pl. par Eisen, et 1 vign. gr. par Le Mire, v. ant. éc. dos orné, fil.

Estampes d'une exécution ravissante comme composition et comme gravure. — La planche de *Céphise* est de PREMIER ÉTAT.

520. Hymne au Soleil, suivi de plusieurs morceaux du même genre qui n'ont point encore paru, par M. l'abbé de Reyrac. Sixième édition. *Paris, Debure*, 1782, in-8, mar. r. dos orné, fil. dent. int. tr. dor. (*Rel. anc.*)

Bel EXEMPLAIRE DE DÉDICACE SUR GRAND PAPIER aux armes du marquis HUE DE MIROMÉNIL, chancelier de France, mort en sa terre de Miroménil (Normandie), le 6 juillet 1796.

521. Galatée, roman pastoral; imité de Cervantes par M. de Florian. *A Paris, de l'Imprimerie de Didot l'aîné*, 1783, in-18, de 198 pp. fig. mar. r. dos orné, bordure et fleurons dans les angles, tr. dor. (*Rel. anc.*)

PREMIÈRE ÉDITION, rare, ornée d'un frontispice, d'une dédicace gravée sur 2 pp. avec armoiries de la duchesse de Chartres et un cul-de lampe, un portrait de Cervantès en médaillon avec vignette au-dessous et 4 figures, le tout par Flouest, gravé par Guyard.

Le dessinateur des vignettes de ce livre, Marie-Joseph Flouest, peintre, sculpteur sur ivoire, professeur de dessin à l'École municipale de Dieppe, est né dans cette ville en 1747 et mort en 1833.

522. Galatée, roman pastoral, imité de Cervantès par M. de Florian. Édition ornée de figures en couleur, d'après les dessins de Monsiau. *A Paris, chez Defer de Maisonneuve*,

1793, gr. in-4, 4 pl. gr. en couleur par Cazenave et Colibert, demi-rel. v. br.

523. PRIMEROSE, par M..el de V..dé (Morel de Vindé). *A Paris, de l'Imprimerie de P. Didot l'aîné*, 1797, pet. in-12, front. et 5 figures de Lefebvre, gr. par Godefroy, v. violet, dos orné, fil. dor. et comp. à froid, dent. int. tr. dor.

Exemplaire sur PAPIER VÉLIN avec le frontispice et les figures en triple état : avec la lettre, AVANT LA LETTRE et EAUX-FORTES.
Très légère cassure raccommodée en marge d'un f.

524. ZÉLOMIR, par Morel (Vindé). *A Paris, de l'Imprimerie de P. Didot l'aîné*, 1801, pet. in-12, 6 figures par Lefebvre, gr. par Godefroy, v. violet, dos orné, fil. dor. et comp. à froid, dent. int. tr. dor.

Exemplaire sur PAPIER VÉLIN avec les figures en triple état : avec la lettre, AVANT LA LETTRE et EAUX-FORTES.

525. Atala, ou les Amours de deux sauvages dans le désert, par François-Auguste Chateaubriand. *A Paris, chez Migneret et à l'ancienne Librairie de Dupont, an IX* (1801), in-12 de XXIV et 210 pp. broché, non rog. couverture de pap. rose.

ÉDITION ORIGINALE, très rare, publiée sans l'aveu de Chateaubriand. On y trouve, p. 101, la curieuse phrase suivante, relative au P. Aubry, qui a été modifiée dans les éditions postérieures : « *Quand il nous parloit debout et immobile, ses yeux modestement baissés, son nez aquilin, sa longue barbe, avoient quelque chose de sublime dans leur quiétude, et comme d'aspirant à la tombe par leur direction naturelle vers la terre.* »

526. Atala, René, Les Aventures du Dernier Abencérage, par M. le Vicomte de Chateaubriand. *Paris, Ladvocat*, 1827, 2 vol. in-12, 3 fig. par Devéria, v. olive, dos orné, fil. dent. comp. et milieu à froid, dent. int. tr. dor.

Bel exemplaire sur PAPIER VÉLIN, couvert d'une jolie reliure romantique.

527. Les Natchez, par M. le Vicomte de Chateaubriand. *Paris, Lefèvre; Ladvocat*, 1831, gr. in-8, front. par Tony Johannot, mar. vert à long grain, dos orné, fil. dent. comp. et milieu dor. et à froid, dent. int. tr. dor. (*Cassassus.*)

Bel exemplaire couvert d'une jolie et très fraîche reliure romantique.

B. *Romans de différents genres.*

528. La Vie du fameux Gargantuas le plus terrible géant qui ait jamais paru sur la terre. Traduction nouvelle dressée sur un ancien manuscrit qui s'est trouvé dans la bibliothèque (*sic*) du grand Mogol. *A Troyes, et se vendent à Paris, chez Jean Musier, marchand libraire, rue Petit-Pont, s. d.* pet. in-8 de 69 pp. 1 f. non ch. et 2 ff. blancs, mar. vert foncé, fil. à froid, dent. int. tr. dor.

Cette rapsodie, composée vers la fin du XVIIe siècle, est un ouvrage tout différent du Gargantua adopté dans la *Bibliothèque bleue*. Elle a été réimprimée par Garnier en 1728 et en 1738.

529. La Navigation du compaignon à la bouteille suivie de maistre Hambrelin. Réimpression textuelle faite sur l'édition de Paris, Cl. Micard, 1576; augmentée d'une introduction et de notes par Philomneste Junior (Gustave Brunet). *Genève, chez J. Gay et fils, éditeurs*, 1867, pet. in-12, pap. de Holl. mar. vert jans. dent. int. tr. dor. couverture (*Amand.*)

Tiré à 102 exemplaires numérotés (n° 75).

530. Le Nouveau Panurge, avec sa navigation en l'Isle Imaginaire, son rajeunissement en icelle, et le voyage que fit son esprit en l'autre monde pendant le rajeunissement de son corps. Ensemble une exacte observation des merveilles par luy veuës : tant en l'un que l'autre monde. *A La Rochelle, par Michel Gaillard, s. d.* in-12 de 7 ff. prél. non ch. 291 pp. et 3 ff. de table non ch. mar. r. dos orné, fil. dent. int. tr. dor. (*David.*)

ÉDITION ORIGINALE, très rare, de cette imitation du Roman de Rabelais, renfermant une satire contre la Réformation, remplie, dit d'Artigny, de mauvais quolibets, de plaisanteries grossières, d'obscénités dégoûtantes et de profanations de l'Écriture sainte. On en ignore l'auteur, que Falconnet soupçonne cependant être Guillaume Reboul.

Exemplaire aux armes du PRINCE D'ESSLING. — Deux ff. ont la marge extérieure un peu rognée.

531. Suitte du Nouveau Panurge. Livre second, dédié à Messieurs de la Religion prétenduë réformée. *A La Ro-*

chelle, par Michel Gaillard, s. d. in-12, mar. r. dos orné, fil. dent. int. tr. dor. (*Hardy-Mennil.*)

Cette suite, dont il n'a paru que la présente édition, est beaucoup plus rare que la première partie. — Elle se compose de 12 ff. prél. non ch. et 305 pp.

Bel exemplaire aux armes du PRINCE D'ESSLING.

532. La Première (seconde et tierce) par‖tie des Angoysses ‖ douloureuses qui ‖ procédēt damours. Com‖posée par dame He‖lisenne de Cren‖ne, par‖lant à ‖ la personne de son amy ‖ Guenelic ‖. — Ample narrati ‖ on faicte par Quezin ‖ stra en regardant la mort ‖ de son compaignon Guenelic, & de sa da ‖ me Helisenne, après leurs déplorables ‖ fins, ce qui se déclarera avec dé‖coration du stille ‖ poeticque. ‖ — *S. l. n. d.* 4 parties en 1 vol. in-8, car. ronds, fig. sur bois, mar. r. jans. dent. int. tr. dor. (*Capé.*)

Édition fort rare, non citée par Brunet. Elle se compose de 67 ff. non ch. pour la première partie, sign. A-H par 8 et I par 3 ff.; 74 ff. non ch., sign. AA-II par 8 et KK, par 2 ff., pour la seconde; 38 ff. non ch., sign. AAA-DDD par 8 et EEE par 6 ff. et de 9 ff. non ch. pour *l'Ample narration*. Ce volume, imprimé en caractères ronds à 31 lignes par page, est orné de 48 figures sur bois (y compris celles des titres), dont plusieurs répétées.

Exemplaire de P. DESQ, avec le titre de la première partie très habilement refait par Pilinski.

533. L'Amour parfaict, souz les chastes amours de Polidon et de Darinde, par F. Aubusson, sieur de l'Espinay. Histoire de ce temps. *A Paris, par Antoine Bourriquant*, 1621, in-12, mar. vert à long grain, dos orné, fil. et comp. à la Du Seuil. dent. int. tr. dor. (*Corfmat.*)

Roman très rare, non cité par Brunet, dédié à Mlle Marie-Antoinette de Loménie.

Exemplaire au chiffre d'Adolphe AUDENET.

534. La Vraye Histoire comique de Francion. Composée par N. de Moulinet, sieur du Parc, gentilhomme Lorrain. Amplifiée en plusieurs endroits, et augmentée d'un livre, suivant les manuscrits de l'autheur. *A Rouen, et se vend à Paris par la Compagnie des Libraires du Palais*, 1663, in-12, front. gr. de F. Chauveau, mar. vert, dos orné à petits fers, fil. dent. int. tr. dor. (*Cuzin.*)

Roman rabelaisien attribué à Charles Sorel qui le désavoua, sans doute à cause des gravelures innombrables qu'il renferme;

c'est une peinture curieuse des mœurs du temps et surtout des mœurs populaires. L'ouvrage eut un très grand succès et fut souvent réimprimé. La présente édition, comprenant douze livres, se compose de 7 ff. prélim. non ch. y compris le frontispice et le titre et 720 pp.

535. Almahide, ou l'Esclave Reine, dédiée à Mademoiselle par Mr de Scudéry, gouverneur de Nostre Dame de la Garde. *A Paris, chez Augustin Courbé*, 1660-1663, 3 parties en 8 vol. in-8, 3 front. gr. et 4 fig. par Chauveau, mar. vert, dos orné, fil. tr. dor. (*Rel. anc.*)

Cet ouvrage, bien que présenté au public sous le nom de Georges de Scudéry, est de sa sœur Madeleine, l'un des plus beaux esprits de l'hôtel de Rambouillet, née au Havre le 15 juin 1607.

Exemplaire du Duc de Valentinois. Le titre du tome III est doublé, celui du tome VI est habilement refait à la plume; quelques passages soulignés au crayon rouge.

536. La Fausse Clélie, histoire françoise, galante et comique (par Subligny). Édition nouvelle. *A Amsterdam, chez Jaques Waguenar* (*A la Sphère*), 1672, in-12, front. gr. par R. de Hooghe, mar. r. jans. dent. int. tr. dor. (*Duru et Chambolle*, 1863.)

Édition s'annexant à la collection elzevirienne (Willems, *les Elzevier*, n° 1850).

537. Les Nouveaux stratagèmes d'amour, histoire curieuse par A. D. L. R. *A Amsterdam, chez Daniel Du Fresne*, 1681, pet. in-12, de 66 pp. mar. olive, fil. à froid, dent. int. tr. dor.

538. Relation de l'isle imaginaire. Histoire de la Princesse de Paphlagonie, par Mademoiselle de Montpensier. *A Paris, chez Ant. Aug. Renouard*, 1805, in-12, pap. vélin, portrait gr. mar. bleu à long grain, dos orné, dent. tr. dor. (*Bozérian.*)

Jolie édition.

539. Mémoires de Hollande. Histoire particulière en forme de roman par Mme la Comtesse de La Fayette. Quatrième édition revue sur l'édition originale par J. P. A. Parison et publiée avec des notes par A. T. Barbier. — Nouveaux éclaircissements sur les Mémoires de Hollande par Ap. Briquet. — *Paris, Techener*, 1856-57. — Ens. 2 ouvrages en 1 vol. in-16, pap. vélin, 2 portr. fac-similés et

musique notée, mar. bleu, fil. dent. int. tr. dor. (*R. Petit.*)

C'est à tort, que les éditeurs de la présente édition de ce roman l'ont attribué à Mme de La Fayette; il est bien démontré aujourd'hui que cette dame n'en est pas l'auteur.

540. La Femme démasquée, ou l'amour peint selon l'usage nouveau (par J. J. Quesnot). *A La Haye, chez Jacob van Ellinckhuysen (à la Sphère)*, 1698, pet. in-12, planche gr. mar. bleu, dos orné, fil. et comp. à la Du Seuil, dent. int. tr. dor. (*Allô.*)

541. La Comtesse de Mortane, par Madame *** (Mme Catherine Durand). *A la Haye, chez Meyndert Uytwert*, 1700, 2 tomes en 1 vol. in-12, mar. bleu, dos orné, fil. dent. int. tr. dor. (*Hardy.*)

Exemplaire relié sur brochure; nombreux témoins.

542. Histoires françoises galantes et comiques (attribuées à Rob. Chasles). *A Amsterdam, aux dépens d'Estienne Roger*, 1710, in-12, 6 pl. gr. mar. r. dos orné, fil. dent. int. tr. dor. (*Duru et Chambolle.*)

Roman divisé en six livres, avec une jolie figure non signée à chaque livre.

543. Les Partisans démasquez. Nouvelle plus que galante. Divisé en quatre parties. *A Cologne (Amsterdam), chez Adrien l'Enclume, gendre de Pierre Marteau*, 1710, in-12, front. gr. mar. bleu, dos orné, fil. dent. int. tr. dor. (*Allô.*)

Histoire critique des traitants et des financiers remplie d'anecdotes sur Deschiens, Choppin, de Bourvallais et autres personnages de l'époque. Le même auteur anonyme avait déjà publié la *Nouvelle école publique des finances.*

544. Voyages et aventures de Jaques Massé (par Simon Tyssot de Patot). *A Bordeaux, chez Jaques l'Aveugle*, 1710, in-12, portrait gr. et fleuron sur le titre mar. r. dos orné, fil. tr. dor. (*Rel. anc.*)

545. Turlubleu, histoire grecque tirée du manuscrit Gris-de-Lin trouvé dans les cendres de Troye (par Menin, conseiller au Parlement de Metz). *A Amsterdam*, 1745, in-12, mar. r. dos orné, fil. dent. int. tr. dor. (*Capé.*)

Au *verso* du faux-titre se trouve une *Clef* manuscrite des personnages. — Cachet sur le titre et au *verso* du dernier f.

546. Lettres d'une Péruvienne, par Mme de Grafigny. Nouvelle édition, augmentée d'une suite qui n'a point encore été imprimée. *A Paris, de l'Impr. de P. Didot l'aîné, an V*, 1797, 2 vol. in-18, portr. gr. par Delaunay et 8 fig. par Lefèvre, gr. par Coiny, cuir de Russie quadrillé, dos orné, fil. tr. dor.

Exemplaire sur PAPIER VÉLIN avec le portrait et les figures AVANT LA LETTRE.

547. Suite des Mémoires et Avantures d'un homme de qualité, qui s'est retiré du monde (par l'abbé Prévost). *A Amsterdam, aux dépens de la Compagnie*, 1733, in-12, mar. r. dos orné à petits fers, fil. et comp. à la Du Seuil, dent. int. tr. dor. (*Lortic.*)

Cette édition, qui passe généralement pour avoir été *imprimée à Rouen*, a été considérée pendant longtemps comme l'ORIGINALE de ce roman célèbre, dans tous les cas, c'est la PREMIÈRE qui ait été publiée séparément, c'est-à-dire détachée des *Mémoires et Avantures d'un homme de qualité*. Elle fut saisie peu de temps après son apparition.

Bel exemplaire de la PREMIÈRE ÉDITION sous cette date, bien conforme à la description donnée par M. Harisse (*Bibliographie de Manon Lescaut*, pp. 22 et 52.)

548. Histoire de Manon Lescaut et du Chevalier des Grieux précédée d'une Étude par Arsène Houssaye, six eaux-fortes par Hédouin. *Paris, Librairie des Bibliophiles*, 1874, in-12, pap. vergé, portrait et 5 pl. gr. à l'eau-forte, mar. r. dos orné, fil. dent. int. tr. dor. (*Smeers*).

549. Mémoires secrets pour servir à l'Histoire de Perse, avec des éclaircissemens et une clef marginale, plus complette et rectifiée par D. S. *A Amsterdam*, 1763, in-8 de 8 ff. prélim. non ch. et 320 pp. mar. vert, dos orné, fil. dent. int. tr. dor. (*Rel. anc.*)

Ce livre satirique, le premier où il ait été parlé de l'Homme au masque de fer, a été attribué au chevalier de Resseguier, à Mme de Vieux-Maisons, une des femmes les plus méchantes de son temps, et à Antoine Pecquet, littérateur, qui fut grand maître des eaux et forêts de Rouen et intendant de l'École militaire en survivance. (Voir : Barbier. *Anonymes*, III, 244.)

550. Caliste, ou Lettres écrites de Lausanne, par Madame de Charrière. Nouvelle édition. *A Genève, chez J. J. Paschoud*, 1807, 2 tomes en 1 vol. in-12, mar. vert à grain

long, dos orné, large dent. et comp. doublé et gardes de moire rose, dent. tr. dor. (*Bozérian jeune.*)

Ex-libris de Pixérécourt.

551. PAUL ET VIRGINIE, par Jacques-Henri Bernardin de Saint-Pierre. *Paris, Didot l'aîné*, 1806, gr. in-4, pap. vélin, portr. par Lafitte, gr. par Ribault et 6 fig. par Lafitte, Girodet, Gérard, Moreau, Prudhon et Isabey, mar. bleu à long grain, dos orné, large dent. avec attributs, doublé et gardes de moire grenat, dent. tr. dor. (*Bozérian.*)

Très bel exemplaire avec les six figures en double état : avant la lettre et EAUX-FORTES, auquel on a ajouté : 1° La suite de 4 figures in-8, par Moreau et Joseph Vernet, en épreuves avant la lettre, remontées in-4. — 2° Deux figures anglaises en noir et en bistre. — 3° Un portrait ancien de La Bourdonnais, gouverneur de l'île de France. — 4° Une très intéressante lettre autographe signée de Bernardin de Saint-Pierre, et datée du *11 nivôse an 13* (1805), adressée au graveur Roger et relative à l'illustration de cette édition et au prix de la gravure des dessins. — 5° Un reçu imprimé avec la signature autographe de B. de Saint-Pierre au bas. Bernardin de Saint-Pierre est né au Havre en 1737.

Cet exemplaire, couvert d'une jolie reliure de Bozérian, provient de la bibliothèque de Pixérécourt.

552. La Chaumière Indienne, par Jacques-Bernardin-Henri de Saint-Pierre. De l'Imprimerie de Monsieur. *A Paris, chez P. Fr. Didot le jeune*, 1791, in-18, v. f. ant. dos orné, fil. dent. tr. dor.

Première édition.

Exemplaire sur Papier vélin d'Essonne, très rare.

C. *Contes et Nouvelles.*

553. Le Prin-temps d'Yver : contenant cinq histoires, discourues par cinq journées, en une noble compagnie, au chasteau du Prin-temps par Jaques Yver, seigneur de Plaisance et de la Bigottrie gentil-homme Poictevin. Veu et corrigé de nouveau. *A Rouen, chez Thomas Daré*, 1599, in-12, portr. sur bois, mar. bleu, dos orné, fil. dent. int. tr. dor. (*Duru.*)

Recueil de nouvelles dans le genre de l'*Heptaméron*. — La plupart des biographes font naître Jacques Yver à Niort en 1520 et lui-même s'intitule *gentilhomme Poitevin*, cependant Mme Oursel dans sa *Nouvelle biographie normande* (II, 581) dit que cet écrivain, auquel elle donne le nom de Jacques Yver Des Rivières, est né à Argentan (Orne), ou aux environs, au XVIIe siècle.

Édition rare comprenant 6 ff. prélim. non ch. et 222 ff. (Le dernier non ch.). Vignette sur le titre et portrait de l'auteur au v° du titre, gravés sur bois.

554. Le Printemps d'Yver, contenant cinq histoires discouruës par cinq journées, en une noble compagnie au Chasteau du Printemps, par Jacques Yver, seigneur de Plaisance & de la Bigottrie, gentilhomme Poictevin. Dernière édition. *A Rouen, chez Nicolas Angot*, 1618, in-12, v. f. dos orné, fil. dent. int. tr. dor. (*Petit, succr de Simier.*)

Court en tête.

555. Serées de Guillaume Bouchet, juge et consul des marchands, à Poictiers. *A Rouen, chez Louys et Daniel Loudet, ruë aux Juifs, près le Palais*, 1634-1635, 3 parties en 1 vol. in-8, mar. r. fil à froid, dent. int. tr. dor. (*Hardy?*).

Raccommodages à plusieurs ff.

556. Les Contes des fées en prose et en vers, de Charles Perrault. Deuxième édition, revue et corrigée sur les éditions originales, et précédée d'une lettre critique, par Ch. Giraud. *Lyon, Imprimerie Louis Perrin*, 1865, in-8, pap. vergé, 2 portr. 4 pl. et 12 vign. gr. chag. bleu, dos orné, fil. et comp. dorés, dent. int. tr. dor.

Exemplaire avec le premier portrait de Perrault et les figures AVANT LA LETTRE.

557. Nouveaux Contes à rire, et aventures plaisantes ou recreations françoises. Vingtième édition enrichie de figures en taille-douce. *A Cologne, chez Roger Bontemps*, 1722, 2 vol. pet. in-8, front. et nombr. vignettes, mar. citron, dos orné, fil. dent. int. tr. dor. (*Duru*, 1860.)

Edition la plus complète de ce recueil qui se joint au *Boccace*, aux *Cent Nouvelles*, aux *Contes de La Fontaine*, et à l'*Heptaméron* illustrés par Romain de Hooghe et Harrewyn. Il est orné d'un frontispice par G. Schouté, répété au tome II, et de nombreuses vignettes à mi-page, qui sont sans doute du même artiste, mais qu'on attribue à Romain de Hooghe ou à Harrewyn.

Il a été fait de ce livre deux éditions sous la même date dont une aurait, paraît-il, un moins grand nombre de figures que l'autre. Notre exemplaire appartient à l'édition la plus complète.

Le tome I a 4 ff. prélim. non ch. y compris le frontispice, 374 pp.

et 6 ff. non ch. pour la Table ; on y trouve 40 vignettes. Le tome II se compose de 2 ff. non ch. pour le frontispice et le titre, de 354 pp. et de 6 ff. non ch. pour la Table ; il est orné de 24 vignettes. L'ouvrage contient donc en tout 64 figures au lieu de 63 signalées par Cohen. A la p. 225 du tome I se trouve un emplacement resté en blanc et qui devrait contenir une vignette pour le conte intitulé *le Prédicateur*.

558. Acajou et Zirphile, conte (par Ch. Pinot, sieur Duclos.) *A Minutie*, 1744, in-4, front. et 9 pl. par Boucher, gr. par Chedel, fleuron sur le titre et 1 belle vign. dessinés et gr. par Cochin fils, 1 cul-de-lampe gr. par Duflos, demi-rel. mar. r. avec coins, tête dor. (*Bretault*.)

559. La Trentaine de Cithère (par J. Fr. de Bastide). *A Londres*, 1 753, in-12, mar. r. dos orné, fil. dent. int. tr. dor. (*L. Pouillet.*)

Conte peu commun dans le genre de Crébillon fils.
Le titre est un peu étroit.

560. Choix des plus jolis Contes moraux, anciens et nouveaux, par Marmontel, ornés de huit jolies figures nouvelles. *A Paris, chez Saintin*, 1817, 2 vol. in-18, 8 pl. gr. mar. r. à long grain, dos orné, dent. tr. dor. (*Simier*.)

3. ROMANS ÉTRANGERS.

561. Le Tableau des riches inventions couvertes du voile des feintes amoureuses, qui sont représentées dans le Songe de Poliphile (Fr. Colonna), desvoilées des ombres du Songe, et subtilement exposées par Béroalde (de Verville). *A Paris, chez Matthieu Guillemot*, 1600, in-4, titre-front. gr. sur cuivre et nombr. fig. sur bois, mar. r. jans. dent. int. tr. dor. (*Bertrand.*)

Cette traduction du *Songe de Poliphile*, retouchée par Béroalde de Verville, est ornée des jolies figures sur bois qui décorent l'édition française de 1546.

Exemplaires avec les figures des ff. 68 et 120 intactes ; la première (*Sacrifice à Priape*) a subi un lavage insignifiant.

562. Il Piacevolissimo Fuggilozio di Tomaso Costa. Libri VIII... — Nuova aggiunta al Fuggilotio dello stesso autore. *In Venetia presso il Turrini, et il Brigonci*, 1663,

2 parties en 1 vol. in-12, de 180 et 48 pp. mar. r. dos orné, fil. dent. int. tr. dor. (*Capé.*)

Ce recueil de nouvelles, d'anecdotes, de bons mots, de facéties, etc., a eu de nombreuses éditions, mais celle-ci est la plus complète, M. G. Duplessis ne l'a pas connue. Les pp. 172 à 180 de la première partie contiennent des *Maximes* et des *Proverbes*. (Voir : Duplessis. *Bibiogr. parémiologique*, n° 412.)

563. Novelle amorose di Gio. Francesco Loredano, Nobile Veneto. *In Venetia appresso li Guerigli, s. d.* 2 parties en 1 vol. pet. in-12, mar. r. fil. à fr. dent. int. tr. dor. (*Duru*, 1847.)

Première édition, comprenant 165 et 264 pp. plus 1 f. blanc ; les deux premières pp. de chacune des deux parties sont blanches.

Exemplaire un peu court de marges.

564. La Noce di Benevento, novella del cav. Gio Gherardo de Rossi. *Venezia, tipografia di Alvisopoli.* 1818, in-8, de 16 pp. mar. bleu, fil. à froid, dent. int. tr. dor. (*Capé.*)

Pièce tirée seulement à *trente exemplaires*.
Un des 6 exemplaires sur PEAU DE VÉLIN.

565. Petit Traité de Arnalte et Lucenda (traduit de l'espagnol de D. de San Pedro en français par Nic. de Herberay, sieur des Essars). — Picciol trattato d'Arnalte et di Lucenda intitolato l'amante mal trattato dalla sua amorosa, nuovamente per Bartolomo Marraffi Fiorentino, in lingua Thoscana tradotto. *A Lyon, à l'Escu de Milan, par la vefue Gabriel Cotier* (A la fin : *Imprimé a Lyon, par Jean Marcorelle*), 1570, in-16, de 251 pp. titre encadré, mar. r. à long grain, dos orné, fil. large dent. int. tr. dor.

Exemplaire un peu court de marges de ce livre rare.

566. Laurence Sterne. Voyage sentimental en France et en Italie. Traduction nouvelle, par Alfred Hédouin, six eaux-fortes par Edmond Hédouin. *Paris, Librairie des Bibliophiles*, 1875, in-12, pap. vergé, portrait et 5 pl. gr. à l'eau-forte, mar. r. dos orné, fil. dent. int. tr. dor. (*Smeers.*)

V. — FACÉTIES ET PIÈCES BURLESQUES

1. FACÉTIES DE DIVERS GENRES

567. Nicodemi Frischlini facetiae selectiores quibus ob argumenti similitudinem accesserunt, Henrici Bebelii P. L. facetiarum libri tres, sales item seu facetiae ex Poggii Florentini Oratoris libro selectae. Nec non Alphonsi regis Arragonum & Adelphi facetiae & prognostica Jacobi Henrichmanni. *Amstaelodami*, 1660, in-12, front. gr. mar. r. quadrillé, dos orné, fil. tr. dor. (*Thouvenin.*)

Ex-libris de M. ALBERT PASCAL.

568. L. Domitii Brusonii Contursini Lucani facetiarum exemplorumque libri VII... nunc primum ab innumeris, quib. scatebat, erratorum monstris repurgatum, inq; lucem editum, opera ac studio Conradi Lycosthenis Rubeaquensis. *Lugduni, apud Joannem Frellonium*, 1560, in-8, mar. r. fil. à froid, tr. dor. (*Lortic.*)

Edition estimée et soigneusement corrigée par Conrad Lycosthènes.

569. Jocorum atque seriorum, tum novorum, tum selectorum, atque imprimis memorabilium... recensentibus Othone Melandro, & Dionysio P. P. H. Melandris. *Francofurti, ex officina Wolfgangi Hofmanni, sumptibus Haeredum Palthenianorum*, 1617-1626, 3 tomes en 2 vol. in-12, v. f. dos orné, fil. dent. int. tr. dor. (*Petit, succr de Simier.*)

570. Democritus ridens, sive campus recreationum honestarum. Cum exorcismo melancholiæ. *Amstelodami, apud Jodocum Janssonium*, 1655, in-12, front. gr. mar. r. à long grain, dos orné, large dent. tr. dor. (*Bozérian jeune.*)

Cette édition est copiée page pour page sur l'édition elzevirienne de 1649. — Ce recueil, qu'on attribue à J. P. Langius, est rempli d'historiettes, de bons mots et de joyeusetés.

571. Réimpressions de facéties tirées à *soixante* exemplaires. *A Paris, typographie de J. Pinard, s. d.* (1829 à 1836), 7 pièces en 1 vol. in-8, car. goth. mar. r. dos orné, fil. et comp. à la Du Seuil, dent. int. tr. dor. (*L. Smeers.*)

Le Banquet des chambrières, faict aux estuves le ieudy gras. Les

Folastries de la bonne chambrière à Janot, Parisien, récitées au Bouc de Estienne Jodelle. Ens. 31 pp. — Le Plaisant discours et advertissement aux nouvelles mariées pour ce bien et proprement comporter la première nuict de leurs nopces... *A Lyon, s. d.* 15 pp. — Monologue nouveau et fort joyeulx de la chambrière desproveue du mal damours. *A Lion, s. d.* — Histoire pitoyable dung marchand lequel donna dis escus a son varlet pour coucher avec sa femme cependant quil alla coucher avec sa servante. Ens. 21 pp. — Sermon joyeulx dung fiancé qui empronte ung pain sur la fournee a rabattre sur le tems advenir. *Paris, s. d.* 13 pp. — La brave Medecine de Maistre Grimache qui guarit de tous maulx et plusieurs aultres... Plusieurs receptes et remedes contre diverses maladies toutes vrayes et approuvées de maistre Grimache. Ens. 32 pp. — Les Estrenes des filles de Paris, 13 pp. — Sensuit le Sermon des Frappe culz nouveau et fort ioyeulx. Avec la responce de la Dame..., 15 pp.

572. Recueil des plaisants devis récités par les Supposts du seigneur de la Coquille. *A Lyon, par Louis Perrin*, 1857, 8 parties en 1 vol. in-8, pap. vergé teinté, marques d'imprimeurs, cuir de R. quadrillé, semis de glands dor. sur le dos et les plats, dent. int. tr. dor.

Jolie réimpression faite par les soins de M. J. B. Monfalcon, et tirée à petit nombre.

573. Les Bigarrures et Touches du Seigneur des Accords (Estienne Tabourot), avec les Apophtegmes du sieur Gaulard et les Escraignes dijonnoises. Dernière édition, de nouveau augmentée de plusieurs épitaphes, dialogues et ingénieuses équivoques. *A Paris, chez Estienne Maucroy*, 1662, 2 parties en 1 vol. in-12, portr. et fig. sur bois, chag. vert, dos orné, fil. dent. int. tr. dor.

574. Description de la superbe et imaginaire entrée faite à la Royne Gijllette, passant à Venise, en faveur du Roy de Malachie son futur espoux, le premier jour de septembre 1602, traduitte de langue caracterée en langue françoise. *A Lyon, par Jean Bon-homme, s. d.* (1602), in-16 de 12 ff. non ch. mar. vert, fil. dent. int. tr. dor. (*Koehler.*)

Facétie singulière et très rare.

575. Discours facécieux et très-récréatifs, pour oster des esprits d'un chacun, tout ennuy et inquiétude. Augmenté de plusieurs prologues drolatiques, non encores veux

(sic). *Imprimé à Roüan*, 1618, 2 parties en 1 vol. in-12, mar. r. jans. dent. int. tr. dor. (*Hardy.*)

Le premier ouvrage est un recueil de 26 contes facétieux et comprend 4 ff. prélim. non ch. et 168 pp.; à la fin de l'Avis aux lecteurs (r° du 4e f. prélim.) on a imprimé, par erreur sans doute, une réclame, la syllabe *Pro*, qui ne s'applique pas au premier mot du texte du f. suivant. — Le second ouvrage dont voici le titre : *Prologues tant superlifiques que drolatiques, nouvellement mis en veuë* a 2 ff. prélim. non ch. et 108 pp.; ces Prologues, au nombre de 16, sont attribués à Des Lauriers, dit Bruscambille.

Exemplaire un peu court de marges et avec quelques petits raccommodages.

576. Plaisantes recherches d'un homme grave sur un farceur ou Prologue tabarinique pour servir à l'histoire littéraire et bouffonne de Tabarin, par C. Leber. *Paris, Techener*, 1856, in-12, de IV-80 pp. pap. vergé, vignette sur bois, mar. vert, dos orné, fil. dent. int. tr. dor. (*Thompson.*)

Jolie édition *tirée à petit nombre.*

577. Le Facétieux Réveille-matin des esprits mélancholiques, ou le Remède préservatif contre les tristes, auquel sont contenuës les meilleurs rencontres de ce temps, capables de réjoüyr toutes sortes de personnes, & divertir les bonnes compagnies. *A Nymegue, de l'imprimerie de René Smetius*, 1681, in-12, mar. r. jans. dent. int. tr. dor. (*Hardy.*)

Jolie édition de ce recueil facétieux.

578. L'École pour rire, ou la Manière d'apprendre le françois en riant, par le moyen de certaines histoires chosies (*sic*), plaisantes & récréatives, exemptes de toutes paroles & équivoques sales & déshonnestes, & mises dans un françois très facile & le plus usité dans la conversation. *A Leyde*, 1683, pet. in-12 de 68 pp. mar. vert, dos orné, fil. à froid, angles et milieu à entrelacs dorés, dent. int. tr. dor.

Édition la plus ancienne citée de ce petit livre amusant; il est rempli de petits contes divertissants, où la manière d'apprendre le français en riant consiste à lire une même phrase reproduite par d'autres mots imprimés en italiques et placés entre parenthèses.

579. Discours prononcé par Mademoiselle Perette de la Babille, présidente de l'Academie des femmes sçavantes,

en présence de Sa Hautesse Madame Henroux, Princesse du Marché, Doüairiere du Moulin, Marquise du Four, Comtesse de la Fontaine et autres lieux... (suivi de l'alphabet des vertus des femmes, du secret des femmes, des rossignols du ménage..., en vers). *A Lyon, chez Antoine-Joseph Dejussieu*, 1736, in-8 de 31 pp. front. mar. r. dos orné, fil. dent. int. tr. dor. (*Koehler.*)

580. Marottes à vendre ou Triboulet tabletier, dont la gibecière, après avoir été égarée pendant plusieurs siècles, nous est enfin heureusement parvenuë, munie d'un rare assemblage de hochets, breloques, colifichets et babioles de toutes espèces... *Au Parnasse burlesque, ex officinâ de la Banque du Bel Esprit, à l'Enseigne de la Facéciosité. L'an premier de la nouvelle ère.* (*Londres, Impr. Harding et Wright*, 1812), in-12, mar. vert, dos orné, fil. dent. int. tr. dor. (*Rel. angl.*)

Un des six exemplaires sur papier rose, portant l'*ex-libris* de M. Édouard Vernon Utterton, de ce recueil renfermant des extraits de différents ouvrages rares.

581. Les Mondes célestes, terrestres et infernaux. Le Monde petit, grand, imaginé, meslé, risible, des sages et fols et le tres-grand. L'Enfer des escoliers, des mal mariez, des put.... et des ruffians, des soldats et capitaines poltrons, des piètres docteurs, des usuriers, des poëtes et compositeurs ignorans : Tirez des Œuvres de Doni florentin, par Gabriel Chappuis, tourangeau. *A Lyon, pour Barthelemy Honorati*, 1578, in-8, fig. sur bois, mar. r. fil. à fr. dent. int. tr. dor.

Première édition de la traduction de ce livre singulier.

582. La Contre-Lésine, ou plustost discours, constitutions et louanges de la libéralité, remplis de moralité, de doctrine, et beaux traicts admirables. Augmentez d'une Comédie, intitulée les Nopces d'Antilésine. Ouvrage du Pasteur Monopolitain, et traduict nouvellement de l'italien. *A Paris, chez Abraham Saugrain*, 1604, 2 parties en 1 vol. in-12, vignette sur le titre, mar. vert, fil. à fr. dent. int. tr. dor. (*Thompson.*)

583. La Sage Folie, fontaine d'allégresse, mère de plaisir & royne des belles humeurs. Livre Premier. La Delec-

table folie, soustien des capricieux, soulas des chagrins, & pastures des bigearres. Livre Second. La Furieuse folie des frères en des-union. Livre Troisiesme. (Traduits d'italien d'Ant. Marie Spelte, par J. Marcel.) *A Lyon, chez Jean Radisson,* 1649, 2 parties en 1 vol. in-8, 1 front. gr. mar. r. dos orné, fil. tr. dor. (*Rel. anc.*)

Livre de morale facétieuse.

Ex-libris ancien, armorié et gravé, de E.-P. Le Tors de Chessimont.

584. La Oille, mélange ou assemblage de divers mets pour tous les goûts, par un vieux cuisinier gaulois (Constantin). *A Constantinople* (*Liège*), *l'an de l'ère chrét.* 1755, *de l'hégire*, 1233, pet. in-12, front. gr. mar. brun jans. dent. int. tr. dor. (*Allô.*)

Cet ouvrage que Viollet-le-Duc déclare être un « véritable hochepot », renferme sous un titre culinaire des règles de conduite souvent assez singulières. Un des chapitres est consacré à l'ivrognerie.

585. Annulaire agathopédique et saucial. *Imprimé par les presses iconographiques à la congrève de l'ordre des Agath* :·:, *chez A. Labroue et Compagnie, rue de la Fourche, 36, a Bruxelles. Cycle IV.* (1849), in-8, titre-front. et vign. gr. sur bois, mar. r. à long grain, dos orné, fil. comp. dorés, au centre l'emblème de la Société *Amis comme cochons*, dent. int. tr. dor. (*Schavye.*)

Bel exemplaire. — M. Vicaire (*Bibliographie gastronomique*, p. 26) consacre à cet ouvrage la note suivante : « L'*Annulaire agathopédique* est un recueil des œuvres fantaisistes et bizarres des membres de cette société, composée de gens d'esprit tous bons enfants et « amis comme cochons ». C'est du moins ce qui est inscrit sur le sceau de l'ordre. Entre autres productions originales des Agathopèdes, nous citerons l'une des premières du volume : le *Calendrier agathopédique* dans lequel les mois portent les noms suivants : *Huîtrimaire, Levreaumaire, Crépôse, Jambonose, Truffose, Boudinal, Canardinal, Fraisinal, Petit-Poisidor, Cerisidor, Melonidor et Raisinaire.* Quant aux saints... ce sont les noms d'animaux et autres comestibles qui en tiennent lieu. »

2. DISSERTATIONS SINGULIÈRES. — OUVRAGES SUR L'AMOUR, LES FEMMES, etc.

586. Comus, ou Banquet dissolu des Cimmériens. Songe, où par une infinité de belles feintes, gayes, gentilles et

sérieuses inventions, les mœurs dépravées de ce siècle (et principalement aux bâquets) sont doctement, naïvement et singulièrement décrites, reprises et condamnées, traduit du latin d'Erycius Puteanus... par Nicolas Pelloquin. *A Paris, chez Nicolas La Caille*, 1613, in-12, mar. citron, dos orné, fil. dent. int. tr. dor. (*Derome.*)

Traduction peu commune du *Comus, sive Phagesiposia Cimmeria*, d'Henri Dupuy (Van de Putte), célèbre compilateur flamand.

587. Laus Ululæ ad conscriptos ululantium patres et patronos, authore Curtio Jaele. *Prostat Claucopoli, apud Cæsium Nyctimenium, in platea Ulularia, sub signo amatoris Ululæ, s. d.* in-64, front. gr. mar. vert, dos orné, fil. dent. int. tr. dor. (*Rivière.*)

Petit livre rare et curieux de Conrad Goddæus, qui a été reproduit dans les *Admiranda rerum admirabilium Encomia* (1676). —243 pp. y compris le frontispice gravé, plus 3 pp. non chiff.

588. Dissertations singulières. — Réunion de 8 pièces en 1 vol. in-12, mar. r. dos orné, fil. tr. dor. (*Rel. anc.*)

Intéressant recueil formé par le COMTE D'ARTOIS (?), plus tard roi sous le nom de Charles X, avec ses armes frappées sur les plats de la reliure.

Il renferme les pièces suivantes : Le Fébricitant philosophe, ou l'Éloge de la fièvre-quarte... traduit du latin de Guillaume Menape, par Mr. de Gueudeville. *La Haye et Francfort*, 1743, 108 pp. front. et fleuron de B. Picart. — Éloge de l'Amour, dédié à Cupidon, par Mr. A. C.***. *Paris, Guillaume*, 1731, 33 pp. — Éloge des Normands, où l'on trouvera un petit abrégé de leur histoire... par M. Rivière. *Paris, Vve Guillaume*, 1731, 44 pp. — L'Éloge de *Car*, dédié à la langue françoise... (par l'abbé Soulas d'Allainval). *Paris, Ant. de Heuqueville*, 1736, 44 pp. — Apologie de la Frivolité (par Boudier de Villemert). *Paris, Prault*, 1750, 20 pp. — Éloge de la Roture, dédié aux Roturiers (par l'abbé Jaubert). *Paris, Dessain*, 1766, 94 pp. — Éloge des François, ou l'Apologie de la Frivolité (par Louis Lambert). *S. l.* 1755, 12 pp. (dont deux remontées). — Oraison funèbre du subtil Grand Colas de Villers. *A Bouillon, s. d.* 22 pp.

589. La Magnifique doxologie du festu, par Me Sébastian Roulliard de Melun, advocat en Parlement. *A Paris, chez Jean Millot*, 1610, pet. in-8, mar. r. dos orné, fil. dent. int. tr. dor. (*Rel. anc.*)

590. Les Louâges de la Folie, traicté fort plaisant en forme de paradoxe, traduict d'italien en françois par feu mes-

sire Jehan du Thier, chevalier, conseiller du Roy et secrétaire d'Estat et des finances du dict Seigneur. *A Paris, pour Hertman Barbé*, 1566, pet. in-8 de 48 ff. non ch. mar. bleu jans. dent. int. tr. dor. (*Thibaron-Echaubard.*)

PREMIÈRE ÉDITION très rare, de cette traduction de la *Pazzia*, facétie italienne, attribuée à Ascanio Persio.

591. Paradoxes, ou les Opinions renversées de la pluspart des hommes. Livre non moins profitable que facétieux par le Docteur incognu (traduit de l'italien d'Ortensio Landi par Charles Estienne). *A Rouen, chez Jacques Cailloué, dans la court du Palais*, 1638, in-12, vignette sur le titre, mar. r. dos orné, fil. dent. int. tr. dor. (*Hardy-Mennil.*)

Édition rare comprenant 4 ff. prélim. non ch. et 424 pp. — « Dans cette édition, dit Brunet (IV, 362), le style de Ch. Estienne a été rajeuni, et on a ajouté aux 26 paradoxes déjà publiés un 27e paradoxe : *De la Folie*, et un autre : *Des Interlocuteurs.* »
Exemplaire *avec témoins.*

592. L'Hospital des fols incurables, où sont déduites, de poinct en poinct, toutes les folies & les maladies d'esprit, tant des hommes que des femmes. Œuvre... tirée de l'italien de Thomas Garzoni & mise en nostre langue par François de Clarier, sieur de Longval. *A Paris, chez François Julliot*, 1620, in-8, v. f. dos orné, angles dorés et milieu de fers azurés, dent. int. tr dor. (*Cuzin.*)

593. Aresta amorum LI. (Par Martial de Paris, dit d'Auvergne). Accuratissimis Benedicti Curtij Symphoriani commentarijs ad utriusq; iuris rationem forensiumque actionum usum quam acutissime accommodata. *Lugduni, apud Seb. Gryphium*, 1546, in-8, mar. vert, fil. à froid, dent. int. tr. dor. (*Arnaud.*)

Édition dans laquelle se trouve, pour la première fois, un 52e arrêt, pour la *réformation des masques.*
Marge inférieure du titre coupée.

594. LIII Arrests d'amours (par Martial de Paris dit d'Auvergne) donnez en la court et parquet de Cupido, à cause d'aucuns differens entendus sur ceste police. Le tout diligemment reveu et corrigé en une infinité d'endroits, outre les precedentes impressions. *A Rouen, chez*

Raphaël du petit Val, 1597, in-12, mar. vert fil. à froid, dent. int. tr. dor. (*Auguste Abadie.*)

Ces *Arrêts* constituent un jeu d'esprit; ce sont des questions de droit et de procédure, traitées dans les formes judiciaires de l'époque, sur des causes galantes et fictives. — Le 53e Arrêt est rendu par l'*abbé des Cornards en ses grands jours tenus à Rouen.*

Édition rare comprenant 1 f. pour le titre et 333 pp.

Petits racommodages au titre et légères piqûres de vers.

595. Les Arrêts d'amours, avec l'amant rendu Cordelier, à l'observance d'amours, par Martial d'Auvergne, dit de Paris... Accompagnez des commentaires juridiques et joyeux de Benoit de Court... Dernière édition, revûë, corrigée et augmentée de plusieurs arrêts, de notes et d'un glossaire des anciens termes (par l'abbé Lenglet-Dufresnoy). *A Amsterdam, chez F. Changuion*, 1731, in-12, mar. r. dos orné, petite dent. et fleurons aux angles des plats, dent. int. tr. dor.

Exemplaire d'Armand Baschet, bien complet, et couvert d'une reliure dans le style des dernières années du XVIIIe siècle.

596. Les Adevineaux amoureux. (*A la fin* :) *Fait sur l'imprimé à Bruges, par Colard Mansion*, in-16 de 6 ff. prél. non ch. 146 pp. et 1 f. non ch. mar. r. dos orné, fil. dent. int. tête dor. non rog. (*Bauzonnet-Trautz.*)

Réimpression faite par Pinard pour Techener, libraire, tirée à *quatre-vingt-six exemplaires* numérotés (no 85.)

597. Le Voyage (et le second voyage) de l'Isle d'amour à Licidas (par l'abbé Paul Tallemant). *A Paris, chez Charles de Sercy*, 1663-1664. — Ens. 2 parties en 1 vol. in-12, mar. r. dos orné, fil. doublé de mar. bleu, large dent. tr. dor. (*Chambolle-Duru.*)

Première édition d'un badinage allégorique qui eut beaucoup de succès. On y voit, décrit sous la forme d'un voyage ordinaire, tout le chemin que fait faire une passion aveugle, les pièges qu'elle tend sur la route, le peu de sûreté qu'on trouve dans ses gîtes et les différents écueils qui se présentent au bout de la carrière.

Très bel exemplaire.

598. Les Demandes d'amours (par Alain Chartier) :

LES DEMANDES
Damours Auec les
Responses ioyeuses.

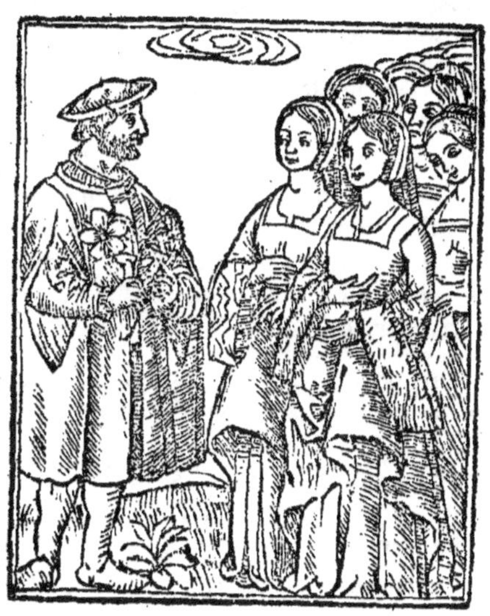

(A la fin :) ¶ *Cy finent les Demandes damours* || *avec les responces ioyeuses.* || *Imprimeez nouvelle*||*ment à Lyon.* || *S. d.* (vers 1530), in-8, goth. fig. sur bois sur le titre, mar. bleu foncé, dos orné à petits fers, fil. dent. int. tr. dor. (*Bauzonnet-Trautz.*)

Édition fort rare de cet opuscule d'Alain Chartier. Elle se compose de 12 ff. non ch. à 22 lignes par page, sign. A par 8 et B par 4 ff. — Alain Chartier naquit à Bayeux vers 1386 et mourut en 1449.

Exemplaire de William Martin, *non rogné* dans sa partie inférieure, mais avec la marge supérieure refaite.

99.*Les Dames illustres où par bonnes et fortes raisons, il se prouve, que le sexe féminin surpasse en toute sorte de genres le sexe masculin, par Damoiselle J. Guillaume. *A Paris, chez Thomas Jolly*, 1665, in-12, mar. r. dos orné, fil. dent. int. tr. dor. (*Vve Niedrée.*)

Ouvrage très rare, non cité par M. Frère, et cependant, l'auteur, Jacquette Guillaume, serait née aux environs de Séez (Orne) en 1635 (Voir : Oursel. *Nouv. biographie normande*, I, 441). Les premiers chapitres de l'ouvrage, qui est dédié à Mlle d'Alençon, sont dirigés contre les hommes, le reste est à la louange des femmes. On trouve dans le cours du volume quelques pièces de vers; les pp. 144 à 171 sont consacrées à Jeanne d'Arc. — 6 ff. prélimin. non ch. pour le titre, la lettre-dédicace et la Table; 444 pp. dont la dernière, contenant la fin du Privilège, est non ch.

Bel exemplaire provenant de la bibliothèque du comte de Lambilly.

600. Dialogo di M. Ludovico Dolce della institutione delle Donne da lui stesso in questa quarta impressione riveduto, e di piu utili cose ampliato, et con la tavola delle cose piu degne di memoria. *In Vinegia appresso Gabriel Giolito de' Ferrari*, 1560, pet. in-8, car. ital. mar. r. dos orné, fil. dent. int. tr. dor, (*Ganard.*)

601. Disputatio perjucunda, qua anonymus probare nititur, mulieres homines non esse (per Valentem Acidalium); cui opposita est Simonis Gedicci defensio sexus muliebris qua singula anonymi argumenta distinctis Thesibus proposita viriliter enervantur. *Parisiis*, 1693, in-12, mar. r. dos orné, fil. tr. dor. (*Rel. anc.*)

Traité badin, dirigé contre les théologiens qui, dans leurs gloses, abusent des citations de la Bible. L'auteur emploie ce moyen pour démontrer que les femmes ne font point partie de l'espèce humaine. Cette facétie est pleine de citations curieuses, et de plaisanteries un peu libres.

Ex-libris de Charles Nodier.

602. Alphabet de l'imperfection et malice des femmes, reveu, corrigé & augmenté d'un friant dessert, & de plusieurs histoires en cette quatriesme édition pour les courtizans & partizans de la femme mondaine, par Jacques Olivier. *A Lyon, par Claude Armand dit Alphonse*, 1628, in-12, mar. r. à long grain, dos orné, fil. dent. int. tr. dor.

Paul Lacroix, dans une note insérée au catalogue Pixérécourt, 1838, n° 1552, ne doute pas que l'auteur de cet ouvrage singulier n'ait eu en vue la reine Marguerite de France, première femme de Henri IV, en dédiant ce livre *A la plus mauvaise du monde*. On la reconnaît au portrait satirique qu'il s'est plu à tracer d'elle sans la nommer, en tête de l'épître, où il l'appelle « la plus imparfaicte créature de l'univers, l'escume de nature, le séminaire de malheurs, la source de querelles, le jouët des insensez, le fléau de sagesse, le tison d'enfer, l'allumelle du vice, la sentine d'ordures, un monstre de nature, etc. » — En outre, le titre porte cette épigraphe : *De mil hommes j'en ay trouvé un bon, et de toutes les femmes pas une.* (Ecclés. 7.)

Exemplaire un peu court en tête; quelques légères taches.

603. Alphabet de l'imperfection et malice des femmes, par Jacques Olivier, licentié ès loix du droit canon. Augmenté de plusieurs histoires. *A Rouen, chez Jean Oursel*, 1683, in-12, mar. grenat à long grain, dos orné, fil. et milieu dorés, encadrem. à fr. tr. dor.

Édition rouennaise, rare, dont le titre porte également l'épigraphe qui figure sur celui de l'édition précédente. — 11 ff. prélim. non ch., 456 pp. et 12 ff. non ch. pour la table.

Exemplaire court de marges; *ex-libris* du professeur Deneux.

604. Les Quinze joies de mariage. *Paris, Techener*, 1837, 2 vol. in-16, pap. de Hollande, fig. sur bois et fac-similé, chag. r. dos orné, fil. et comp. à la Du Seuil, tr. dor. (*Paulin.*)

Edition faite sur celle de Treperel et tirée seulement à 126 exemplaires numérotés (N° 20). — L'Avant-propos, les Variantes parmi lesquelles on remarque celles d'un manuscrit de Rouen, communiquées par M. Pottier, alors bibliothécaire de cette ville, et le Glossaire, sont reliés à part.

VI. — PHILOLOGIE. — EMBLÈMES

605. Hexameron, ou Six journées, contenans plusieurs doctes discours sur aucuns poincts difficiles en diverses sciences, avec maintes histoires notables et non encores ouyes. Les sommaires des six journées, et une table de toutes les principales matières. Fait en espagnol par Antoine de Torquemade, et mis en françois par Gabriel Chappuys Tourangeau. *A Rouen, chez Romain de Beauvais*, 1610, in-12, mar. r. fil. à fr. dent. int. tr. dor. (*Thompson.*)

Édition rouennaise, bien imprimée.

Exemplaire portant sur le titre la mention manuscrite suivante : *Ex-libris Joan. Chevalier cancellarii Meldensis;* il provient de la bibliothèque du comte de Lambilly.

606. Traduction entière de Petrone, suivant le nouveau manuscrit trouvé à Bellegrade en 1688. Avec les remarques (par Franç. Nodot). *A Cologne* (*Paris*), *chez Pierre Groth* (*à la Sphère*), 1694, 2 vol. in-12, fig. mar. r. dos orné, fil. et comp. tr. dor. (*Du Seuil.*)

PREMIÈRE ÉDITION de cette traduction; elle contient le texte en regard.

607. Observations sur le Petrone trouvé à Belgrade en 1688 et imprimé à Paris en 1693. Avec une lettre sur l'ouvrage et la personne de Petrone (par Brugière de Barante sous le pseudonyme de Georges Pellissier). *A Paris, chez la Veuve Daniel Hortemels,* 1694, in-12, mar. bleu, fil. à fr. dent. int. tr. dor. (*Duru,* 1851.)

608. Nouvelle allégorique ou Histoire des derniers troubles arrivez au royaume d'éloquence (par Ant. Furetière). Seconde édition, reveuë et corrigée. *A Paris, chez Guillaume de Luyne,* 1658, in-12, grande planche gr. à l'eau-forte et pliée, mar. r. jans. dent int. tr. dor. (*Hardy.*)

La marge supérieure du titre est refaite.

609. Mémoires de l'Académie des colporteurs (par le comte de Caylus). *S. l. De l'Imprimerie ordinaire de l'Académie,* 1748, pet. in-8, front. fleuron, et 6 pl. gr. mar. r. dos orné, fil. tr. dor. (*Rel. anc.*)

610. La Goualana, ou Collection incomplette des œuvres prototypes d'un habitant de la ville de Cena (Caen) département du Salvocad (Calvados), par une Société d'oisifs. Première et dernière édition. *S. l., de l'Imprimerie de Carnaval aîné, s. d.,* in-12 de 22 pp. pap. de Holl. mar. citron, fil. à fr. dent. int. tr. dor. (*Duru,* 1854.)

Facétie tirée à petit nombre et devenue très rare. *La Goualana* est l'anagramme de La Gouelle, maître d'hôtel à Caen, mort en 1828, qui, au dire de ses contemporains, méritait entièrement la réputation de naïve et prétentieuse recherche d'élocution qu'on lui prête dans cet opuscule.

Bel exemplaire à toutes marges provenant de la bibliothèque du comte D'AUFFAY.

---

611. Achillis Bocchii Bonon. Symbolicarum quæstionum, de universo genere, quas serio ludebat, libri quinque. *Bononiæ, apud Societatem typographiæ Bononiensis*, 1574, in-4, fig. v. brun, dos orné, fil. et comp. à fers azurés, tr. dor. (*Rel. anc.*)

Première édition, très rare, de ce recueil d'emblèmes, orné d'un portrait et de 151 estampes gr. en taille-douce par Giulio Bonasone.

Exemplaire réglé aux armes de Charles Brisard-Tiville, conseiller au Parlement de Paris ; le dos et les plats de la reliure sont en outre couverts d'un semis d'aigles, d'hermines et de lions.

612. Emblemata amatoria. Afbeeldinghen van Minne. Emblèmes d'amour. *Ghedruckt t'Amsterdam bij Willem Janszoon*, 1618, in-4 obl. texte allemand et hollandais, titre-front. et 30 fig. gr. mar. La Vall. dos orné, fil. et comp. chiffre au centre des plats, dent. int. tr. dor.

Exemplaire de Van der Helle, relié à nouveau depuis la vente de cet amateur. — Petit timbre de bibliothèque au bas du frontispice.

613. Emblemata amatoria Georgii Camerarii. *Venetiis cum privilegio. Sumpt. P. P. Tozzi.* (A la fin :) *Venetiis, ex Typographia Sarcinea, MDCXXVII* (1627), in-16 obl. titre-front. gr. et 79 fig. d'emblèmes accompagnés de vers latins, mar. r. dos orné, fil. dent. int. tr. dor. (*Chambolle-Duru.*)

614. Linguæ vitia et remedia, emblematice expressa per illustrem et Rever. D. Antonium a Burgundia. *Antverpiæ, apud Joan. Cnobbarum*, 1631, in-16 obl. titre-front. gr. 1 pl. et 93 fig. gr. à l'eau-forte, mar. r. dos orné, riches comp. à entrelacs, tr. dor. (*Thompson.*)

Un des volumes les plus rares et des plus curieux de la série des Emblèmes; il est orné d'un frontispice et de 94 petites eaux-fortes aussi charmantes qu'amusantes, non signées, mais qu'on peut attribuer à André Powels, qui a illustré le *Mundi lapis Lydius* du même auteur. — A signaler une piquante figure à la page 54 représentant les Tréteaux de Tabarin. — Les pages 15-16 n'existent pas par suite d'une erreur de pagination.

Le frontispice est très légèrement remmargé dans le bas.

615. Emblèmes de l'amour divin. *A Paris, chez P. Landry, s. d.*, pet. in-8, titre-front. et 59 pl. gr. mar. r. fil. à froid, dent. int. tr. dor.

Chaque planche porte *chez Landry* et au-dessous une légende en latin. La tablette contient un quatrain en français.

616. Le Paradis terrestre, ou Emblèmes sacrez de la solitude, dédiez au saint ordre des Chartreux (par J. Martin). Avec un Recueil des plus beaux vers latins & françois sur la solitude, la plus part non encore imprimez (par M. Perrin). *A Paris, chez Jean Hénault*, 1655, in-8, front. et 20 fig. d'emblèmes finement gr. à pleine page par Nicolas Cochin, mar. vert, dos orné, fil. dent. int. tr. dor. (*Petit, succr de Simier.*)

Ouvrage rare et recherché pour les belles figures dont il est orné.

617. Le Triomphe de la Religion sous Louis le Grand, représenté par des inscriptions et des devises, avec une explication en vers latins et françois (par le P. Le Jay, jésuite). *A Paris, chez Nicolas Langlois*, 1687, in-12, front. gr. et 22 fig. sur cuivre, mar. r. dos orné, fil. dent. int. tr. dor.

Le P. Le Jay a dédié ces Emblèmes à Louis XIV, pour féliciter Sa Majesté *de ce qu'Elle a fait peut-estre de plus grand depuis qu'Elle est sur le Thrône*... L'auteur veut parler de la Révocation de l'édit de Nantes. — On lit dans l'avertissement que la traduction des vers latins est de l'auteur des *Dialogues des Morts* (?) ; les gravures ont été faites sur les dessins de M. Corneille le jeune, de l'Académie Royale de peinture.

618. Rébus, 1811-1813. — 3 vol. pet. in-4 carrés, cart. perc. grise genre Bradel.

Recueil curieux et *divertissant*, ne comprenant pas moins de *six cent soixante-huit* Rébus écrits et dessinés en couleur dans de jolis cartouches gravés et enguirlandés dans le style du commencement du XIXe siècle. — Le premier volume se compose d'un titre, de 6 ff. contenant un *Avant-propos* écrit en forme de Rébus, et de 222 ff. (*un Rébus sur chaque feuillet*). — Le tome II a 222 ff. et le tome III, 224 ff.

619. Le Imprese illustri, con espositioni et discorsi del Sor Jeronimo Ruscelli. *In Venetia*, 1566, in-4, titre-front. et 137 fig. gr. mar. vert jans. dent. int. tr. dor.

Édition la plus complète, recherchée pour les figures bien exécutées dont elle est ornée.

Titre remonté; coin supérieur du dernier f. arraché.

620. Emblèmes nouveaux esquels le cours de ce monde est depeint et representé par certaines figures desquelles le sens est expliqué par rimes..., premierement en allemand par André Frideric, & maintenant en françois... mis en

lumiere par Jaques de Zettre. *Francoforti, apud Lucam Jennis*, 1617, in-4, titre-front. et 86 fig. gr. à l'eau-forte, mar. r. dos orné, fil. tr. dor. (*Rel. anc.*)

Parmi les planches ornant ce bel ouvrage on remarque plusieurs scènes d'une danse des Morts.

Exemplaire interfolié de *papier blanc ancien*, rogné en tête et incomplet des pp. 65-66 et 93-94; le titre-front. est découpé et remonté, et la p. 175 est transposée après la p. 168. — Cassure raccommodée aux pp. 35, 37 et 175.

VII. — DIALOGUES. — EPISTOLAIRES. — POLYGRAPHES

621. Luciani Samosatensis Dialogi selecti. Cum nova versione et notis ab uno e patribus Societatis Jesu... Editio quarta aucta et emendata. *Lugduni, Claudium Obert*, 1636, 3 parties en 1 vol. in-8 bas. f. dos orné, riches comp. à petits fers, tr. dor. (*Rel. anc.*)

Armoiries sur les plats de la reliure : *une rencontre de cerf accompagnée de 3 molettes, 1 et 2.*

622. Quatre (plus cinq) Dialogues faits à l'imitation des anciens, par Orasius Tubero (La Mothe le Vayer). *A Francfort, par Jean Sarius*, 1506, 2 parties en 1 vol. in-4, cuir de R. dos orné, encadrement de sept fil. tr. dor. (*Thouvenin.*)

Édition rare de cet ouvrage recherché; la date de l'impression en est fausse puisque l'auteur n'est né qu'en l'année 1586.

Les quatre Dialogues de la première partie traitent : *de la philosophie sceptique; le Banquet sceptique ; de la vie privée; des rares et éminentes qualitez des Asnes de ce temps.* — Les cinq dialogues de la seconde partie, traitent : *de l'ignorance louable; de la divinité; de l'opiniastreté ; de la politique; du mariage.* — La *Lettre de l'autheur*, occupant 6 ff. et dont parle *Brunet*, se trouve en tête de cette seconde partie.

623. Dialogue fort plaisant et récréatif de deux marchãds, l'un est de Paris, et l'autre de Pontoise ; sur ce que le Parisien l'avoit appelé Normand. Ensemble diffinition de l'assiette d'icelle ville de Pontoise selon les croniques de France. *A Paris, par Prigent Godec, s. d.* (vers 1572), 12 ff. non ch. — Dialogue de Damon et Silvie (en vers). *S. l.* 1616, 7 pp. — Advertissement, antidot (*sic*) et remède cõtre les piperies des pipeurs, auquel sõt deduictz les

traictz et finesses de un nommé Anthoine d'Anthenay, lequel outrepassant les finesses de Villon, Pathelin, Ragot et autres infinits affronteurs, a (sans bourse deslier) emporté de plusieurs ecclésiastiques, bourgeois et marchans de la ville de Paris, cent mil escus et plus. *S. l.* 1584, 48 pp. — Ens. 3 ouvrages en 1 vol. in-8, mar. vert, dos orné, fil. tr. dor. (*Padeloup.*)

Recueil de pièces très rares; il provient des bibliothèques du DUC DE LA VALLIÈRE et de CH. NODIER.

624. Les Conversations sur divers sujets par Mademoiselle de Scudery. Quatriesme édition. *A Amsterdam, chez Daniel du Fresne*, 1685, 2 tomes en 1 vol. in-12, front. gr. mar. r. dos orné, large dent. angles et grand milieu dorés à petits fers, tr. dor. (*Rel. hollandaise de l'époque.*)

Voir le n° 535.

---

625. Nouvelle traduction du livre unique des lettres de Ciceron à M. J. Brutus avec des remarques historiques et critiques. Dédiée à Monseigneur le Dauphin, par M. de Laval. *Paris, Jean de Nully*, 1730-1731, 2 vol. in-12, mar. r. dos orné, fil. tr. dor. (*Rel. anc.*)

Eemplaires aux armes de Louis-Constantin, cardinal de ROHAN, évêque et prince de Strasbourg, landgrave d'Alsace.

626. Delle Lettere amorose di Misser Girolamo Parabosco. *In Milano, appresso di Giouann'Antonio de gli Antonij*, 1558, 4 parties en 1 vol. pet. in-8, mar. bleu, fil. et milieu à fr. dent. int. tr. dor. (*Thompson.*)

Exemplaire aux chiffres du prince NAPOLÉON CAMERATA et portant l'*ex-libris* de VICTOR FOUCHER.

---

627. Le Proumenoir de Monsieur de Montaigne, par sa fille d'alliance (Mlle de Jars de Gournay). *A Paris, chez Abel l'Angelier*, 1595, pet. in-12, de 105 ff. ch. et 1 f. non ch. pour le privilège, mar. grenat, dos orné, fil. large dent. à petits fers et au pointillé, dent. int. tr. dor.

Deuxième édition d'un livre rare renfermant une histoire persane dans le genre tout à fait romanesque et plusieurs pièces de vers, Titre un peu court et avec quelques petits raccommodages.

628. Les Œuvres postumes (*sic*) de Monsieur de La Fontaine (publiées par Madame Ulrich). *A Paris, chez Guillaume de Luyne*, 1696, in-12, mar. r. fil. dent. int. tr. dor. (*Quinet.*)

Édition originale renfermant 7 fables inédites, le conte du *Quiproquo*, des lettres, etc.

629. Œuvres de Madame de Staal (Mademoiselle Delaunay). *Paris, Renouard*, 1821, 2 vol. gr. in-8, mar. bleu à long grain, dos orné, fil. dent. comp. et milieu dor. et à froid, doublé et gardes de moire rose, double dent. tr. dor. (*Ducastin.*)

Bel exemplaire sur papier vélin, couvert d'une très fraîche reliure dont on verra une reproduction dans l'*Album*.

630. Œuvres de Monsieur de Fontenelle. Nouvelle édition. *Paris, Brunet*, 1758-1766, 11 vol. in-12, portr. d'après Rigaud, 9 frontispices par Gravelot, Coypel, Clavaro, Pilart, gr. par Duflos et planche gr. et pliée, fleuron sur le titre, mar. r. dos orné fil. tr. dor. (*Rel. anc.*)

Voir le n° 214.

631. Œuvres meslées, en prose et en vers, de M. L. D. B*** (le cardinal Fr. J. P. de Bernis). Nouvelle édition augmentée. *A Genève, chez Antoine Philibert*, 1753, in-12, mar. r. dos orné, fil. tr. dor. (*Rel. anc.*)

Le premier plat de la reliure porte le nom de *Racine Demonville*, frappé en lettres d'or.

632. ŒUVRES COMPLÈTES DE M. LE VICOMTE DE CHATEAUBRIAND, Pair de France, membre de l'Académie Françoise. *Paris, Ladvocat*, 1826-1828, 25 tomes (sur 31) en 26 vol. gr. in-8, front. répété à chaque vol. mar. bleu à long grain, dos orné, beaux encadrements dorés et à fr. doublé et gardes de moire cerise, larges dent. non rogné. (*Simier.*)

Première édition des Œuvres complètes.

EXEMPLAIRE UNIQUE imprimé sur PEAU DE VÉLIN et couvert d'une superbe reliure, d'une fraîcheur remarquable. Le tome XVIII est relié en 2 volumes.

Il est tel qu'il se trouvait dans une vente faite à Paris, le 20 mars 1833, deux ans à peine après la publication du dernier volume

(Voir : Brunet. *Manuel*, I, 1821), c'est-à-dire que les tomes IV, V, et XXVIII à XXXI, qui manquaient alors, sont encore absents. Ont-ils été imprimés, et dans l'affirmative existent-ils encore?

Divers documents, joints à l'exemplaire, nous apprennent que ces 26 volumes avaient été volés à son propriétaire en 1892 et retrouvés, peu de temps après, grâce à une large publicité.

633. Œuvres de M. le Marquis de Ximenez, ancien mestre de camp de cavalerie. Nouvelle édition, revûe et corrigée. *A Paris*, 1772, in-8, mar. r. dos orné, large dent. doublé et gardes de moire bleue, dent. tr. dor. (*Derome.*)

Sous ce titre se trouvent réunis divers poèmes héroïques, des madrigaux, un conte en vers, des *Lettres sur la Nouvelle Héloïse* (attribuées au marquis Aug.-Louis de Ximenez, mais qui sont en réalité de Voltaire), *Amalazonte, tragédie,* et un *Discours pour la clôture du Théâtre françois*, par M. Augers, comédien du Roi.

Riche reliure portant au centre des plats un joli monogramme formé des initiales *L. M.* entrelacées.

634. Recueil de quelques pièces nouvelles et galantes, tant en prose qu'en vers... *A Cologne, chez Pierre Du Marteau* (*Amsterdam, Daniel Elzevier, à la Sphère*), 1664, pet. in-12, mar. violet, dos orné, fil. dent. int. tr. dor. (*Duru*, 1840.)

Seconde édition elzevirienne de ce recueil intéressant; elle contient les mêmes pièces que la première. (Willems. *Les Elzevier*, n° 1348.)

635. Ethic amusements, by Mr. Bellamy, revised by his son D. Bellamy. *London, printed by W. Faden,* 1768, in-4, front. par Gravelot, 43 pl. et 6 fig. gr. par Bickham ou non signées, mar. r. dos orné, fil. large dent. de fleurs et d'oiseaux, tr. dor. (*Rel. anc. anglaise.*)

ROMANTIQUES. — LIVRES ILLUSTRÉS DE LA PÉRIODE ROMANTIQUE

636. Balzac (H. de). Histoire de la Grandeur et de la Décadence de César Birotteau, parfumeur... Nouvelle scène

de la Vie Parisienne. *Paris, chez l'Éditeur*, 1838, 2 vol. in-8, br. *couvertures.*

ÉDITION ORIGINALE.
Le dos de la couverture du tome II est brisé.

637. BANVILLE (Th. de). Odes funambulesques (par Théodore de Banville), avec un frontispice gravé à l'eau-forte par Bracquemond d'après un dessin de Charles Voillemot. *Alençon, Poulet-Malassis et de Broise*, 1857, in-12, front. gr. et 1 pl. de musique lithog. br. *couverture.*

ÉDITION ORIGINALE.

638. BARBEY D'AUREVILLY (J.-A.). Du Dandysme et de G. Brummell. *Caen, B. Mancel*, 1845, in-16 carré, mar. brun, fil. à fr. dent. int. tr. dor. (*Capé.*)

ÉDITION ORIGINALE. — VII pp. pour le faux-titre, le titre et la dédicace à M. César Daly; 118 pp.; 1 f. blanc.; 1 f. non ch. d'*errata;* 1 f. blanc, non signalé au *Manuel* de M. Vicaire.

Jules-Amédée Barbey d'Aurevilly, mort à Paris en 1889, était né à Saint-Sauveur-le-Vicomte (Manche) en 1808.

Un des rares exemplaires sur PAPIER VERGÉ, tirés seulement, paraît-il, à 30 exemplaires; il provient de la Bibliothèque de POULET-MALASSIS et porte sur les plats de la reliure, dans un triangle, les initiales et la devise (*Pauci, Boni, Nitidi*) de ce libraire-éditeur, né à Alençon en 1823, mort à Paris en 1878.

639. — Les Prophètes du passé. *Paris, Louis Hervé*, 1851, in-16 carré, pap. vélin, mar. brun, fil. à fr. dent. int. tr. dor. (*Capé.*)

ÉDITION ORIGINALE de cette étude sur la philosophie de J. de Maistre, de Bonald, Chateaubriand et Lamennais; elle est bien décrite dans le *Manuel* de M. Vicaire (I, 291.)

Exemplaire avec témoins portant sur les plats de la reliure les initiales et la devise de l'éditeur POULET-MALASSIS.

640. — Les Quarante Médaillons de l'Académie. *Paris, Dentu*, 1864, in-12, br. *couverture.*

ÉDITION ORIGINALE.

641. BÉRANGER. CHANSONS MORALES ET AUTRES, par M. P.-J. de Béranger, convive du Caveau Moderne; avec gravures et musique. *Paris, Eymery*, 1816, in-18, front. et titre gr. musique notée, br. non rog. *couverture.*

ÉDITION ORIGINALE, très rare, de la préface et des quatre vingt-trois premières chansons de Béranger. Elle est ornée d'un frontispice et d'un titre gravés d'après Carle et Horace Vernet.

Exemplaire entièrement NON ROGNÉ, avec le titre intact, en haut et en bas. — Hauteur : 143 mill.

642. DESBORDES-VALMORE (Mme). Les Pleurs, poésies nouvelles. *Paris, Charpentier,* 1833, in-8, front. gr. sur acier d'après Alfred Johannot, et titre avec vignette gr. sur bois, br. *couverture.*

ÉDITION ORIGINALE, avec préface d'Alexandre Dumas.

La vignette qui orne le titre a été gravée par Brevière, né à Forges-les-Eaux (Seine-Inférieure), le 15 décembre 1797, mort le 2 juin 1869.

643. FLAUBERT (Gustave). Madame Bovary. Mœurs de province. *Paris, Michel Lévy,* 1857, 2 vol. in-12, demi-rel. mar. grenat, tête dor. non rog. *couvertures.*

ÉDITION ORIGINALE du chef-d'œuvre de Gustave Flaubert, né à Rouen, le 12 décembre 1821, mort au Croisset (près de Rouen), le 8 mai 1880.

Exemplaire de M. L.-F. DOUCET, célèbre amateur normand (né à Bayeux le 10 janvier 1822, mort dans la même ville le 8 mai 1884), avec son *ex-libris.* — On y a joint une carte de visite de Flaubert portant les SIX LIGNES AUTOGRAPHES suivantes : *Mon cher ami, je vous recommande* Dolorès *chaudement. C'est un service que nous réclamons d'un ancien de la* Revue de Paris; *il s'agit de faire venir les bourgeois aux Français!!!*

Les couvertures sont doublées.

644. GAUTIER (Théophile). Sacountala, ballet-pantomime en deux actes, tiré du drame indien de Calidasâ. Livret de M. Théophile Gautier, musique de M. Ernest Reyer, chorégraphie de M. Lucien Petipa, décors de MM. Martin, Nolau et Rubé ; représenté pour la première fois, à Paris, sur le théâtre impérial de l'Opéra, le 14 juillet 1858. *Paris, Mme Ve Jonas; Michel Lévy frères; Tresse,* 1858, in-8 de 16 pp. y compris le titre, cartonnage recouvert de moire rose, fil.

ÉDITION ORIGINALE.

Exemplaire sur PAPIER FORT portant sur le premier plat du cartonnage la dédicace suivante frappée en lettres d'or : *A Sa Majesté l'Impératrice Eugénie,* et le second plat les armes de la souveraine.

645. GUTTINGUER (Ulrich). Le Bal, poème moderne,

suivi de poésies. *Paris, Ladvocat*, 1824, pet. in-12, br. *couverture*.

Édition originale.

Ulrich Guttinguer naquit à Rouen en 1785 et fut membre de l'Académie de cette ville.

Exemplaire sans le f. blanc placé en tête du texte et qui manque à presque tous les exemplaires.

646. Guttinguer (Ulrich). Jumièges (prose et vers, et poésies diverses). *Rouen, Nicétas Périaux*, 1839, in-12, frontispice, titre avec vignette et 1 planche lithog. br. *couverture*.

Edition originale.

647. — Le même ouvrage, même édition; in-12, front. titre avec vignette et 1 planche lithog. br. *couverture*.

Édition originale.

Un des très rares exemplaires sur papier vélin fort avec les illustrations tirées sur chine.

648. — Mélanges poétiques. *Paris, Boulland et Cie*, 1824, gr. in-8, br. *couverture*.

Édition originale.

Piqûres d'humidité. — Le dos de la couverture est brisé.

649. Janin (Jules). Discours de réception à la porte de l'Académie Française. *Paris, Tardieu*, 1865, in-12 de 35 pp. mar. r. jans. dent. int. tête dor. non rog. (*Smeers*.)

Une note de l'éditeur imprimée au verso du faux titre dit au sujet de cet opuscule :

« *M. Jules Janin a répondu au récent verdict de l'Académie française, par un Discours qui a été acclamé comme un chef-d'œuvre de grâce, d'éloquence, d'atticisme, de fine et courtoise raillerie. C'est une des plus heureuses inspirations de l'écrivain.* »

Exemplaire sur papier de Chine.

650. Lacroix (Paul). L'Homme au masque de fer, par Paul L. Jacob, bibliophile. *Paris, Victor Magen*, 1837, in-8, br. *couverture*.

Édition originale.

Exemplaire non coupé.

651. — Trois Années du règne de Louis douze et d'Anne de Bretagne (par P. Lacroix). — In-4 de 25 ff. demi-rel. mar. vert avec coins, tr. dor. (*Rose*.)

Manuscrit autographe d'une écriture très fine et très serrée, avec nombreuses corrections et additions.

Chaque feuillet a été soigneusement remonté sur bristol fort et sur un f. de garde se trouve une dédicace au duc Tascher de la Pagerie, grand-maître des cérémonies de la maison de l'Impératrice Eugénie.

652. Lamartine (A. de). Chant du Sacre, ou la Veille des armes. *Paris, Canel et Baudouin frères*, 1825, in-8, titre avec encadrement tiré en bleu, br. *couverture illustrée.*

Edition originale.

Exemplaire du premier tirage, c'est-à-dire avant la suppression des vers qui déplurent au duc d'Orléans (pp. 19 et 20). Ce tirage fut tout entier acheté à l'éditeur, puis détruit, ou, dit Villenave, « vendu aux épiciers ».

653. — Le Dernier chant du Pélerinage d'Harold. *Paris, Dondey-Dupré, Ponthieu*, 1825, in-8, br. *couverture.*

Édition originale.

654. — Harmonies poétiques et religieuses. Troisième édition. *Paris, Charles Gosselin,* 1830, 2 vol. in-8, 2 vign. gr. sur bois sur les titres, br. *couvertures illustrées.*

655. — Jocelyn. Épisode. Journal trouvé chez un curé de village. *Paris, Furne et Gosselin*, 1836, 2 vol. in-8, br. *couvertures illustrées.*

Édition originale, rare.

656. — Méditations poétiques (par Alph. de Lamartine). *A Paris, au Dépôt de la Librairie grecque-latine-allemande,* 1820, in-8 de vi-118 pp. br. *couverture.*

Édition originale, très rare, parue sans le nom de l'auteur.

657. — Méditations poétiques (par Alph. de Lamartine). Seconde édition, revue et augmentée. *A Paris, au Dépôt de la Librairie grecque-latine-allemande*, 1820, in-8, br. *couverture.*

Seconde édition, en partie originale, car elle contient deux *Méditations* de plus que la première.

La plupart des ff. de cet exemplaire sont non coupés.

658. — Nouvelles Méditations poétiques. *Paris, Canel, Audin,* 1823, in-8, br. *couverture.*

Édition originale.

659. — Nouvelles Méditations poétiques. Deuxième édi-

tion, revue et corrigée. *Paris, Urbain Canel, Audin*, 1824, in-8, br. *couverture*.

Édition très rare dont Vicaire ne donne pas la collation, n'ayant pu en trouver un exemplaire.

660. Lamartine (A. de). La Mort de Socrate, poëme. *Paris, Ladvocat*, 1823, in-8, vign. gr. sur bois par Thompson sur le titre, br. *couverture*.

Édition originale.

661. Monselet (Charles). Les Oubliés et les Dédaignés, figures littéraires de la fin du xviiie siècle. Linguet, Mercier, Cubières, Olympe de Gouges, le Cousin Jacques, le chevalier de La Morlière, le chevalier de Mouhy, Desforges, Gorjy, Dorvigny, La Morency, Plancher-Valcour, Baculard-d'Arnaud, Grimod de La Reynière. *Paris, Poulet-Malassis et de Broise*, 1859, 2 parties en 1 vol. in-12, demi-rel. mar. vert avec coins, dos orné, tête dor. non rog.

Exemplaire portant au verso du faux-titre l'amusant quatrain autographe suivant :

Vous voulez un autographe
Ici,
Embelli de mon paraphe?
Voici.

Charles Monselet.

662. Sainte-Beuve. Pensées d'août, poésies (par Sainte-Beuve). *Paris, Eugène Renduel*, 1837, in-12, br. *couverture*.

Édition originale.

663. Vigny (Alfred de). Chatterton, drame. *Paris, Souverain*, 1835, in-8, front. sur chine, demi-rel. chag. noir.

Édition originale, ornée d'un joli frontispice gr. à l'eau-forte par Édouard May.

On a ajouté à cet exemplaire une lettre autographe signée de l'auteur (4 mars 1835, 3 pp. et demie in-8), relative à la représentation de *Chatterton* à Rouen, pleine de très intéressants détails sur la mise en scène, les costumes, l'importance des rôles, etc.

---

664. Album littéraire. Recueil de morceaux choisis de littérature contemporaine. *Paris, Janet*, 1830, in-12, 6 pl. gr.

sur acier, v. f. dos orné, fil. dor. et riches comp. à froid, dent. int. tr. dor. (*Rel. de l'époque.*)

Recueil de pièces en prose de Benjamin Constant, Chateaubriand, Victor Hugo, Mérimée, Ch. Nodier, Saintine, Eugène Suë, Madame Waldor, etc., etc.

Bel exemplaire couvert d'une très fraîche reliure romantique, avec riches compartiments « à la cathédrale » sur les plats.

665. ANNALES romantiques. Recueil de morceaux choisis de littérature contemporaine. *Paris, Louis Janet*, 1830, in-16, 8 pl. gr. sur acier, v. r. dos orné, fil. et riches comp. à froid sur les plats, dent. int. tr. dor. (*Rel. de l'époque.*)

Recueil de pièces en prose et en vers de Casimir Delavigne, Ém. Deschamps, Alex. Dumas, Paul Foucher, U. Guttinguer, Léon Halévy, Victor Hugo, Paul Lacroix, A. de Lamartine, Ch. Nodier, J. de Resseguier, Sainte-Beuve, Saintine, Soumet, Eug. Suë, Mme Valmore, etc., etc.

Bel exemplaire couvert d'une fraîche reliure romantique, avec compartiments « à la cathédrale » sur les plats.

666. ARAGO (Jacques). Souvenirs d'un Aveugle. Voyage autour du monde. Nouvelle édition revue et augmentée, illustrée de 25 grandes vignettes, portraits, et de 150 gravures dans le texte; enrichie de Notes scientifiques par M. François Arago, et précédée d'une Introduction par M. Jules Janin. *Paris, Lebrun, s. d.* (1843), 2 vol. in-8, 4 portr. gr. sur acier, 1 front. 20 pl. et nombr. fig. gr. sur bois, br. *couvertures illustrées*.

PREMIER TIRAGE.
Exemplaire NON COUPÉ.

667. BALZAC ILLUSTRÉ. LA PEAU DE CHAGRIN. Etudes sociales. *Paris, H. Delloye, Victor Lecou*, 1838, gr. in-8, portr. et fig. gr. sur acier, br. *couverture illustrée*.

PREMIER TIRAGE, avec le *squelette* dans la vignette du titre.

Exemplaire avec les deux portraits des pp. 149 et 287 (*Pauline* et *Fœdora*) tirés à part sur CHINE, AVANT LA LETTRE, avec les noms des artistes *à la pointe* (très rares).

668. — Petites Misères de la vie conjugale, par H. de Balzac, illustrées par Bertall. *Paris, Chlendowski, s. d.*

(1845), gr. in-8, front. 49 pl. et nombr. fig. gr. sur bois, br. *couverture illustrée.*

Édition originale de cet ouvrage très spirituellement illustré, dont il n'y eut qu'un seul tirage.

Légère cassure dans la marge intérieure de quatre ff. (pp. 41 à 48).

669. Barthélemy et Méry. Napoléon en Égypte, Waterloo et le Fils de l'Homme, précédés d'une notice littéraire par M. Tissot. Édition illustrée par Horace Vernet et H^te^ Bellangé. *Paris, Bourdin, s. d.* (1842), gr. in-8, nombr. fig. sur bois dans le texte, et 17 pl. hors texte tirées sur Chine, cart. perc. bleue, fers spéciaux, ébarbé.

Premier tirage.

670. Bertall. Cahier des charges des chemins de fer. Pamphlet illustré par Bertall, 2e édition. *Paris, Hetzel,* 1847, pet. in-8, front. et vign. gr. sur bois, br. *couverture illustrée.*

Dans cet ouvrage, un des premiers qu'il ait composés, Bertall a prédit la guerre franco-allemande de 1870 et notre défaite (chap. xv).

671. Bibliothèque illustrée. *Paris, Havard,* 1845-1846, 3 vol. pet. in-8, fig. et vign. gr. sur bois, br. *couvertures illustrées.*

Musæus. Contes populaires de l'Allemagne, traduits par A. Cerfberr de Medelsheim, édition illustrée de 300 vignettes allemandes, 2 vol. — Les Nains célèbres depuis l'antiquité jusques et y compris Tom-Pouce, par A. d'Albanès et Georges Fath, illustrés par Edouard de Beaumont.

Premiers tirages.

672. Chants et chansons populaires de la France. *Paris, Delloye (impr. Locquin),* 1843, 3 vol. gr. in-8, titres-front. et nombr. fig. gr. sur acier, demi-rel. chag. bleu, dos orné, plats de perc. *couvertures illustrées.*

Premier tirage.

673. Clavel. Histoire pittoresque de la Franc-Maçonnerie et des sociétés secrètes anciennes et modernes, par F. T. B. Clavel. Troisième édition. *Paris, Pagnerre,* 1844, gr. in-8, front. et 24 pl. gr. sur acier, br. *couverture illustrée.*

674. Cormenin. Livre des Orateurs, par Timon (Louis-Marie de Cormenin), quatorzième édition. *Paris, Pagnerre*, 1844, gr. in-8, 27 portr. gr. sur acier, br. *couverture.*

675. CRUIKSHANK (G.). THE HUMOURIST : A Collection of entertaining tales, anecdotes, repartees, witty sayings, epigrams, bons mots, jeu d'esprit, etc. *London, Robins*, 1819-1822, 4 vol. in-12, 4 front. et 36 pl. en couleur, cart. *non rog.*

Premier tirage, très rare, des quarante amusantes illustrations en couleur de Cruikshank qui ornent cet ouvrage.

Exemplaire non rogné, dans son *cartonnage original illustré.*

676. Délorier (B.-C.). Chansons d'un Invalide (par Bénigne-Claude Délorier). Troisième édition. *Rouen, impr. Lefèvre*, 1846, in-12, 6 pl. par Bellangé, v. f. dos orné, fil. comp. et milieu doré, dent. int. (*Paulin, de Rouen.*)

L'auteur de ces poésies, ancien officier de l'Empire naquit à Dijon le 5 mars 1785. Il perdit un bras sur le champ de bataille de Waterloo, et vint habiter près de Rouen, dans la commune de Blainville-Crevon, où il mourut le 9 juillet 1852.

Bel exemplaire de cet ouvrage recherché pour les illustrations de H. Bellangé dont il est orné. — Le faux-titre et le titre sont en double état (en noir et bleu, et en carmin et or), et les figures en quadruple état : en noir sur chine, en *bistre*, en *or* et *coloriées.*

677. Démidoff (le Prince Anatole de). Voyage dans la Russie Méridionale et la Crimée par la Hongrie, la Valachie et la Moldavie, exécuté en 1837 par Mr Anatole de Démidoff. Édition illustrée de soixante-quatre dessins par Raffet. *Paris, Bourdin*, 1840, gr. in-8, vign. et 24 pl. sur bois tirées sur chine, br. *couverture.*

Exemplaire du premier tirage. La dédicace, signalée par Brivois, mais que Vicaire (*Manuel*, III, 166), déclare n'avoir rencontrée qu'une seule fois parmi tous les exemplaires examinés par lui, ne se trouve pas non plus dans le nôtre.

678. DIABLE (Le) a Paris. Paris et les Parisiens. Mœurs et coutumes, caractères et portraits des habitants de Paris... Texte par MM. George Sand, P. J. Stahl, Léon Gozlan, P. Pascal, Frédéric Soulié, Charles Nodier... Illustrations : Les Gens de Paris, séries de gravures avec légendes par Gavarni; Paris comique, vignettes par Ber-

tall.... *Paris, Hetzel*, 1845-46, 2 vol. gr. in-8, 212 pl. et nombr. vign. gr. sur bois, br. *couvertures illustrées.*

PREMIER TIRAGE.

La couverture du tome I est remplacée par une couverture du tome II.

679. FLORIAN. Fables, illustrées par Victor Adam, précédées d'une notice par Charles Nodier... et d'un essai sur la Fable et suivies des poèmes de Ruth et de Tobie. *Paris, Delloye, Desmé et Cie*, 1838, gr. in-8, texte encadré d'un double fil. front. nombr. vign. dans le texte et 110 pl. sur cuivre, mar. violet, dos orné, fil. et riches comp. d'arabesques, tr. dor. (*Rel. de l'époque.*)

PREMIÈRE ÉDITION illustrée par Victor Adam.

Bel exemplaire du tirage possédant 288 pp. et le mot *Fin* gravé sur le cul-de-lampe de la p. 255. — On y a joint QUATRE AUTOGRAPHES de FLORIAN, renfermant le texte des fables suivantes : *Le Chat et le Miroir. Le Vacher et le Garde-Chasse; Le Vieillard et le Jeune-homme; Le Perroquet confiant*; le second est couvert de ratures et de corrections.

680. FORGUES (Em.). Petites Misères de la vie humaine, par Old Nick (Em. Forgues) et Grandville. *Paris, Fournier*, 1846, gr. in-8, 2 front. 47 pl. et nombr. fig. et vign. gr. sur bois, br. *couverture illustrée.*

La dernière des planches indiquée par Brivois manque à notre exemplaire.

681. GOETHE. Le Faust; traduction revue et complète, précédée d'un essai sur Gœthe, par M. Henri Blaze. Edition illustrée par M. Tony Johannot. *Paris, Dutertre, Michel Levy frères*, 1847, gr. in-8, portrait et 9 pl. gr. sur chine, br. *couverture illustrée.*

PREMIER TIRAGE.

Quelques taches d'humidité.

682. — Werther. Traduction nouvelle précédée de considérations sur Werther, et en général sur la poésie de notre époque, par Pierre Leroux, accompagnée d'une Préface par George Sand. Dix eaux-fortes par Tony Johannot. *Paris, Hetzel*, 1845, gr. in-8, 10 pl. gr. à l'eau-forte sur chine, br. *couverture illustrée.*

PREMIER TIRAGE.

Bel exemplaire NON COUPÉ; quelques légères piqûres d'humidité.

683. Goldsmith. Le Vicaire de Wakefield (The Vicar of Wakefield), par Goldsmith, traduit en français avec le texte anglais en regard, par Charles Nodier, précédé d'une Notice par le même sur la vie et les ouvrages de Goldsmith, et suivi de quelques notes. *Paris*, *Bourgueleret*, 1838, in-8, frontispice-portrait gr. sur bois, sur chine, et 10 pl. gr. sur acier, br. *couverture illustrée*.

Premier tirage.
Bel exemplaire non coupé, mais avec quelques légères piqûres d'humidité.

684. GRANDVILLE. Scènes de la vie privée et publique des Animaux. Vignettes par Grandville. Études de mœurs contemporaines publiées sous la direction de M. P. J. Stahl, avec la collaboration de Messieurs de Balzac, L. Baude, E. de La Bedollière, P. Bernard, J. Janin, Ed. Lemoine, Charles Nodier, George Sand. *Paris*, *J. Hetzel et Paulin*, 1842, 2 vol. gr. in-8, 2 front. 199 pl. et nombr. vign. gr. br. *couvertures illustrées*.

Premier tirage.
Exemplaire avant les remaniements de texte apportés pendant le tirage. — Le dos du premier volume est cassé.

685. Janin (Jules). La Normandie, illustrée par MM. Morel-Fatio, Tellier, Gigoux, Daubigny, Debon, H. Bellangé. *Paris*, *Ernest Bourdin*, *s. d.* (1843), gr. in-8, portrait, titre-front. 2 cartes et 21 pl. gr. sur acier, nombr. fig. et vign. gr. sur bois, br. *couverture illustrée*.

Premier tirage.
On a ajouté à cet exemplaire un article de Mlle Amélie Bosquet, de Rouen, sur cet ouvrage (12 pp. in-8).

686. Lachambaudie. Fables, précédées d'une introduction par Pierre Leroux, Édition illustrée d'après les dessins de Daubigny, Gérard-Séguin, Cabasson, Adrien Guignet, C. Marville, C. Nanteuil, Staal, Traviès, etc., ornée du portrait de l'auteur gravé par Pannier. *Paris*, *Victor Lecou*, 1855, gr. in-8, nombr. vign. sur bois dans le texte, portr. et 13 pl. sur acier, demi-rel. mar. r. avec coins, dos orné, fil. tête dor. non rog. (*R. Petit.*)

Bel exemplaire.

687. Lamartine (A. de). Jocelyn, épisode, par A. de Lamartine. *Paris, Charles Gosselin, Furne et Cie*, 1841, gr. in-8, front. 11 pl. et vign. gr. sur bois, br. *couverture illustrée.*

Premier tirage.

Exemplaire non coupé, avec les papiers de soie des légendes, incomplet des pl. des pp. 155 et 417.

688. Las Cases (le comte de). Mémorial de Sainte-Hélène, par le Cte de Las Cases, suivi de Napoléon dans l'exil, par MM. O'Méara et Antomarchi, et de l'Historique de la translation des restes mortels de l'Empereur Napoléon aux Invalides. *Paris, Ernest Bourdin*, 1842, 2 forts vol. gr. in-8, 2 front. et 27 pl. gr. sur bois et tirées sur chine, 2 cartes et nombr. fig. br. *couvertures illustrées.*

Premier tirage.

Quelques légères piqûres d'humidité; le dos du tome II est cassé.

689. Le Sage. Histoire de Gil Blas de Santillane. Vignettes par Jean Gigoux. *Paris, Paulin*, 1835, fort vol. gr. in-8, portrait de Gil Blas gr. sur bois sur chine volant, et nombr. vign. gr. sur bois, br. *couverture.*

Premier tirage.

La couverture porte la date de 1836.

690. — The Adventures of Gil Blas of Santillane. Translated from the french of Le Sage, by Tobias Smollett. A new edition, carefully revised. *London, Bohn*, 1861, fort vol. pet. in-8, 34 pl. cart. perc. verte, *non rog.*

Édition ornée de 24 planches gr. sur acier d'après Smirke et de 10 autres gr. à l'eau-forte par George Cruikshank.

Exemplaire dans son cartonnage original.

691. Magasin (Le Nouveau) des Enfants. *Paris, Hetzel*, 1844-1851, 6 vol. pet. in-8, front. et nombr. vign. gr. sur bois, br. *couvertures illustrées.*

Trésor des fèves et Fleur des pois. Le Génie bonhomme. Histoire du chien de Brisquet, par Charles Nodier. Vignettes par Tony Johannot, 1844. — Alexandre Dumas : La Bouillie de la comtesse Berthe... Illustré par Bertall, 1845, 1 vol.; Histoire d'un Casse-Noisette... Illustré par Bertall, 1845, 2 vol. — Le Prince Coqueluche, son histoire intéressante et celle de son compagnon Moustafa, par Édouard Ourliac. Vignettes par Delmas, 1846 (*Incomplet des pp. 117 à 124*). — Histoire du véritable Gribouille, par George Sand. Vignettes par Maurice Sand; gravures de Delaville, 1851.

Tous ces exemplaires sont de Premier tirage.

Trois volumes ont le dos de la couverture brisé.

692. Malo (Charles). Miroir des passions, ou La Bruyère des Dames (par Ch. Malo), orné de douze têtes d'expression en couleur à la manière d'Isabey. *Paris, Janet, s. d.* (1819), in-18, titre-front. gr. et 12 pl. en couleur, v. brun, dos orné, fil. dor. plats couverts d'arabesques à froid, dent. int. tr. dor. (*Rel. de l'époque.*)

Bel exemplaire d'un ouvrage peu commun recherché pour les jolies figures dont il est orné.

693. MOLIÈRE. Œuvres, précédées d'une Notice sur sa vie et ses ouvrages, par M. Sainte-Beuve. Vignettes par Tony Johannot. *Paris, Paulin,* 1835-36, 2 vol. gr. in-8, portrait et nombr. fig. gr. sur bois, br. couvertures.

Premier tirage.
Quelques piqûres d'humidité.

694. Nodier (Charles). Contes. Trilby. Le Songe d'or. Baptiste Montauban. La Fée aux miettes. La combe de l'homme mort. Inès de Las Sierras. Smarra. La Neuvaine de la Chandeleur, La Légende de la sœur Béatrix. Eaux-fortes par Tony Johannot. *Paris, Hetzel,* 1846, gr. in-8, 8 pl. gr. à l'eau-forte sur chine, br. *couverture illustrée.*

Premier tirage.
Exemplaire non coupé; petit trou de ver dans la marge inférieure des ff.; piqûres d'humidité.

695. — Histoire du Roi de Bohême et de ses sept châteaux (par Charles Nodier). *Paris, Delangle frères,* 1830, gr. in-8, pap. vélin, nombr. vign. sur bois, demi-rel. mar. r. avec coins, dos orné, fil. tête dor. *non rog.* premier plat de la couverture conservé. (*David.*)

Bel exemplaire du Premier tirage.

696. — Journal de l'Expédition des Portes de Fer, rédigé par Charles Nodier. *Paris, Imprimerie royale,* 1844, gr. in-8, 40 pl. et nombr. fig. sur bois, carte gr. sur acier, nombr. vign. cart. dos de toile noire, *non rogné.*

Magnifique ouvrage, un des plus beaux de ce siècle, orné de figures hors texte sur chine, avec la lettre sur papier de soie et de nombreuses vignettes dans le texte d'après Raffet, Decamps et

Dauzats. Il n'a été imprimé qu'à un petit nombre d'exemplaires destinés à être offerts en présent.

Exemplaire portant au verso du faux-titre l'*ex-dono* imprimé suivant : *A M.* Onion, *sergent-major au 17e régiment d'Infanterie légère.*

Mouillure dans la marge inférieure des quatorze premiers ff.

697. Omnibus. Physiologie de tout le monde (par Bertall et Léfix), illustrée par plus de cent-cinquante vignettes. Contenu du volume : Les Omnibus. Aux Femmes. La Comète et son coup de que. Lucrèce et Judith, Salade de Romaines et de Juives. Le Salon de peinture. La Santé mise à la portée de tout le monde avec la manière de s'en servir. *Paris, Gennequin,* 1844, 8 livraisons en un vol. in-8, de 120 pp. front. et nombr. vign. par Bertall, br. *couverture illustrée.*

Ouvrage très rare.

Les *Buses-Graves* qui forment les livraisons III et IV (pp. 33 à 56) et qui ne sont pas annoncées sur la couverture, sont détachées du volume.

698. Pellico (Silvio.) Mes Prisons, suivies du Discours sur les devoirs des hommes, traduction de M. Antoine de Latour avec des chapitres inédits, les additions de Maroncelli et des notices littéraires ou biographiques sur plusieurs prisonniers du Spielberg. Édition illustrée par Tony Johannot de cent beaux dessins gravés sur bois par les premiers artistes. *Paris, Charpentier,* 1843, gr. in-8, front. sur Chine, 24 pl. et nombr. fig. sur bois, br. *couverture blanche imprimée en or.*

Premier tirage.

699. PLÉIADE (La). Ballades, Fabliaux, nouvelles et légendes. Homère, Veda-Vyasa, Marie de France, Burger, Hoffmann, Ludwig Tieg, Ch. Dickens, Gavarni, H. Blaze. *Paris, Curmer,* 1842, 10 parties en 1 vol. in-8, 10 front. gr. à l'eau-forte nombr. fig. dans le texte, demi-rel. mar. r. avec coins, tête dor. *non rog., couverture.*

Bel exemplaire bien complet, avec sa couverture conservée.

La nouvelle de *Madame Acker* est de premier tirage, c'est-à-dire avec le titre placé dans le frontispice écrit en noir, et l'enseigne de Jecker Acker *avant les tailles.*

Petit chiffre de M. Ch. Lormier apposé au bas de la couverture.

700. Quevedo Villegas. Histoire de Don Pablo de Ségovie, surnommé l'Aventurier Buscon, par Don Francisco de

Quevedo-Villegas, traduite de l'espagnol et annotée par A. Germond de Lavigne, précédée d'une lettre de M. Charles Nodier. Vignettes de Henri Emy, gravées par A. Baulant. *Paris*, *Warée*, 1843, in-8, front. et vign. gr. sur bois, br. *couverture illustrée*.

PREMIER TIRAGE.

701. — Le même ouvrage, même édition; in-8, front. et vign. sur bois, br. *couverture illustrée*.

PREMIER TIRAGE.
Exemplaire sur GRAND PAPIER BLEU, très rare.

702. REVUE (La) Comique à l'usage des gens sérieux. Histoire morale, philosophique, politique, critique, littéraire et artistique de la semaine. Texte par MM. A. Lireux, C. Caraguel, P. Vertot, E. de La Bédollière, Gérard de Nerval, etc. Dessins par MM. Bertall, Nadard, Fabritzius, Otto, Lorentz, Beguin, Quillebois, etc. *Novembre* 1848 — *Avril* 1849 et *Mai* 1849 — *Décembre* 1849. *Paris*, *Dumineray*, 1848-1849, 2 vol. in-4 à 2 col. texte encadré, nombr. fig. et portraits-charge sur bois, br. *couvertures illustrées*.

PREMIER TIRAGE.
La première livraison (pp. 1 à 14) est de la seconde édition.

703. SAINT-PIERRE (J.-H. Bernardin de). Paul et Virginie. *Paris*, *L. Curmer*, 1838, gr. in-8, nombr. vign. sur bois dans le texte, portr. et pl. sur acier et sur bois tirés sur Chine, carte en couleur, demi-rel. mar. r. avec coins, dos orné et mosaïqué de mar. vert, fil. tête dor. ébarbé. (*Brany*.)

Exemplaire avec le portrait du *Docteur*, par Meissonier, avec les noms des artistes à la pointe et *avant le filet d'encadrement*. — Les papiers de soie des légendes ont été conservés aux portraits de *Paul* et de *Virginie*.

Voir le n° 551.

704. SEYMOUR's Humorous Sketches, comprising ninety-two caricature etchings. Illustrated in prose, by R. B. Peake. *London*, *Routledge*, 1846, gr. in-8, 92 pl. gr. à l'eau-forte, cart. perc. r. fers spéciaux, tr. dor.

PREMIER TIRAGE.
Exemplaire un peu fatigué.

705. SOUVESTRE (Émile). Le Monde tel qu'il sera, illustré par MM. Bertall. O. Penguilly et St-Germain. *Édité par W. Coquebert, Paris, s. d.* (1846), gr. in-8, 10 pl. et nombr. vign. gr. sur bois, br. *couverture illustrée.*

PREMIER TIRAGE.
Bel exemplaire NON COUPÉ, très rare dans cet état.

706. SUE (Eugène). Les Mystères de Paris. Nouvelle édition, revue par l'auteur. *Paris, Gosselin*, 1843-44, 4 vol. gr. in-8, 81 pl. dont 47 gr. sur bois et 34 gr. sur acier, nombr. fig. et vign. br. *couvertures illustrées.*

PREMIER TIRAGE.
Le Tome I est incomplet du f. contenant la table et le classement des gravures.

707. TABLEAU (Petit) de Paris. *Paris, Hetzel*, 1844-46, 2 vol. pet. in-8, front. pl. et vign. gr. sur bois, br. *couvertures illustrées.*

Paris dans l'eau, par Eugène Briffault, illustré par Bertall, 1844, frontispice et nombr. vign. — Paris marié; philosophie de la vie conjugale, par H. de Balzac, commentée par Gavarni, 1846, 20 pl. y compris le front.
PREMIERS TIRAGES.

708. TÖPFFER (Rodolphe). Nouvelles Genevoises ; illustrées d'après les dessins de l'Auteur; gravures par Best, Leloir, Hotelin et Regnier. *Paris, Dubochet*, 1845, gr. in-8, 40 pl. et nombr. vign. gr. sur bois, br. *couverture illustrée.*

PREMIER TIRAGE.
Le dos de la couverture est brisé ; elle porte sur le premier plat : *Deuxième édition illustrée.*

709. — Voyages en zigzag, ou Excursions d'un pensionnat en vacances dans les cantons suisses et sur le revers italien des Alpes, illustrés d'après des dessins de l'Auteur et ornés de 15 grands dessins par M. Calame. *Paris, Dubochet*, 1844, gr. in-8, front. 53 pl. et nombr. fig. et vign. gr. sur bois, br. *couverture illustrée.*

PREMIER TIRAGE, fort rare dans ces conditions.
Petite tache dans la marge inférieure de 6 ff. (pp. 481 à 491).

710. — Nouveaux Voyages en zigzag, à la Grande Chartreuse, autour du Mont Blanc, dans les vallées d'Herens,

de Zermatt, au Grimsel, à Gênes et à la Corniche, précédés d'une Notice par M. Sainte-Beuve, illustrés d'après les dessins originaux de Töpffer par MM. Calame, Karl Girardet, Français, d'Aubigny... Troisième édition. *Paris, Garnier*, 1864, gr. in-8, portrait-front. 47 pl. et nombr. fig. et vign. gr. sur bois, br. *couverture illustrée.*

Bel exemplaire NON COUPÉ.

711. VOYAGES PITTORESQUES ET ROMANTIQUES dans l'ancienne France, par MM. Ch. Nodier, J. Taylor et Alph. de Cailleux. ANCIENNE NORMANDIE. *Paris, Didot l'aîné*, 1820-1878, 3 vol. gr. in-fol. nombr. pl. et fig. dont 2 en demi-rel. v. f. dos orné, et 1 en demi-rel. chag. vert, *non rog.*

L'*Ancienne Normandie* est ornée de 1 frontispice et 409 planches, hors texte lithographiées, la plupart tirées sur CHINE et de nombreux culs-de-lampe lithographiés et tirés dans le texte.

Les tomes I et II contiennent 232 planches numérotées de 1 à 232 (la dernière cotée par erreur 182), plus 3 planches cotées 13 *bis*, 138 *bis* et 170 *bis*. Les planches 1, 2, 4, 5, 6 et 17 sont accompagnées du croquis.

Le tome III, publié en 1878, contient 177 planches gr. et lithogr. non numérotées et montées sur onglets.

TABLE DES DIVISIONS

THÉOLOGIE

N° 965

Paris. — Typ. Chamerot et Renouard, 19, rue des Saints-Pères. — 40798

ÉM. PAUL ET FILS ET GUILLEMIN
LIBRAIRES DE LA BIBLIOTHÈQUE NATIONALE
28, RUE DES BONS-ENFANTS, 28

En préparation :

CATALOGUE
DE LA
BIBLIOTHÈQUE
DE
FEU M. CHARLES LORMIER
DE ROUEN

DEUXIÈME PARTIE

BEAUX-ARTS — GRANDES PUBLICATIONS CONTEMPORAINES ILLUSTRÉES — ESTAMPES

(*Vente au mois de Novembre 1901.*)

TROISIÈME PARTIE

JURISPRUDENCE — HISTOIRE — INCUNABLES ET IMPRESSIONS GOTHIQUES — RICHES RELIURES ANCIENNES ET MODERNES — EX-LIBRIS — AUTOGRAPHES

QUATRIÈME PARTIE

LIVRES ANCIENS ET MODERNES, MANUSCRITS ET IMPRIMÉS, DANS TOUS LES GENRES. — OUVRAGES RELATIFS A LA NORMANDIE

(*Les Ventes des troisième et quatrième parties auront lieu dans le courant de l'année 1902.*)

Paris. — Typ. Chamerot et Renouard, 19, rue des Saints-Pères. — 40798.

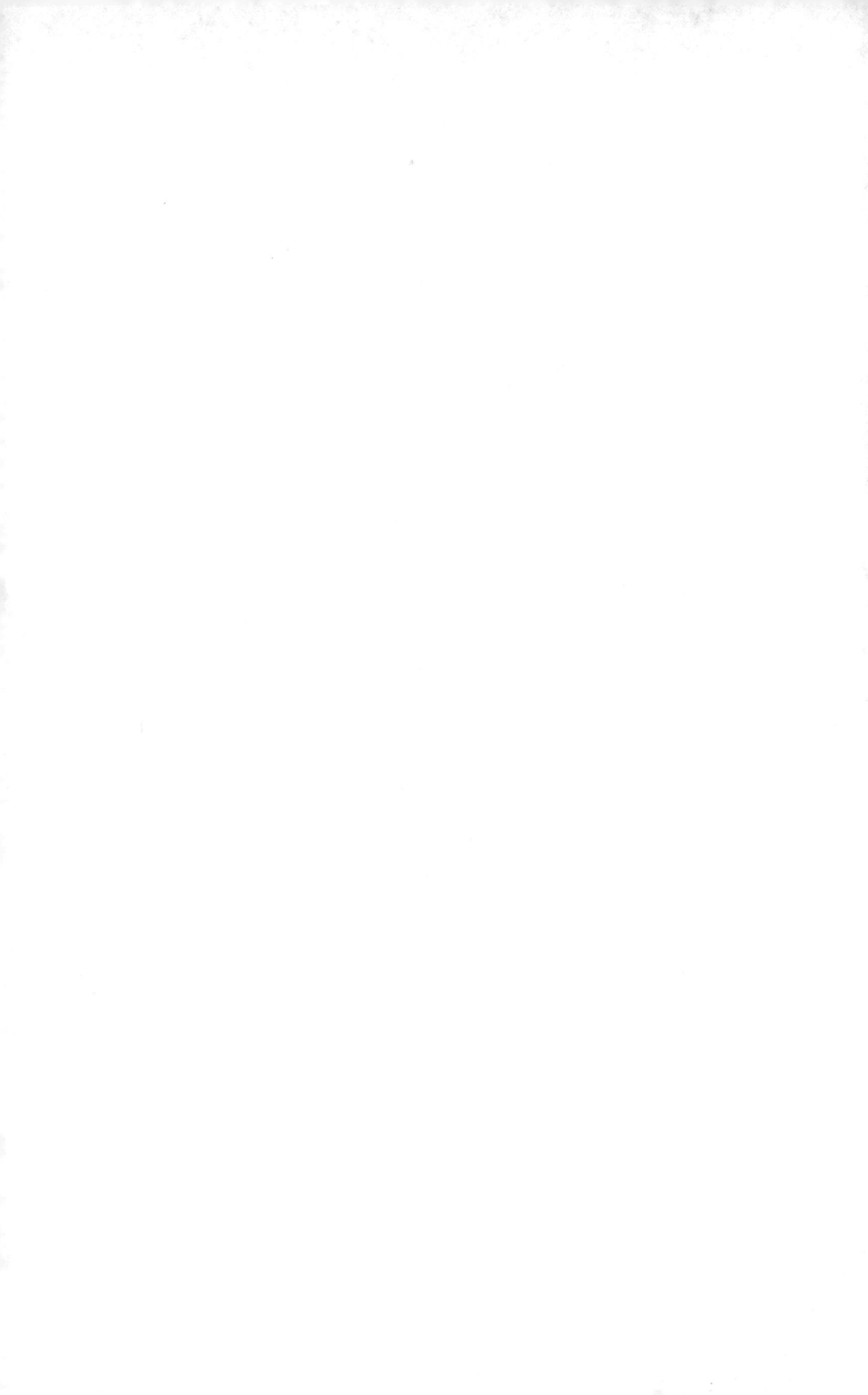

www.ingramcontent.com/pod-product-compliance
Lightning Source LLC
LaVergne TN
LVHW010553110826
845149LV00003B/648

* 9 7 8 2 0 1 9 2 1 3 4 6 6 *